Research on Market Segmentation,
Factor Allocation Efficiency

要素配置效率

and Regional Growth
of Agricultural Distribution
Industry

与
农产品流通产业
区域增长研究

黄桂琴 著

重庆大学出版社

内容提要

社会结构的深刻变迁，特别是人口大规模迁移与中国城镇化运动的大力推进，促使农产品生产与需求的极大分裂与割离，在为农产品流通产业发展创造了难得的发展机遇的同时，又对产业发展提出了更高的要求。在这个背景下，本书从产业要素配置效率的视角，探讨了产品与要素市场分割条件下，农产品流通产业增长非线性、多路径的复杂机制，及其产生的各类效应。全书主要由绪论，理论基础构建，农产品流通产业市场分割与要素配置效率的测度，以及市场分割、要素配置效率对农产品流通产业增长影响分析四大主体内容构成。研究力图通过数理模型的严谨推导，将市场分割影响经济增长的内在机理清楚地表达出来，并找到影响两者间关系的变动的限定性条件；通过多层次测算农产品流通产业市场分割程度，估算产业要素配置效率等技术指数，刻画产业发展中面临的障碍与阻力；在此基础上，探究在直接路径、条件中间路径和空间路径上，产品市场分割和要素市场分割如何影响农产品流通产业的区域增长。研究视角和研究方法拓展了农产品流通产业研究传统框架，将农产品流通产业研究纳入主流研究范式。

图书在版编目(CIP)数据

市场分割、要素配置效率与农产品流通产业区域增长研究／黄桂琴著. -- 重庆：重庆大学出版社，2021.1

ISBN 978-7-5689-2495-5

Ⅰ.①市… Ⅱ.①黄… Ⅲ.①农产品流通—流通产业—产业发展—研究—中国 Ⅳ.①F724.72

中国版本图书馆 CIP 数据核字(2020)第 233680 号

市场分割、要素配置效率与农产品流通产业区域增长研究

Shichang Fenge Yaosu Peizhi Xiaolü yu Nongchanpin Liutong Chanye Quyu Zengzhang Yanjiu

黄桂琴 著

特邀编辑：陶冲萍

责任编辑：尚东亮 版式设计：尚东亮

责任校对：王 倩 责任印制：张 策

*

重庆大学出版社出版发行

出版人：饶帮华

社址：重庆市沙坪坝区大学城西路 21 号

邮编：401331

电话：(023) 88617190 88617185(中小学)

传真：(023) 88617186 88617166

网址：http://www.cqup.com.cn

邮箱：fxk@cqup.com.cn (营销中心)

全国新华书店经销

重庆华林天美印务有限公司印刷

*

开本：720mm×1020mm 1/16 印张：15.25 字数：225 千

2021 年 1 月第 1 版 2021 年 1 月第 1 次印刷

ISBN 978-7-5689-2495-5 定价：58.00 元

序　言

从资源配置效率和空间溢出效应的视角探索市场分割对农产品流通产业增长的影响机理与路径,既是增长理论研究深化的选择,又是社会经济发展的现实要求。在我们看来,刻画市场分割全貌,不只是指产品市场分割,还包含要素市场分割,且需区分出由乡村到城市流通的特定方向上的分割差异。传统观点强调产业组织和流通渠道对农产品流通产业效率的作用而忽视了市场分割的影响。本书探索了不同类型市场分割损害农产品流通产业经济增长的可能途径,为诸多农产品流通改革给出逻辑一致的解释和推动产业增长提供可选方案。

市场分割主要通过直接路径、条件中介路径和空间溢出路径影响农产品流通产业增长。第一,在直接路径上,产品市场分割与劳动力市场分割显著抑制了农产品流通产业的增长,仅在特定时期有促进产业增长的效应。第二,要素市场分割不仅直接作用于农产品流通产业增长,还通过条件中介的路径施加影响。经产业规模效率调节后,分割的要素市场保证了农产品流通产业发展所需要素的投入,提高了产业要素配置效率,进而推动农产品流通产业随着产业规模效应的提高而增长。然而,条件过程的促进作用还不足以超越市场分割对农产品流通产业增长的抑制效应。最终,农产品流通产业的要素市场分割对产业的影响仍以遏制产业增长为主。第三,不同区域,不同类型的市场分割通过空间溢出方式对被分割区域农产品流通产业产生的效力各异。东部地区产品市场分割对分割区域的抑制作用比被分割区域还大;中部地区城乡间劳动力刚性市场分割对农产品流通产业总的影响最大;西部地区产品市场分割对区域内与区域间的影响略小于中部地区,但劳动力市场分割对区域内产业增长的破坏力最为显著。此外,农产品流通产业技术进步的资本偏向有利于克服城乡间劳动力市场分割带来的不利。资本边际产出的提高,会减缓由于产业间劳动力市场分割对产业增长带来的冲击。

通过一系列研究,我们认为市场分割影响农产品流通产业增长是非线性、多路径的。不同类型、不同区域的市场分割促进或是阻碍产业增长,主要取决于市场分割强度、产业要素配置效率,以及产业规模效率水平等因素。因而,探寻促进农产品流通产业增长的措施,可以从强化统一市场建设、优化要素配置效率和提高规模效率上发力,采取消除市场分割,加快产业间技术转移和技术扩散的速度,调整产业偏向性政策等措施推动农产品流通产业发展。

研究在 3 个方面取得一定突破。一是以产业要素配置效率和空间效应双重视角探索市场分割对农产品流通产业区域增长的影响,拓展这类主题研究视角。二是理论上借鉴寡占模型,研究双寡头在产量竞争和价格竞争模型的分割策略所致的后果,并进一步掺入联动效应时策略互动对经济增长的影响,使理论模型创建更符合复杂的现实情境。同时,在探索要素配置效率如何在市场分割与农产品流通产业增长之间发挥作用时,发现了规模效应对模型具有显著的调节效应。这一发现回答了诸多文献没有明确回答的关于要素配置效率究竟如何促进农产品流通产业增长的问题。三是摒弃采用的省级层面平均价格指数测算分割指数方法,创造性地运用区分城乡的、有方向性的价格指数构造市场分割指数,发展了市场分割指数的测算方法。

本书受到安徽省哲学社会科学基金项目(AHSKY2020D38)、安徽省教育厅自然科学基金项目(AHZK2020Z076)的大力支持,在此表示感谢!

黄桂琴

2020 年 9 月

目　录

第1章 绪 论

1.1 研究背景与问题提出

农产品流通产业高质量发展是农业供给侧结构性改革的重要任务之一,是激活和撬动农村经济的有力杠杆,在优化农业生产结构、保障人口城镇化推进和经济稳定运行方面具有重要作用。党的十九大报告指出:“我国经济已由高速增长阶段转向高质量发展阶段,正处在转变发展方式、优化经济结构、转换增长动力的攻关期”,要“以供给侧结构性改革为主线,推动经济发展质量变革、效率变革、动力变革,提高全要素生产率”。农业供给侧改革离不开农产品流通产业高质量发展的带动,在这样一个改革攻坚期,优化农产品流通产业要素配置对于农业现代化改革尤为重要和紧迫。

由于社会结构的深刻变迁,农产品流通产业发展的内外条件都不断地在调整,在创造了难得的发展机遇的同时,又酿就了一系列的冲突和矛盾。农产品生产与消费的分离形成的矛盾越来越突出。一方面,中国城镇化推进加速了农产品生产与消费的剥离,扩大了两者间矛盾。中国人口史无前例的大规模迁移与中国城镇化运动的大力推进,人口与城乡经济格局发生了巨变,造成了农产品生产与需求的极大分裂与割离。中国城镇化率从 1995 年的 29%飙升至 2018 年的近 60%,城市人口越发稠密,且这一变化有越来越加剧的趋势。从社会分工理论看,农村人口向城镇转移是社会分工的必然趋势,也是社会发展从低级社会向高级社会进步的重要内容(王通,2018)。农村人口从 1995 年最高峰的 8.6 亿下降到 2018 年的 5.6 亿,23 年间整整有 3 亿人离开了农村,农村人口越发凋零。在 1995 年之前谈论中国用占世界区区 7%的土地,养活了世界上 21%的人口,而被世界称为奇迹时,主要靠的就是近 9 亿农民的贡献。他们在自给自足的同时供养了总量并不多且分布较均匀的城市人口。那么,1995 至 2019 年,以及以后的年份里,在农村人口流失不可逆转,城市人口越发集中的情形下,以更少的农村人口供养更多的城市人口,就迫切需要服务于城乡的农产品流通发展的强有力的支撑来实现。第三次全国农业普查和国家统计局数据显示,全国农业生产经营人口为 3.142 2 亿,耕地面积为 134 921 000 公顷。以有限的耕地来养活近 14 亿人口,迫切需要农业产业的不断转型升级,加快农产品流通速度,提高农产品供应水平和质量。农产品生产劳动力的骤减与农产品消费人口的飙升,使生产与需求间缺口不断撕裂,而且这一矛盾在短时间难以调和。另一方面,农产品流通产业发展的滞后使得供需两端阻塞,冲击市场价格的稳定性。农业设施落后,农产品破损率高,流通环节多,且标准化程度低等问题(张宛儿 等,2019),直接导致农产品流通质量和流通效率低下。加上中国农产品流通市场主体复杂和市场分散,农产品流通产业渠道较长,环节多所形成的“大市场小生产”的生产特点,使农产品生产端规模化不足,消费端得不到及时的满足,农产品物价形成周期性波动与结构性波动不断的局面。2010—2018 年出现的多轮“蒜你狠”“蒜你跌”;2019 年的天价苹果和坐上直升机的猪师兄,都是因为农产品流通产业发展的不成熟,使生产与消费两端矛盾长期积累到不可调和后爆发的直接表现。更严重的问题是,农产品流通产业发展中存在的市场分割进一步加深了流通中各种矛盾交织。城乡之间,城乡分割的二元结构的事实使城市偏向的政策一时很难改变,人力资本和其他资源向城市集中。其结果是:一方面助推中国城市经济的迅速崛起;另一方面却导致优质的要素资源远离农村,农村经济持续发展变得艰难(白永秀,2012)。农产品流通产业的市场分割势力的存在，不仅可能导致产业生产效率损失，而且可能阻碍农村农产品流通产业撬动农村经济、缩小农村与城市之间差距、实现区域协调发展为我国经济发展发挥作用。经典的发展经济学理论认为，经济发展就是城市化、工业化和城乡差距缩小的过程，而中国的发展却导致城乡间差距在持续扩大（吴彬彬 等，2018），有违此论。

传统观点强调产业组织和流通渠道对农产品流通产业效率的作用而忽视了市场分割的影响。已有对农产品流通的研究文献侧重于对流通渠道、流通组织和流通效率等具体的运行问题分析，真正将其视为一个产业整体，研究其增长及其影响因素的文献并不多见，因而难有解决上述问题的良策。大量研究农产品流通理论探讨解决这一系列问题的学者，重在就问题谈问题的研究思路，因此把目光聚焦于农产品产业渠道变革上。一部分尝试用DSR（即Driving Force-Status-Response，DSR）分析框架，构建中国农产品流通渠道变革的动力机制（赵大伟 等，2019），以期实现农产品流通渠道的跨界融合与集成服务；一部分希冀从影响农产品流通渠道的因素分析中找到优化农产品流通渠道的良策（赵晓飞，2016；李凯，2017），或是从流通成本中找到提高流通效率的钥匙（孙伟仁 等，2019；孙剑，2011）。一些将农产品流通产业作为一个整体研究的文献专注于农产品流通产业的微观组织结构研究，对参与农民合作社的个体特征、经营特征、组织特征、社会资本、组织，以及对合作社治理等做了系列研究（蔡荣 等，2019，2017；廖斌，2015）。然而，就农产品流通产业理论发展来说，这还远远不够。因为上述文献还并没有真正切入生产过程中核心的投入产出分析，不利于从产业整体角度推动理论的深层次发展。农产品流通产业需要一场涵盖理论领域和实践领域的"流通革命"，创造出农产品流通产业的理论体系和实践方案，来实现农产品流通体制的改革和产业发展（张毅鹏，2012）。因此，研究市场分割对农产品流通产业的影响既是产业发展的现实要求，也是农产品流通产业理论推进的迫切需要。

进一步，生产要素配置问题是经济学研究的核心命题，亦是经济高质量发展的核心命题。它是分析国家宏观经济运行的基础,也是产业安排与企业发展等微观经济的理论依据。其思想对解读经济现象,形成深入思考、推理、给出结论和提出政策建议都起着重要作用。经济高质量发展的重要途径之一就是推动效率变革,其重点就是通过不断提升技术效率和要素配置效率,从而提高全要素生产率(国家发展改革经济研究所课题组,2019)。资源配置效率的改善对全要素生产率的提高作用显著,是驱动区域产业发展差异的重要原因(李言等,2018)。但由于市场不够发达、行政干预和区域竞争,引致要素市场扭曲(Hsieh et al,2009;Resruccia et al,2017)及市场分割,造成中国经济总体要素总配置效应较小,完善市场机制的道路漫长而艰巨(姚战琪,2009)。这些非市场性因素虽可促进地方吸引流动性的生产要素,从而提高地方经济发展水平(钱颖一 等,2002),但从长期和整体上看,这种体制性因素会制造出人为的地方市场分割及资源扭曲,造成效率的下降(Young,2000)。然而,国际和国内学者对要素配置效率的研究对象主要集中于工业部门,鲜有将要素配置效率运用于农产品流通产业的研究。对于与农业密切相关的农产品流通产业这种有要素投入需求较大的部门来说,要素配置效率对产业增长和区域发展的意义显得尤为重大。从农产品流通产业内部探讨其生产效率及其要素配置效率,抓住了产业分析的核心,是经济增长理论在生产服务业中的有益补充。它为新兴产业发展避开追求体量增长模式,向追求质量的集约式发展选择提供可选择方案。与以往文献相比,这一研究视角跳出了仅从流通环节研究流通效率的局限,拓展了农产品流通产业研究的视域,有利于农产品流通产业增长理论研究的深化。研究市场分割对农产品流通产业区域经济增长的影响,也为农产品流通产业发展打破市场分割,建立自由流通的市场指出明确的方向。

面对农产品流通产业供给侧方面的增长压力,以及新增长方式转变的需要,研究市场分割对农产品流通产业的影响的机理、中介条件,及其空间效应就成为研究主题。深入探讨和研究这一主题,本书拟解决以下几个关键问题:

第一,农产品流通产业的产品市场与要素市场是否都存在分割,分割程度如何？

第二，市场分割影响农产品流通产业区域增长的机理何在，不同类型的市场分割对影响农产品流通产业区域增长是否存在差别，什么因素决定了这种差别的产生？

第三，在市场分割影响农产品流通产业区域增长的路径上，要素配置效率充当了什么角色，其作用的发挥需要什么条件？

第四，市场分割、要素配置效率与农产品流通产业增长是否存在空间关联，空间溢出的直接效应与间接效应的区域分异情况如何？

1.2 重要概念界定

1.2.1 农产品流通产业

流通最早是指以物物交换的商品流通，后来发展为以货币为媒介的交换。以货币为介质的商品交换构成流通的狭义概念。在马克思主义政治经济学的商品流通体系中，每一种商品均要经历从商品形态转向货币价值形态，之后再转变为另一种商品形态的完整过程。显然，无论是在传统经济学中还是在马克思主义的经济学中都没有专门地论述这一概念，这使得流通产业的研究起步晚。而国内学者对流通产业的分析和研究，在很大程度上受到流通产业分析边界及其理论定位模糊不清的影响（何大安，2014）。夏春玉等（2011）沿着古典经济学、新古典经济学、制度经济学和新兴古典经济学的发展脉络，探寻流通理论在经济学中的踪迹，以期从主流经济学中找到流通理论在经济学中应有的地位。比较认同的说法是，流通产业是商品在生产到消费中间环节的总和，主要包括批发业、零售业、餐饮业和物流业四个分支。广义的流通指商品买卖行为以及相互联系、相互交错的各商品形态变化所形成的循环的总过程。这个过程中,除了商品的买卖,还包括在商品流通领域中继续进行的生产过程,如运输、检验、分类、包装、储存和保管等。因此,流通产值是商品在买卖过程中的价值增加值部分。相应地,按照从生产到消费的流通过程中所提供的服务范围不同,流通产业也有狭义和广义之分。狭义的流通产业仅指批发、零售、餐饮和物流等四个产业。而广义的流通产业则是指商品所有者一切贸易关系的总和,是商流、物流、信息流和资金流的集合,包括商流、物流、信息流和资金流等诸多行业。农产品流通产业特指为农产品从生产到消费所流经的过程中提供服务的所有产业,本书采用狭义概念,且仅包括农产品批发产业和零售产业。

1.2.2 要素配置效率

对“效率”的分析是经济学理论中的一个核心问题。在《新帕尔格雷夫经济学大辞典(第 2 版)》中,效率“意味着在资源和技术条件限制下尽可能满足人类需要的运行状况”,即指资源配置效率。萨缪尔森和诺德豪斯(1992)认为“效率意味着不存在浪费”,有效率的经济状态位于其生产可能性边界上。樊纲(2003)认为“效率就是投入与产出的关系,是现有生产资源与他们所提供的人类满足之间的对比关系”。

广义的要素配置效率是社会资源的配置效率,即社会资源配置能否达到帕累托最优。斯蒂格利茨(2005)在其著作《经济学(第 3 版)》中指出:“当没人能够在不使另一个境况恶化的情况下得到改善时,这种资源配置就是帕累托有效。一般而言,经济学家谈到效率,就是指帕累托效率。”狭义要素配置效率指要素单位投入与产出之比。根据 Farrell(1957)的定义,要素配置效率是指在产出不变的前提下,通过要素投入量的调整所能达到的最小投入成本与调整前实际最小投入成本的比值。这种研究实际上是将生产率增长研究从要素数量增长方向转向一定投入下的要素配置组合的质量增长方向,引起了经济学界的极大关注。不过由于该定义在实证研究过程中过于笼统而难以真正计算配置效率对经济增长的影响。Yotopoulos and Lau (1971)进一步提出,要素配置效率是这样一种要素组合状态,即所投入的各种生产要素的边际产出等于其边际成本。Oh and Kim (1980)则把要素配置效率定义为在既定技术水平条件下,生产固定产品所花费的实际要素投入组合成本与其最低成本的比值。上述学者虽然把要素配置从经济增长的非要素投入因素中剥离出来,并且区分了配置效率与技术效率,但却忽视了要素投入规模的变化。Kumbhakar and Lovell (2000)在随机前沿函数分析中,把全要素生产率分解为技术进步、技术效率、规模效率和配置效率四个部分,从而将要素配置效率对经济增长的影响与要素投入规模的影响严格区分开来。在此基础上,Richetti and Reis (2003)把要素配置效率定义为在一定经济和技术环境中,保持技术效率与要素投入规模不变,实际要素投入成本与相同产出条件下投入成本所能达到最低值的比率。

在国内,学者们以 Richetti 等人的定义为基础,进行部分的调整,认为要素配置效率是成本最小化要素组合状态相比要素组合效益的发挥程度(孙巍 等,1998)。从产出角度看,则指在投入成本一定的前提下通过要素投入量的调整所能达到的最高产出与调整前实际最高产出的比值(张乐 等,2013)。在具体的产业生产领域,要素配置效率还有特定的含义。如在农业生产领域,农业要素配置效率是实际投入要素组合比例与农业科技进步形成的技术参数的接近程度(牛刚,2005)。据此,本书所定义农产品流通产业的要素配置效率是指在既定的经济和技术条件下,投入成本一定时,农产品流通产业要素投入实际产出与生产前沿产出的比值。

1.2.3 市场分割

分割是指将一个整体或有联系的事物强行分开,在经济学上,一般是指自然或主观原因导致一个经济体内的统一市场难以自由流通而形成多个小区域的情形。World Bank(2009)认为,市场分割指地区之间限制生产要素流动的各种因素,包括阻碍市场一体化的有形和无形壁垒。在国内,学术界将一国范围内各地方政府为了本地利益,通过行政管制手段,限制外地资源进入本地市场或者限制本地资源流向外地的行为视为市场分割(银温泉 等,2001;余东华 等,2009)。孙博文等(2018)认为市场分割的本质是一种市场制度不完善所带来的交易成本的增加。更多的学者把市场分割视为一种结果或状态,是地方政府通过手中的权力,对市场和企业进行广泛而直接的干预形成的一种市场状态,它是整个中国政治和经济体制问题的一种综合反映(陆铭 等,2006;方军雄,2009)。本书采用市场分割是一种结果或状态的定义。

关注市场分割的原因,在于其不利于市场规模的扩大和市场分工的深化。市场分割既在微观上不利于企业全要素生产率的提高,又在宏观上带来了更为严重的资源错配和效率损失(郑毓盛 等,2004)。因此打破市场分割局面,推动区域间的市场整合与一体化进程是获取国内市场的规模效应和经济可持续性增长的重要动力。

1.3 研究目标与思路

农产品流通产业作为社会经济系统中的一个子系统,其演进、发展和分化受到诸多经济和非经济因素的综合影响。在刻画出农产品流通产业增长趋势及产业发展的区域分化的基础上,本书的研究目标是探索不同类型市场分割抑制农产品流通产业区域增长的可能路径。围绕这个总目标的实现,可将其细化为以下 3 个具体子目标:

第一,明晰农产品流通产业存在的市场分割类型、特征,及其要素配置效率的区域差异的测度,为消除不同类型的市场分割和提高不同区域农产品流通产业要素配置效率采取差异化措施提供数据参考。

第二,通过厘清市场分割作用于农产品流通产业区域增长的路径,不同作用路径上需要具备的发生条件、受制约因素等错综复杂的关系,以及检验与估计他们对农产品流通产业区域增长的作用性质,为分类处理影响农产品流通产业区域增长的各条路径上的限制条件和影响因素的效用发挥,建立起有据可依的强针对性政策措施提供决策支撑。

第三,设计一套可行性政策方案以消除市场分割、优化产业要素配置效率,提高农产品流通产业区域增长,为相关部门决策提供参考。

本书主要以两条主线展开研究。一条是纵贯线,亦为主线,即农产品流通产业市场分割是如何影响产业增长及其区域差异的。通过机理与实证两方面论证市场分割对农洋品流通产业增长的直接影响机制与间接影响机制的发生与效果。关键是要考虑市场分割如何通过影响要素配置效率进而达到对产业产出的影响。在此基础上,尝试提出改进和提高农产品流通产业增长的政策建议。另一条是平行线,亦为辅线。这条辅线分别就产品市场分割、柔性劳动力市场分割、刚性劳动力市场分割和资本市场分割四种市场分割类型对农产品流通产业的多路径影响进行分析。它穿插于主线中并行展开研究。

1.4 研究内容与框架安排

依据研究思路,论文研究内容主要从市场分割、要素配置效率与农产品流通产业区域增长的机理推导、市场分割与要素配置效率状况以及市场分割对农产品流通产业影响 3 个主要方面展开专题化研究。

1.4.1 市场分割、要素配置效率与农产品流通产业区域增长的机理推导

这一专题研究主要梳理了市场分割影响农产品流通产业区域增长路径及过程推导。市场分割的形成,一是来自自然地理条件,但这一因素随着现代基础设施的完善渐趋式弱;二是来源于各种制度及体制安排;三是知识或技术鸿沟所造成的巨大流动障碍。探讨市场分割对农产品流通产业的影响拟从直接影响与间接影响两个方向推演其机理、路径、发生条件及方向。研究中,将解答

市场分割在什么条件下会抑制农产品流通产业区域增长，什么条件下会保护农产品流通产业的区域增长。本专题力图明晰市场分割影响农产品流通产业区域增长的传导方式、实现路径，推导要素配置效率中介效率下市场分割影响产业增长的数理演算过程，进而探讨不同条件约束下产品与要素市场分割影响农产品流通产业区域增长的方向与范围。

1.4.2 农产品流通产业的产品与要素市场分割及要素配置效率的区域差异

市场分割是经济社会发展过程中自然因素与人为因素的共同作用的产物。城乡二元经济的结构特征带来城乡劳动力市场分割和产品市场的城乡分割，产业间的知识与技术鸿沟形成产业间劳动市场分割，资本在不同产业的配置门槛形成资本市场分割。本专题主要任务是在描述农产品流通产业的基本特征的基础上，分类别测定农产品流通产业市场分割指数大小，以及东部、中部和西部的要素配置效率的差异情况，为后文的分析奠定基础。测算指数时，将利用2005—2015年的城乡间农产品价格指数数据、不同产业间劳动力价格指数，以及各地区固定资产投资价格指数，分别测算区分城乡流通方向的产品市场分割指数、城乡间劳动力市场分割指数、产业间的劳动力市场分割指数和资本市场分割指数的基本状况。要素配置效率是反映一定投入条件下，各种投入要素组合所能达到的最大产出或一定产出下的最小成本。这里将采用随机前沿生产函数检验和测度农产品流通产业的全要素生产率及其分解式，重点分析要素配置效率的特征。在此基础上，测算农产品流通产业的技术进步偏向和要素替代弹性等指标，以进一步刻画农产品流通产业的生产过程中各要素的内在特征。

1.4.3 市场分割对农产品流通产业区域增长影响分析

本专题是整个研究的核心内容。经济运行过程中，市场分割力量对经济增长的影响过程是错综复杂的,它以可见的或潜在的方式产生影响。根据专题1的机理梳理,市场分割对农产品流通产业区域增长的影响途径大致可分为3条:第一条是直接路径;第二条路径是通过对要素配置效率这个中间变量作为桥梁施加影响的调节中介路径;第三条是通过空间溢出方式影响周边区域产业增长空间路径。因此,本部分内容将从以下几个方面进行探讨:

①市场分割影响农产品流通产业区域增长的第一条路径分析,分别就产品和要素市场的四大类型分割对农产品流通产业的直接影响进行实证检验。

②市场分割影响产业增长的第二路径分析,即调节中介效应分析。这部分内容分两个步骤进行研究:第一步研究市场分割对要素配置效率动态影响。这里需分别就产品市场分割、劳动力市场分割和资本市场分割对要素配置效率进行实证分析,探索不同市场分割类型对农产品流通产业要素配置效率的不同影响;重点研究要素市场分割,即劳动力柔性市场分割与刚性市场分割,以及资本市场分割如何影响要素配置效率。第二步在探测要素配置效率与农产品流通产业增长之间的关系基础上,引入调节变量,建立起要素配置效率与农产品流通产业区域增长之间的联系。最后,完整地构建起有调节的中介效应模型,并进行实证检验,以得到第二路径上各变量间的相互作用关系的有力证明。

③市场分割对农产品流通产业增长的空间溢出分析。区域经济增长的过程不仅是生产率增长的过程,也是结构不断调整优化的过程。要素结构调整和资源再配置是解释经济增长和生产率增长的主要因素之一。因而,本专题要解决市场分割下农产品流通产业要素边际生产率溢出效应与区域空间分化问题。考虑到经济与地理因素以及制度环境对要素价格的影响,要素市场分割不会使要素难以向边际生产率更高的地区流动,进而对本地区和其他地区要素配置效率产生重要的影响。

通过上述三大专题的研究,最后顺理成章导出在市场分割条件下,基于要素配置效率和空间效应的农产品流通产业区域增长的政策设计与建议。

根据研究目标和研究内容,本书框架安排8章内容。

第 1 章绪论。交代选题背景与问题的提出，确定研究目标、思路与方法，以及研究内容与技术路线，对论文框架和主要结论给予说明，并指出本书的创新点。

第 2 章是文献综述。梳理了有关农产品流通产业产值核算理论依据与经验、市场分割与要素配置效率的测度方法，以及农产品流通产业发展的制约因素的各类视角。

第 3 章是市场分割影响农产品流通产业的机理分析。力图通过数理模型的严谨推导，将市场分割影响经济增长的内在机理清楚地表达出来，并找到影响两者间关系的变动的限定性条件。

第 4 章勾画农产品流通产业发展区域特点，并测度市场分割指数和产业要素配置效率。其主要由 3 部分内容构成：农产品流通产业区域发展及其区域差异；市场分割的测算及其区域特征；要素配置效率分解、测算及发展趋势。结果发现，农产品流通产业的增速趋缓，区域间农产品流通产业发展差异小于区域内差异。市场分割也没有明显的收敛趋势；农产品流通产业的要素配置效率低下，且是影响产业全要素增长率的主要因素。分区域看，东部、中部、西部三大区域的产业增长幅度悬殊，区域内发展不平衡大于区域间不平衡。城乡市场分割程度西部明显高于东中部，且有由西南向西北方向转移的鲜明特点。城市内部各行业间的柔性劳动力市场分割程度远大于产品市场。城乡劳动力刚性市场分割总体呈下降趋势。经济平稳期，各区域资本市场分割程度差异小，但在经济波动期，东部地区和中部地区的反应较大，市场分割程度明显加深。

第 5 章至第 7 章则从多个视角讨论核心问题——市场分割如何影响农产品流通产业的区域增长。

其中，第 5 章讨论的是在直接路径上，城市偏向政策下产品市场分割和要素市场分割是如何影响农产品流通产业的区域增长的。结果，产品和劳动力市场分割都显著阻碍了农产品流通产业增长，资本市场分割保护了产业的增长，但作用并不显著。进一步，市场分割对农产品流通产业增长的影响并非是线性的，其中产品市场分割和劳动力市场分割的影响呈“U”型结构特征，资本市场分割的影响则呈倒"U"型。

第6章从要素配置效率的角度考察在第二条路径上要素市场分割对农产品流通产业的条件中介效应。这一章,我们试图抓住农产品流通产业发展过程中的要素配置效率这一核心问题,充分论证要从产业内部的要素配置上提升农产品流通产业质的增长。研究发现,要素配置效率的变动受到其自身的过去变化趋势的影响是显著的,对前期走势具有明显的继承性,但随着时间的推移,前期走势的影响将逐渐衰减。产品和要素市场分割保护了农产品流通产业较低水平的要素配置效率,最终反而不利于农产品流通产业的增长。这表明市场分割,特别是要素市场分割抑制了农产品流通产业生产要素的外逃,保障了农产品流通产业生产要素的供应。但这一作用反而使得低水平要素配置效率缺乏优化的动力,进而导致进一步抑制了农产品流通产业的区域增长。

第7章回答了市场分割、要素配置效率是否对邻近区域的农产品流通产业区域增长也会产生影响这个问题。根据第3章机理分析,理论推导结果表明市场分割也会使得邻近区域的产业增长受到影响。空间估计显示,农产品流通产业增长具有显著的空间自相关特征,市场分割和要素配置效率不仅对本地区的农产品流通产业增长不利,而且对邻近地区的产业增长也产生抑制作用。

第8章是政策与建议。在前7章研究基础上,本章提出消除市场分割,提高农产品流通产业要素配置效率,加快区域间产业发展合作,以营造良好的产业发展条件,促进农产品产业在质与量上的共同提升的政策和建议。

1.5　研究方法与技术路线

研究方法上遵循先采用静态研究,再做动态分析;先做传统面板检验,再进行空间面板的估计的逻辑,由简到难,由浅入深,逐层细化研究内容,使研究框架层次立体且清晰。

依上述研究思路,在分析市场分割、要素配置效率与农产品流通产业区域增长的过程中,本书坚持定性分析与定量分析相结合、规范分析与实证分析相结合、动态分析与静态分析相结合的原则,从经济学基本原理出发,以计量分析为主,辅之以必要的比较分析,形成本书分析的方法基础。研究中主要采用的方法有:

①系统分析法。系统分析法着重从整体与部分、整体与环境的相互联系、相互作用和相互制约的关系中,综合考察研究对象,以求用恰当方式解决问题。农产品流通产业发展与市场环境密不可分,同时又受到产业政策调整影响,其生产过程又是一个生产要素投入与资源配置关系复杂的系统工程。因此,分析市场分割对农产品流通产业区域增长时采用系统分析法,可合理统筹文章的主体内容。本书以农产品流通产业增长趋势与区域间差异分析为起点,围绕理论假设,构建了第一路径、第二路径以及空间溢出 3 个层次的实证检验与系统分析。

②计量分析法。分析不同类型的市场分割对省域层面农产品流通产业要素配置效率的影响时采用静态和动态相结合的方法,在固定效应(Fixed-Effects)和随机效应(Radom-Effects)面板分析的基础上,进一步采用动态面板分析方法(System-GMM)分析。分析以要素配置效率为中介时,构建调节中介效应模型(Moderated Mediation Model)将市场分割、要素配置效率与农产品流通产业增长纳入统一框架中估计与检验。此外,采用传统面板分析和空间面板分析相结合的手段,探讨市场分割与农产品流通产业的空间溢出情况。

③比较分析法。比较分析法贯穿全书分析的始终。农产品流通产业发展现状、市场分割指数和产业要素配置效率的分析,都在省域层面和东中西部层面采用比较分析法用以描述其基本特征。在实证研究部分,通过比较不同路径上不同类型市场影响农产品流通产业增长的方式、方向和机理,以揭示市场分割与农产品流通产业区域增长之间的内在联系。同时,方法的应用上,也通过比较不同分析方法的估计结果,多角度论证研究发现的稳定性和研究问题的多层次性。

依据上述研究目标、研究内容和研究思路与方法,本书研究的技术路线如图 1.1 所示。

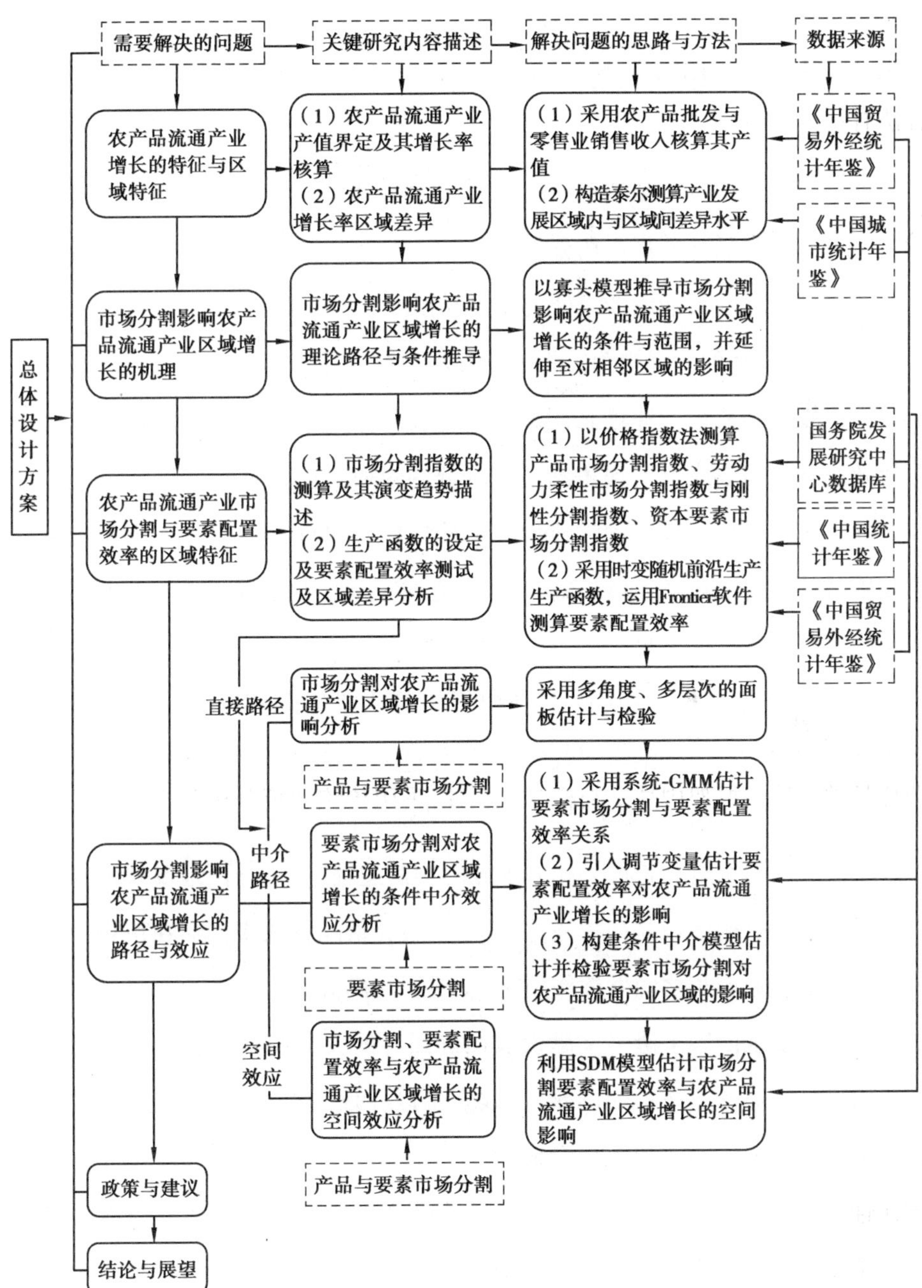

需要解决的问题
关键研究内容描述
解决问题的思路与方法
数据来源
总体设计方案
农产品流通产业增长的特征与区域特征
（1）农产品流通产业产值界定及其增长率核算
（2）农产品流通产业增长率区域差异
（1）采用农产品批发与零售业销售收入核算其产值
（2）构造泰尔测算产业发展区域内与区域间差异水平
《中国贸易外经统计年鉴》
《中国城市统计年鉴》
市场分割影响农产品流通产业区域增长的机理
市场分割影响农产品流通产业区域增长的理论路径与条件推导
以寡头模型推导市场分割影响农产品流通产业区域增长的条件与范围，并延伸至对相邻区域的影响
农产品流通产业市场分割与要素配置效率的区域特征
（1）市场分割指数的测算及其演变趋势描述
（2）生产函数的设定及要素配置效率测试及区域差异分析
（1）以价格指数法测算产品市场分割指数、劳动力柔性市场分割指数与刚性分割指数、资本要素市场分割指数
（2）采用时变随机前沿生产生产函数，运用Frontier软件测算要素配置效率
国务院发展研究中心数据库
《中国统计年鉴》
《中国贸易外经统计年鉴》
直接路径
市场分割对农产品流通产业区域增长的影响分析
采用多角度、多层次的面板估计与检验
产品与要素市场分割
中介路径
市场分割影响农产品流通产业区域增长的路径与效应
要素市场分割对农产品流通产业区域增长的条件中介效应分析
（1）采用系统-GMM估计要素市场分割与要素配置效率关系
（2）引入调节变量估计要素配置效率对农产品流通产业增长的影响
（3）构建条件中介模型估计并检验要素市场分割对农产品流通产业区域的影响
要素市场分割
空间效应
市场分割、要素配置效率与农产品流通产业区域增长的空间效应分析
利用SDM模型估计市场分割要素配置效率与农产品流通产业区域增长的空间影响
产品与要素市场分割
政策与建议
结论与展望

图1.1 技术路线图

1.6 可能的创新点

本书通过对现有文献和理论的梳理,以要素配置效率与空间溢出效应的双重视角研究了产品与要素市场分割对农产品流通产业的影响机理、路径及区域增长差异。研究的可能创新之处主要表现在以下 3 个方面:

第一,拓展新的研究视角。将市场分割与农产品流通产业的区域增长联系起来探讨农产品流通产业增长问题在现有文献中鲜有涉及。本书以产业要素配置效率和空间效应双重视角阐述市场分割对农产品流通产业区域增长的影响,深化了这一类主题的研究。同时,以两大类,共四小类的产品和要素市场分割指数估计其对区域产业增长影响做法,克服了现有文献仅以单一的产品市场分割指数进行估计的不足。

第二,理论创新上,一是本书理论上借鉴寡占模型,研究双寡头在产量竞争和价格竞争模型的分割策略所致的后果,并进一步掺入联动效应时策略互动对经济增长影响,使理论模型创建更符合复杂现实情境。这一理论发展,将只分析一个区域的均衡过程扩展到相邻区域的均衡过程,能更全面地反映市场分割对经济增长影响的区域联动特性;二是在探索要素配置效率如何在市场分割与农产品流通产业增长之间发挥作用时,发现了规模效应对模型具有显著的调节效应。这一发现回答了诸多文献没有明确回答的关于要素配置效率究竟如何促进农产品流通产业增长的问题,也改变了以往仅从组织理论、流通方式和流通效率等的单一方向上的研究探索。

第三,研究方法上,发展了市场分割指数测算方法。本书摒弃采用的省级层面平均价格指数测算分割指数方法,创造性地运用区分城乡的、有方向性的价格指数构造市场分割指数,使之更加符合农产品流通产业产品市场分割的特点。

此外，采用空间杜宾模型，将空间因素纳入农产品流通经济研究框架，使农产品流通产业理论分析更符合市场实际。流通产业与农业、工业的一个突出的不同点就在于它的价值是在一个动态的交换过程完成和实现的，其时间和空间的转换是其应有之义。

第2章　文献综述

随着市场经济发展的不断推进,社会分工不断深化,流通产业不仅成为连接生产与消费者的桥梁,而且成为消费者与消费者之间、生产者与生产者之间联系的纽带。农产品流通产业作为现代流通产业的分支,既是维系现代化城市生活的基础保障,又是沟通城乡协调发展的桥梁。在中央高度重视发展"三农"经济及强调农村经济现代化背景下,农产品流通产业发展这一话题引发了人们的热烈讨论。越来越多的学者开始对农产品流通产业的增长路径、市场建设和体制约束之间的关系进行广泛而深入的研究,产生了一批有价值的研究成果。本章在梳理相关理论基础上,厘清影响农产品流通产业发展的市场因素、产业内部资源配置因素和产业增长三者之间的运行机理,推动对这一研究主题的认识。

2.1　商品流通理论及演进

有些经济理论的发展既有创造性地先于社会实践而产生,但其根本还是源于社会生产实践。商品交换产生了市场,有了市场,社会经济才走向更高级发展。流通理论发展经历了一个较为缓慢发展的过程,其原因并非不重要,而是理论分化偏向了国际贸易等更新的经济领域。经济思想史将流通理论划分为马克思主义商品流通理论和西方经济学商品流通理论,前者认为流通是生产、交换、消费和分配中的一个重要环节，通过理论抽象的范式研究；后者从财富增长的源泉、交换实现等角度，以应用范式研究流通问题（任保平，2011）。然而，无论是将流通作为商品流通中的一个环节，还是将其作为财富增长的源泉，流通产业的增长离不开商品交换的实现。因此，流通产业增长理论始终与商品贸易或国际贸易理论相伴而生。

商品交换伊始，流通就产生。而国际贸易扩张，则在全球范围内引发商品和要素的更大范围的流通，并推动了流通产业的全球增长。经济发展的这一现象引起了诸多经济学家极大关注与探讨。当代西方经济学源自古典政治经济学，而古典政治经济学正是始于对流通的研究。17世纪20年代初，英国启蒙经济学家托马斯·孟（Thomas Mun，1630）出版了《英国得自对外贸易的财富》一书，将流通视为“财富的源泉”，成为“重商主义”的代表。作为经济学的鼻祖，亚当·斯密（A.Simth，1776）在《国富论》以发现市场这只看不见的手对经济增长的作用而著称。在这部著作里，他揭示了分工与交换的本质要求和内在规律，认为只要存在绝对成本优势，国际贸易就有利可图。这一国际贸易理论推动了国际间更大范围的商品与要素流动，客观上也成为早期流通理论的构成部分。亚当·斯密之后，大卫·李嘉图（David Ricardo，1817）提出的“比较优势理论”奠定了国际贸易问题研究的理论基础。然而，后来的经济学并没有沿着亚当·斯密和李嘉图的思想精髓发展下去。之后兴起的新古典经济学脱离了古典政治经济学的基本轨道。它假定生产者和消费者直接见面，导致了专门的流通理论的缺失，而主流经济学关于流通理论的研究则转为国际贸易问题研究（徐从才，2006）。随后的新贸易理论试图从理论上说明流通或贸易对经济增长的作用机理，但还是没有形成专门的流通理论，而是发展了产业内贸易的价值链理论。此外，还有一些称之为非主流经济学流通理论，比如新兴古典主义理论。新兴古典主义将交换、贸易、批发和零售置于分工和专业化的范围进行讨论，并以理论规范的形式来研究商贸流通渠道及其演化（程艳，2007）。以贝克尔（Becker，1981）、罗森（Rosen，1983）、博兰（Borland，1991）、杨小凯（Yang，

1992,2003)为代表的新兴古典经济学明确阐述了流通经济学中的分工、贸易、批发零售以及流通渠道等问题。以杜能(Tunen,1826)、韦伯(Weber,1909)、廖什(Losch,1940)、奥沙利文(O'Sullivian,2000)等将区位理论、城市经济理论与流通产业的发展联系起来。巴滕(Batten,1984)、博伊斯(Boyce,2001)基于城市内流通与城市间流通的视角,建立了以区域间商品流通模型为主要内容的商圈理论,从而为现代流通经济学研究商圈规划布局提供了重要的理论基础。

与西方主流经济学将商品流通理论隐晦地夹杂在贸易理论中不同,以马克思为代表的商品流通理论学者对商品流通理论进行了专门的论述。他指出,作为社会再生产过程中一个关键环节,商品流通衔接了生产、分配与消费。它们之间既紧密联系又相互影响,从而构成了完整的经济循环系统。他第一次对商品流通的定义是"每个商品的形态变化系列所形成的循环,同其他商品的循环不可分割地交错在一起。这全部过程就表现为商品流通"。马克思不仅从"本质"上阐释了流通的内涵,而且进一步强调了商品流通对现代经济发展的关键作用。马克思明确指出"商品流通是资本的起点,商品生产和发达的商品流通,即贸易,是资本产生的历史前提"。从这个角度讲,商品流通不仅是资本主义生产方式的前提,而且也是商品生产的前提。商品流通不发达,商品生产就不会发达,从而也就不会有发达的商品经济。上述论述还说明商品流通在先,其次才有货币和资本的流通;货币流通伴随商品流通的产生而产生,随商品流通的停止而结束;而商业资本流通在这个过程中完成了资本增值的过程。马克思主义流通理论中可以得出,商品流通方式由商品生产方式唯一决定。在这,商品生产方式即为经济体制,那么选择市场经济体制的商品流通,也就应在市场机制里运行。进一步,融合在商品流通过程中的所有投入,包括劳动力、资本、信息和技术等生产要素也应进入市场,在市场中完成各自的使命。

在我国,流通理论的研究是伴随着社会主义经济制度的确立而带有鲜明的马克思主义商品流通理论的标志。"计划"是社会主义初级阶段经济建设中商品流通的唯一方式,也是维护社会主义经济优势的重要手段。此时,中国的商品流通理论重在发展马克思主义商品流通理论，关注重点是“计划”，特别是关系国计民生的农产品生产和流通“计划”。但“计划”本身并不是商品流通理论的重要内容，因此，在早期，国内研究商品流通理论的文献有限。随着改革开放的发展，特别是进入 21 世纪后市场经济地位的确立，市场经济的繁荣和现代信息技术的革新，唤起了传统产业的新生机。正是在这样的市场与经济环境下，国内流通产业理论逐渐丰富起来。一是梳理和归纳经济学中流通理论的发展脉络，以证实流通理论有坚实的历史积淀和厚实基础。如夏春玉等(2011)沿着古典经济学、新古典经济学、制度经济学和新兴古典经济学的发展脉络，探寻流通理论在经济学中的踪迹，以期从主流经济学中找到相关的流通理论。同样，从《资本论》出发，有学者(鲁品越，2016)提出经济空间由科技文化创新等生产性劳动创造条件，但由流通领域的交往性劳动实际营造。而流通过程受到两种力量的推动，创造了两种经济空间——“建设性经济空间”和“破坏性经济空间”。二是借助产业组织等理论，探索流通产业运行的内在机理。何大安(2009)认为中国的流通产业是局部垄断的市场竞争，且这种市场竞争格局与产业组织的形式和内容以及由此规定的制度安排关系密切，在很大程度上决定着流通产业的运行机理。沿着产业组织研究思路，蔡荣(2011)专门研究了农产品流通组织的最基本单位农户及农业合作社问题，认为农业经营的外部环境和内在技术变化，必然会引起农业组织本身的变化。农业合作社是一种追求集体利益目标的组织，它能够克服农户资本和技术服务农业的生产约束，提升契约的稳定性。随着产业分工的深化，农产品流通产业组织研究被嵌入进产业链分析竞争均衡中，得到在农产品供应链上合作社利润最优策略优于社会福利最优策略，供应链总利润最优策略在一定区间范围内优于合作社最优策略(毛敏 等，2018)。

不断发展的流通理论为农产品流通产业理论的推进奠定了坚实的基础，增强了农产品流通产业理论发展的底气。然而，理论发展的脉络也显示，在过去发展中流通始终只是作为生产与消费中的一个中介环节，并没有独立于生产与消费而成为对社会经济增长的积极贡献者,这给以后的产业发展造成了困惑和羁绊。伴随着经济发展的不断推进,科学技术的进步,以及农产品流通产业壮大,农产品流通产业理论将不断取得突破和发展。

2.2 农产品流通产业增长的微观剖析

有关农产品流通产业增长,已有文献从多个方面对其进行了研究。尽管存在细节方面的争论,但是这些文献有一个共同的认识是:相对于其他产业有明显界限,农产品流通产业的界定还未达到一个共识。已有研究表明,农产品流通产业发展缓慢,产业组织不健全,流通效率不高等都显著地抑制了产业的增长。

2.2.1 流通组织视角

从流通初始端的组织看,大量的文献围绕农产品流通产业的组织构成,研究其对产业增长的影响。从垂直一体化组织模式的角度研究合作社+农户模式的文献丰富。Cechin et al. (2013)通过对巴西巴拉那州肉鸡业的研究发现,合作社的组织模式饲养的鸡肉质量高于企业组织模式。在研究意大利葡萄酒生产与流通过程对质量控制时,Schame(2014)发现,合作社生产与流通模式可显著地降低质量的不确定性并获得比企业更好的市场声誉。蔡荣(2011)以山东苹果专业合作的调查数据研究发现,“合作社+农户”生产流通模式能降低农产品流通中的的市场交易费用。从流通中间组织角度分析,王军、李红昌(2019)对流通过程的中间层组织研究结果显示,集约需求型、集约供给型和既集约需求又集约供给型的农产品冷链上的中间组织降低农产品冷链物流市场的交易成本和提高供需匹配效率等方面发挥了极其重要且不可替代的作用。更多的学者从产业链的视角,梳理了链条上各个流通组织的联结与协作。如韩红波

(2018)从“环—链—层”3 个层次构建流通组织的 3 个层级完整的农产品流通产业链组织联系与运行模式。此外,由于互联网等新技术的产生,围绕新技术、新平台,设计新的农产品流通组织的研究拓展了农产品流通产业组织理论。王山等(2016)研究发现,在“互联网+”时代,农业的各个主体,开始以网络为“供销集散地”信息中心,互通农产品市场讯息和供需信息,逐渐形成了“农户→虚拟平台→公司”和“龙头企业→网络→销地经销商”的模式,并在此基础上产生了一种新型的农业产业形态——农业虚拟产业集群这一虚拟空间的集聚组织。

从初始端的农户组织模式,到中间层的冷链中间组织,再到各种形态的农产品流通产业链组织的研究,人们发现,农产品流通产业的组织界限越来越清晰,组织规模越来越庞大,对产业增长的影响亦越来越大。这些研究多以规范分析为主,梳理了农产品流通产业组织创新与各组织的相互关系,及其对产业增长可能的影响,但并无实证检验。而研究流通初始端的农业合作组织虽有实证分析,但却是以农户调查的截面数据分析合作社组织模式对流通费用及产品质量控制方面。截面数据的分析对整个农产品流通产业发展的代表性有明显的局限性,而合作社+农户的初始端的组织交易效率也无法客观反映整个产业的效率。

2.2.2　流通效率视角

从现实角度出发,农产品流通产业研究的重点是解决流通效率问题。流通效率因研究内容不同,使它既可以是资源的有效配置,达到最大可能的消费者满意度(Raymon Van Anrooy,1997),也可以是流通产品的总价值与流通总成本比值(Shepherd,2000),还可以是减少耽搁和停顿、资源优化配置等(宋则 等,2010)。当然,也包括商品在单位时间内通过流通领域所实现的价值量与流通费用之差(李辉华 等,2001)这种数学描述。实证方面,H.K.Mavi 等(2012) 采用生产者获得比率指标对印度 Punjab 地区 12 个村庄 120 家农户及当地 3 个农产品市场进行调查,发现金橘生产者通过批发商售卖产品所得比自己直接向市场售卖要低许多。生产者所得占比的测定对于调动生产者流通积极性和选择不同的流通渠道有直接的影响。随着市场范围的活跃度加大,农产品流通链条加长,流通环节增多,那么仅从生产者出售这一环节来考察农产品流通环节的效率就不再全面客观。从多个角度采用多种测算方法被学者们纳入进来,作为测算农产品流通产业效率的指标。如技术效率、物理效率和价格效率(Semrmadevir R.Subramanian,2003),各流通环节的买入和卖出的价格比、流通差价的结构、市场进入的限制和市场信息的传递(福井清一 等,2011),流通费用率、流通利润率(杨宜苗 等,2011),流通成本、流通利润(陈耀庭 等,2015;吴舒 等,2016)以及流通层次及费用、损耗率等指标(卢凌霄 等,2011)等逐步成为流通效率测算指标。与此同时,为测算方法提供素材的流通评价指标体系也进一步完善起来。孙剑(2011)建立了我国农产品流通效率测度的指标体系,包括农产品流通速度指标、流通效益指标和流通规模指标三大类,共 12 项指标。李骏阳,余鹏(2009)建立了一个包括周转率指标、规模性指标和效益型指标三大类共十项指标的流通效率测度指标系统。他们运用因子分析法进行实证分析,结果显示 1995—2007 年中国流通效率呈现先降后升的演进趋势。当然,指标的计算还需要以一定的函数模型为基础,如构建非参数的生产前沿面函数模型(欧阳小迅 等,2011)、BBC 模型(王家旭 等,2015)和超效率 DEA 模型(陈宇峰,2015)等。

虽然学界没有专门测算农产品流通产业的要素配置效率,但对农产品流通产业的流通效率研究可为要素配置效率的研究提供借鉴。

2.3 要素配置效率对区域经济增长的贡献

从要素配置效率解析经济增长的动力是经济增长理论深化的必然,更是在当下经济高质量发展要求对理论发展提出的历史性课题。传统文献多侧重于从全要素生产率视角阐释差异化的增长模式,认为异质性的生产要素、技术进步及其扩散速率是造成生产率差异的根源。但事实是，即便给定相同的生产技术，同一生产要素在不同国家之间的回报率仍存在巨大差异，即资源并非总能实现最优配置（Restuccia and Rogreson，2008；Bartelsman 等，2013）。改革开放以来，中国经济发展的一个重要原因是生产要素（包括劳动力、资本和技术）的合理流动提高了生产率。农业改革解放农村劳动力、工业企业改革释放民营企业活力和教育改革提高劳动者的整体素质，再加上政府政策推动，促使国内生产要素的流动性大大提高，加速了中国经济增长的速度。

2.3.1　要素配置效率的测度方法

要素配置效率的测算方法多样，最主要的是增长核算法和指数核算法。这两种方法的起点设定都是从生产函数开始的，且生产函数的形式主要是简单的生产函数和超越对数生产函数。分析方法上，都采用随机前沿分析技术和数据包络分析技术。这两种测算技术的思路都是对既定的投入要素进行最佳组合，计算所能达到的最优产出，比较实际产出与理想最优产出之间的差距，来反映生产过程的综合效率。不过，由于采用的模型不同，具体的测算方法有所差别。

根据现有文献，依据事先是否设定前沿生产函数，可分为参数方法和非参数方法。前者根据投入产出的观测值，估计函数中的参数，并考虑随机误差对决策单元效率的影响，采用随机前沿分析（Stochastic Frontier Analysis，SFA）和厚边界分析；后者不事先设定前沿函数，不必对参数进行估计，采用数据包络分析（Data Envelopment Analysis，DEA）。非参数的数据包络分析法因其不需要设定函数形式，也对投入要素的限制较少，在应用时简便易被广泛采纳。根据前沿生产函数的不同，可分为超越对数函数和柯布-道格拉斯函数（Cobb-Dauglas，C-D生产函数）。相比较而言，采用超越对数生产函数形式放松了常替代弹性假设，形式上有一定灵活性，用最小二乘法回归时拟合效果更好。而且，由此可推算出包括技术进步、规模效率、配置效率等更多的指数，考虑了投入要素对这些因素的推动作用，在某种程度上将要素投入内生化，从而受到越来越多的学者的青睐。从具体的指数选择来看,有索洛残值法(Lu,2002)、Malmquist 指数(Fare et al,1994;姚战琪,2009)、菲罗尔的技术效率指数(李崇高 等,1995;郑毓盛 等,2003)、Wurgler 模型(Wurgler,2000;方军雄,2006;赵春雨 等,2013)等。李京文(1992,1996)用乔根森(Jorgenson)等人的生产率度量法,以超越对数生产函数对中国经济增长源泉做了分解后发现经济增长中的 50%左右由资本投入增长贡献,劳动要素的贡献只占到百分之十几,生产率的贡献因不同时段而产生较大差异。Hsieh 等(2009)提出以全要素生产率价值的离散程度来衡量资源配置效率的方法在学术界产生的影响较大,不过它无法衡量单个要素的配置效率。郝枫等(2010)利用随机前沿分析技术对中国市场扭曲程度进行测度和比较,得出产品市场价格扭曲导致配置效率损失的结论。他认为中国要素市场长期存在明显的价格扭曲,各地区劳动市场价格扭曲差异较大,且并未发现趋于收敛的迹象。张杰等(2011)利用市场化进程指数、要素市场化进程指数与产品市场化进程指数折算出地区要素市场扭曲指数。张乐等(2013)利用随机前沿生产函数法将全要素生产率变化分解为技术变化、纯技术效率变化、规模效率变化和配置效率变化四个部分,测度了 1991—2010 年中国农业全要素生产率变化及其分解式。测算结果显示,规模效率变化是农业全要素生产率增长的主要阻碍因素,要素配置效率变化是农业全要素生产率增长的主要促进因素,也是全要素生产率地区差异的主要来源。Wurgler(2000)创造性地构造出估算资本配置效率的模型。他以投资变化对规模变动的敏感性作为资本配置效率的基准,用来检验金融体系与资本配置效率之间的关系。该模型得到了理论界的认同和应用(Durnev et al,2004;Almeida et al,2005;方军雄,2006)。赵春雨等(2011)在 Wurgler 模型的基础上以生产率增长率变化为资本(劳动)配置效率的标准,并考虑本行业在整体国民经济中"生产率增长"相对位置的变化,对模型进行了优化。对 1999—2009 年中国经济总体 8 大部门和工业 18 个分行业的生产率增长,以及劳动、资本要素的配置效率进行了测算、对比和分析。研究发现经济总体全要素生产率(TFP)在 2008 年后呈下降趋势,劳动要素的配置效率伴随着生产率增长而增长,但资本要素配置效率却为负数。蔡跃洲和付一夫(2017)借鉴 Massell(1961)方法,利用中国宏观及产业数据,研究发现改革开放以来至 2005 年前后,中国经济增长主要得益于各行业技术进步的普遍提升,而 2005 年特别是 2008 年国际金融危机后,要素配置效率对 TFP 增长的贡献迅速提高,并取代技术效率成为 TFP 增长的主导因素。

理论的日益丰富和现实技术渐趋多样化,使得要素配置效率既可是宏观经济指标,亦可为衡量中观的产业发展质量的观测数据,以及更为微观的企业投入产出效率指标。这大大拓展了理论的应用范围,也为农产品流通产业要素配置效率的测算提供了理论依据和技术支持。

2.3.2 要素配置效率对区域经济增长差异的影响

关于经济增长驱动方式的讨论中,最为激烈争论的是,究竟是要素投入拉动经济增长,还是全要素生产率推动了经济增长。自克鲁格曼在他的著作《萧条经济学的回归和 2008 年经济危机》一书中认定中国经济的快速增长是资源投入的结果以来,国内学者就经济增长中全要素生产率(Total Factors Productivity,TFP)问题展开热烈的讨论。著名的中国经济史学家、哈佛大学教授 Perkins(1988)认为,中国富有强大的关键是提高全要素生产率。世界银行(1997)则将中国 1978—1995 年中国经济增长贡献的 43%归结为 TFP 的增长。易纲等(2003)就新兴经济中全要素生产率的核算方法提出修正后,从制度变迁、人力资本改善和技术进步等四个方面证明中国的经济发展中全要素生率贡献,不过证明过程并不严谨。王小鲁等(2009)以 1952—2007 年的数据研究发现,中国全要素生产率对增长贡献了 3.6 个百分点,而否定了所谓中国经济增长是“没有生产率提高的投入带动”,从而否定了中国经济增长“不可持续”的论断(Young, 2000;Krugman, 1994)。然而,更多学者指出,中国的经济增长过程中,全要素生产率的贡献仍然较低,主要还是以要素投入为主。王远方(2016)采用改进的随机前沿与索洛残差法测算全要素生产率时发现,2003—2012 年我国经济增长主要依赖要素投入增长,其贡献率高达 85.17%,而全要素生产率增长对经济增长的贡献为 14.83%。郭庆旺、贾俊雪(2005)就我国 1979—2004 年全要素生产率增长进行了测算,认为 1979—2004 年我国全要素生产率增长率及其对经济增长的贡献率较低,均值为 0.891%,表明我国经济增长确实主要依赖于要素投入增长,是一种较为典型的投入型增长方式。

全要素生产率的整体贡献率不高的原因既可能是技术进步、技术效率和规模效率拖累所致,也可能是要素配置效率低下形成。Baily et al.(1992)从企业进出入市场的角度将 TFP 分解为企业内部生产率的变化、企业内部市场份额的变化、进入企业生产率变化和退出企业生产率的变化 4 个部分。其中,第二部分表示企业间的资源配置,但仅当在位企业的生产率高于当期平均生产率时,才会对生产率产生影响(杨汝岱,2015)。涂正革、肖耿(2005)在对 1995—2002 年中国大中型工业企业的生产率变化进行动态分解时发现,企业投入要素的配置效率对 TFP 增长几乎没有贡献。持此观点的还有曾先峰、李国平(2011)。他们认为 1985 年来中国工业生产效率的提高依赖于行业自身 TFP 的提高,资源再配置效应非常低。姚战琪(2009)也认为,要素配置效率作为生产率增长的一个来源在 1985—2007 年的表现平平,中国经济总体 6 个部门和工业部门的要素配置的贡献效应较低,且三次产业的要素配置效率对经济增长的贡献大大低于多国模型相似阶段的水平。陈永伟、胡伟民(2011)的实证分析结果也表明,要素价格扭曲导致的行业之间资源错配,使得制造业的实际产出降低了 15%~20%。但是,在纠正资源错配后,要素的配置效率能有效提高企业 TFP。Hsieh and Klenow(2009)对 1998—2005 年中国的资源配置效率进行测算后发现,如果按照等边际收益对中国的劳动和资本进行再配置,中国的 TFP 可以提升 25%~40%。

要素配置效率对区域经济增长的贡献不仅体现在上述对全要素生产率方面,还体现在对不同生产部门或同一部门的不同区域的经济增长差异上。生产要素的合理流动及有效配置是经济保持长期增长的关键,也是产业持续高质量发展的关键。在要素自由流动的前提条件下,同一地区农业部门和非农业部门的劳动力边际产出相等,不同地区之间的非均衡发展完全取决于部门全要素生产率的差异(Klenow and Rodriguez-Clare,1997;Hall and Jones,1999)。Banerjee and Duflo(2005),以及 Restuccia and Rogerson(2008)采取了一个不同的视角,他们发现产品或要素市场的扭曲阻碍了经济资源在不同企业之间的再配置过程,从而导致了同一产业内不同企业之间持续存在的生产率差异。除要素禀赋外,部门全要素生产率及生产要素在部门之间的配置效率是影响地区经济增长及其非平衡发展的关键(刘贯春 等,2017)。但这种要素流动主要是从农业部门流向工业部门,从经济欠发达区域流向经济发达区域,从乡村流向城市的单向流动。在我国,经济发展要从粗放式转向集约式发展,研究如何提高对各部门的资源配置要素效率就显得更为重要。易纲等(2003)认为资源配置效率的改善对我国全要素生产率的提高做出了重要的贡献。

与要素配置效率在经济总体和工业部门的研究热度相比,在农产品流通领域,要素配置效率的研究难寻踪迹。对于与农业密切相关的农产品流通产业这种有较大要素投入需求的部门来说,要素配置效率对产业增长和区域发展的意义显得尤为重大。但与研究要素配置效率在经济总体和工业部门的热度相比,在农产品流通领域,要素配置效率的研究十分有限。Restuccia 等(2008)认为,农业部门的低劳动力生产率和高就业份额是导致落后国家加总全要素生产率低下的主要原因。袁志刚和解栋栋(2011)估算了农业就业份额过大造成的劳动力配置不当对中国全要素生产率造成的损失,不同指标的测算结果介于-2%~18%,并呈现扩大趋势。王颂吉和白永秀(2013)指出,农业部门配置过多劳动力和过少资本,城乡要素错配显著阻碍了中国城乡二元经济结构的转化。这些研究关注到了要素配置不当导致农业部门经济效率的损失,但并没有将农产品流通产业的要素配置效率测算出来。

2.4 市场分割约束下的区域经济增长

经济增长有赖于市场上产品和要素的自由流动,而市场分割使这一基本的要求难以达成。在农产品流通产业发展过程中,市场分割的现象是较为严重的。研究市场分割下的农产品流通产业增长问题,在理论和现实中都较为迫切。不过,市场分割在不同的研究领域表达有所差异。在消费领域,市场分割指依消费者相似需求将总市场划分为同质群体,以更有效地分析各小群的具体需求(Marshall and Johnston,2010)。Gloy and Akridge (1999)为研究农业供应商的营销策略问题,就运用集群分析方法对农作物和牲畜农场的消费者偏好市场分割进行分析。在生产领域,市场分割则指地区之间限制生产要素流动的各种因素,包括阻碍市场一体化的有形和无形壁垒(World Bank,2009)以及文化异质性导致的文化分割(Collier and Venables,2007)。从区域整合的角度看,市场分割是指在一个统一的国家内,基于区域异质性,而没有形成统一的、大市场的现象(郭勇,2013)。因而,对市场分割的研究因对象不同,其具体的含义呈现一定差异性。

市场分割究竟是促进还是抑制了经济增长的争论在学界还未达成统一。一方面,根据"斯密—杨格定理",市场规模的扩大通过促进分工来实现经济增长,这意味着市场分割的出现将会限制市场和分工从而不利于经济增长。但是,陆铭和陈钊(2009)的经验研究却发现,一定程度的市场分割是有利于经济增长的。他们在研究邻省之间产品市场分割对区域经济增长时发现,市场分割即分割市场对于当地即期和未来的经济增长具有倒"U"型的影响,对于超过96%的观察点来说,市场分割有利于本地的经济增长。而持有这两种相对观点的学者都能通过实证手段证实自己观点的情形表明,市场分割对经济增长的影响是不确定的。不同条件下,两者的关系表现可能不同。

2.4.1　产品与要素市场分割理论与测算方法

目前,市场分割的测度方法很多,较为认可的主要有 3 类:第一类是通过各地区间产业结构的差异来考察区域间市场分割程度;第二类是通过各地区间的贸易量和贸易结构来考察;第三类是通过各地区间产品价格的差异来考察。通过各地区间产业结构的差异来考察区域市场分割的方法认为,如果地区间的产业结构的差异缩小,则市场分割程度加大(Young,2000;白重恩,2004)。以贸易流量和贸易结构来测度区域市场分割程度的学者认为如果地区间贸易的"边界效应"(Border Effect)扩大,则认为市场的分割程度扩大(Naughton,1999;Poncet,2003,2005;纪宝成 等,2007)。行伟波和李善同(2010)以 2002 年中国区域投入产出表数据为依据,我国地区间贸易的结构以及省际边界效应,实证结果显示,各省份间存在较大的边界效应,地区间贸易存在较大的本地偏好,服务贸易在地区间的流动明显小于制造业产品在地区间的流动。赵永亮和才国伟(2009)的研究结果表明国内市场一体化的边界效应与对外贸易负相关,内部市场一体化的推进有利于外部市场一体化程度的提高。采用地区间产品或要素价格的差异来考察区域市场分割程度是当前学者运用得较为广泛的一种。Engel and Rogers(1996)、Parsley and Wei(2001)等人基于"冰川"成本模型,使用地区间相对价格的方差变动测算了美国、日本、加拿大等国家之间以及各国家内部的市场分割。桂琦寒与陆铭等(2006)采用的相对价格一阶差分形式,对国内各地商品价格指数考察了 1985—2001 年中国相邻省份的商品市场整合程度及变化趋势。黄新飞、陈珊珊和李腾(2014)选取长三角 15 个城市 224 个市场 37 种农产品的周度价格及成本数据,在"一价定律"的框架内重新考虑地区间市场分割情况,认为价差的变动来源于成本差异和利润差异。陈宇锋、叶志鹏(2014)利用了 1996—2011 年省际面板数据,以相对价格法度量了省际间农产品市场分割的指标后,研究发现地方保护主义和区域行政壁垒是加剧农产品流通市场的分割的重要原因,行政性收费加剧了区域壁垒。也有少许学者通过各地区的经济周期的相关程度来考察市场一体化的程度高低，如果相关程度高，则市场一体化程度高（许新鹏，2002）。

劳动力市场分割理论的起源最早可以追溯到约翰·穆勒和凯恩斯。他们曾公开反对亚当·斯密关于劳动力市场具有竞争性质的学说，而倾向于认为劳动力市场具有非竞争性（Mill，1885；Caines，1874）。在国外，劳动力市场主要分割为主要劳动力市场和次要劳动力市场。主要劳动力市场收入高、工作稳定、工作条件好、培训机会多、具有较好的晋升机制；而次要劳动力市场则与之相反，其收入低、工作不稳定、工作条件差、培训机会少、缺乏晋升机制。并且，主要劳动力市场和次要劳动力市场之间的流动较少（P. B. Doeringer，M. J. Piore，1971）。在国内，劳动力市场分割以一、二级市场分割，部门市场分割和区域分割三种形式划分。一、二级劳动力分割划分的依据是工资决定机制、工作稳定性，不同级别的劳动者很难在市场间低成本流动。部门市场分割则是因观念、政策导向、产业特点上存在的差异造成农业部门和服务部门存在就业上的不同，使得特定部门的劳动力流动性差。区域分割主要是因为发达地区的政府为保护本地居民获取公共品和就业岗位的机会，会以各种手段阻止外来移民在劳动权益、社会保障、子女教育等方面享有与本地居民相同的权利，导致了劳动力要素市场区域分割（陈钊 等，2008）。在具体的测算方法上，Orr（1997）在明瑟工资方程基础上构建劳动力市场分割这一指数用于衡量部门或地方劳动力市场分割。Gwartney and Lawson（2007）在《世界经济自由》中给出的劳动力市场规制指标做代理变量，该指标由最低工资、失业保险等一系列影响就业的因素加权而成，分数越高，政府对劳动力市场管制越少，劳动力市场分割程度越低。付文林和赵永辉（2014）采用城乡人均工资差距与农村人均纯收入的比值来反映劳动力市场分割程度，数值越大表示城乡劳动力市场分割越严重。池仁勇和金陈飞（2014）引入劳动力市场分割与中小企业发展的交叉项，度量中小企业发展对城乡收入差距的影响受劳动力市场分割程度的作用，使用农业劳动生产率衡量劳动力市场扭曲程度。

资本市场分割理论也是基于"一价定律"框架之下。在金融市场,它是指在贸易不受限制的情况下,同种商品在不同市场上的同一货币价格差异减去交易成本后相等(马歇尔,1961),这意味着金融市场上不存在套利机会。后来,凯恩斯(1923)在《论货币改革》中进一步深化该理论,提出利率平价假说。利率平价理论认为汇率由利率差异所决定,即一国货币的基期汇率和远期汇率之间的差异(升水或贴水)应近似等于该国利率和所兑换的货币国利率的差异。金融市场分割则是寻求各市场或经济体间资产价格是否相等。

农产品流通产业的发展受制于劳动力市场分割。劳动力市场上,劳动者基本上由次要劳动力或二级劳动力构成。实际上,我国劳动力市场处于非常严重的分割状态。体制性分割即城乡分割、户籍分割、所有制分割和行业分割一直存在,是学界研究重点。徐川(1994)针对社会主义市场经济体制下的劳动力市场建设,探讨劳动力市场概念界定及其在市场中的地位,对于打破劳动力市场分割具有重要意义。1999 年以后,劳动力市场的分割逐渐严重。这一时期的我国劳动力市场分割为多元的劳动力市场(陆燕春,1999),劳动力市场存在着明显的分割性、不统一性和多层次性(李萍 等,1999)。多重分割性是劳动力市场的主要特征,可归结为 4 个方面,即城乡分割、地区分割、部门分割、正式劳动力市场与从属劳动力市场的分割(李建民,2002)。相对于其他劳动力市场,农产品流通产业的劳动力整体流动性差,工资待遇不高,人力资本水平不高。由于显而易见的差异,专门研究农产品流通产业劳动力市场分割就被研究者们一笔带过了。

2.4.2　市场分割影响区域经济增长途径

根据现有文献研究结果,产品市场分割相当于在区域间设置了贸易壁垒,阻碍了区域外的市场竞争,从而保护了本地经济的增长,但对总体经济不利。张宇(2018)利用基于空间自回归的联立模型对地方保护行为对经济增长效果进行了检验,结果表明,作为一种占优战略,地方政府单方面的保护行为会促进本地经济增长。但在考虑地区间的互动联系后,单一地区的保护行为会因触发其他地区的效仿而使经济增长整体陷入“囚徒困境”。而且,市场分割给落后地区带来的负向效应要明显高于经济发达地区,这种负向效应随着经济发展水平的提高、更加融入国际分工、民营化进程的加快和财政支出更加分权而加剧(刘小勇,2010)。我们关注的的是,市场分割是如何影响区域经济增长和总经济增长的。

产品市场分割可能通过多种途径对区域经济增长和总经济增长产生影响。第一,市场分割可能通过价格或产量的传导路径对区域经济和总体经济产生不同的影响。付强(2017)研究发现价格竞争和产量竞争策略对区域经济增长和总体经济增长效应不同。对区域经济而言,产业同构程度高时,无论是产量竞争策略还是价格竞争策略,市场分割都有显著的促进作用。对总体经济而言,产量竞争的情况下,分割不利于总体经济增长;而在价格竞争的情况下,分割能在有限的区间内促进总体经济增长。第二,市场分割也可通过市场规模或企业集聚的中间机制对经济增长产生影响。孙博文(2018)探讨企业家自由流动假设下市场分割对经济空间格局的塑造机制时发现,地方政府的市场分割行为通过市场规模与企业集聚的中间机制对企业家收入产生影响。短期内,市场分割会带来部分地区的企业家收入增长。但长期来看,市场分割所带来的区际“贸易福利损失”要高于通过分割市场和本地保护带来的“本地市场效应”的提高,而且不利于规模效应的发挥和长期经济增长。第三,在微观市场,市场分割通过抑制企业进出入机制及阻碍要素自由流动而对经济增长施加影响。王磊等(2015)利用1998—2007年的数据根,根据相对价格法估算各地区的市场分割指数后,发现市场分割抑制了企业进入退出的竞争效应对在位企业生产率水平的提升,同时也扭曲进入企业的学习效应对生产率的影响。此外,市场分割通过阻碍了要素资源在企业间与部门间的自由流动,降低资源再配置效应对总量生产率的贡献。

要素市场分割主要通过扭曲要素价格,降低要素配置效率的方式对经济增长产生影响。国外文献并不直接使用市场分割表述要素市场分割，而是以要素扭曲或错配指代。诸多文献表明，要素市场分割（扭曲）或资源错配对经济发展有显著的负面影响（Lagos，2006；Aoki，2012；Rogerson，2008）。要素市场分割会造成低成本出口，导致宏观经济失衡（窦勇，2010）；资源错配会降低中国的全要素生产率（袁志刚 等，2011；李静 等，2012；罗德明 等，2012；陈永伟，2013），导致产业结构失衡（楼东玮，2013）。此外，要素市场分割会加剧资源错配程度，在资本—劳动呈替代关系时，也会降低劳动收入份额。王宋涛等（2016）利用 1998—2007 年中国工业企业数据库构建 279 个城市的要素市场分割指数和资源错配指数面板数据，实证研究发现要素市场分割显著加剧中国工业企业的资源错配，并降低了劳动收入份额。即便考虑可能存在的内生性以及采用省级区域的数据，上述研究结论依然成立。付尧（2007）以修正了的 Solow 模型为分析框架，利用广东和上海的数据进行研究，发现劳动力市场地区分割对区域经济增长具有阻碍作用，但他并没有指明劳动力市场分割是如何施加影响的。在资本市场，由于信息不对称、政府干预所能起到的替代市场失灵的效果，可能会以一种更高的替代成本的形式降低了资源的配置效率（臧跃茹，2001）。市场资本存在的套利机会使资本市场存在分割，并造成了资本要素资源配置过程中的大量沉淀和效率损失（周明，2002；郑毓盛 等，2003）。当然，信贷和制度不完善指数越高，金融市场分割越突出（罗伟 等，2015）。显然，上述市场分割对要素配置效率影响研究并没有针对农产品流通产业，但市场分割引致要素流动约束及影响因素分析对农产品流通产业要素配置效率的研究无疑是有益借鉴。

几十年来，农产品流通产业的增长一直处于低迷状态，相对于其他产业来说，增速相当缓慢，发展艰难。从现实需求角度出发，农产品流通产业研究的重点是为解决流通效率问题。流通效率既可以是资源的有效配置，达到最大可能的消费者满意度（Raymon Van Anrooy，1997）也可以是流通产品的总价值与流通总成本比值（Shepherd，2000），还可以是减少耽搁和停顿、资源优化配置等（宋

则 等,2010)。李骏阳、余鹏(2009)建立了一个包括周转率指标、规模性指标和效益型指标三大类共 10 项指标的流通效率测度指标系统,运用因子分析法进行实证分析,结果显示 1995—2007 年中国流通效率呈现先降后升的演进趋势。孙剑(2011)建立了我国农产品流通效率测度的指标体系,包括农产品流通速度指标、流通效益指标和流通规模指标三大类,共 12 项指标。当然,指标的计算还需要以一定的函数模型为基础,如构建非参数的生产前沿面函数模型(欧阳小迅 等,2011)、BBC 模型(王家旭 等,2015)和超效率 DEA 模型(陈宇峰 等,2015)等。

2.4.3 区域空间溢出效应的多重制约

在现代经济体系中,区域经济增长不可能是孤立的,而是多维度的相互渗透、相互制约的经济。根据地理学第一定律,Tobler(1970)认为“所有事物都与其他事物有关联,但较近的事物比较远的事物更关联”。区域间要素的自由流动是实现区域经济增长的前提条件。市场分割本身就是对统一空间的人为划分。但由于新古典理论忽视了区域经济空间组织的异质性,将区域视为“均质”,因而用以解决区域发展的问题时就变得不切实际(赵勇 等,2012)。尽管受到分割的制约,经济运行本身仍然按经济规律对区域经济和总经济产生作用,其空间溢出效应会随着经济运动范围的扩大而更加显著。地方政府通过户籍制度、金融管制和对资源能源要素的分配权来参与区际经济增长,以保证本区域经济增长、充分就业和财税收入增加等目标,这不仅会限制区域之间的要素流动并引发要素市场分割,还将通过空间溢出效应对本区域及其他区域的要素配置效率产生重要影响(金培振 等,2015)。

在传统的研究方法上加入空间效应视角能更客观地刻画经济变量之间复杂的现实关系。Anselin(1988)指出空间相关性的存在会导致面板回归模型产生估计偏差。一些学者的研究表明中国的省域经济增长存在显著的空间相关性(Bai,2012)。一定程度上,通过缩小技术差距以及提高技术溢出水平有利于降低区域间市场分割,有利于促进区域协同发展,发挥我国大国市场的规模效应(刘秉镰 等,2018)。显然,技术进步、运输成本等都可能突破市场分割的禁锢和界限,在空间上建立起区域之间的经济联系,形成空间溢出效应。但这一观点的证据并不充分。其他学者的最近研究分析表明,上述结论可能与实际情况恰恰相反。刘华军等(2019)通过关系数据计量建模技术和二次指派程序(QAP)方法进行分析,发现区域经济增长的空间溢出对地区经济差距有微弱的正向影响,一定程度上扩大了地区经济差距,但发达省份并没有对落后省份形成良性的带动作用。分歧的关键在于,两者选择研究对象上的差异。前者假定的是省域"匀质"分布,而后者,根据经济发达程度,将省域样本划分为发达区域和不发达区域,从而得到溢出效应不同。同时,由于区域划分的标准不同,区域之间所暗含的市场分割的涵义就不同,其空间溢出效应必然相异。

正如同市场分割对区域经济影响与总体经济影响迥异一样,空间溢出效应还需区别出直接效应、间接效应和总效应,还应细化各变量对于本地区与周边地区的不同影响。刘小勇(2014)对通过引入空间联系将市场分割对经济增长的影响分析中,发现 1986—1993 年市场分割对经济增长的当期直接效应和溢出效应都为正,直接效应、间接效应和总效应也都为正。1994—2009 年市场分割对经济增长的当期直接效应和溢出效应都为负,直接效应、间接效应和总效应都为负。在具体行业中,制造业的空间集聚也受到市场分割的影响,在控制了物价变量和运输条件变量之后,市场分割指数和空间溢出指标对制造业集聚保持显著的正向影响(程艳 等,2013)。同样,在物流产业内,产业集聚具有显著的空间溢出效应,且空间溢出效应受到市场分割的无形阻碍。市场分割通过减弱与邻近地区的经济联系等方式,弱化物流产业集聚的空间溢出效应(王志祥 等,2018)。随着空间计量广泛应用和深入研究,越来越多的行业发展分析将加入空间因素成为趋势。

2.5 简要述评

针对市场分割、要素配置效率与经济增长之间关系的文献研究表明,市场分割是影响区域经济增长的重要因素,也是引发区域经济增长差异的重要原因,还是导致要素配置扭曲的推手。农产品流通产业的增长可能受制于区域间市场分割,也可能受益于市场分割。不过,在这一问题上,已有的研究仍存较大分歧。纵观国内外相关文献研究,概括起来,至少可以从以下 3 个方面值得再思考。

一是关于市场分割指数的细化方向及其适用范围的调整。自从 Young(2000)关注了中国的市场分割对经济增长的问题后,由于市场分割背后涉及中国体制机制的安排等敏感的政治话题和经济改革的重大问题,从而引起了学界极大兴趣。可以这样说,现有研究内容已十分丰富,研究范围也不断拓展。但即便如此,在这一领域还有许多问题值得进一步深入研究。从陆铭、陈钊(2009)发现市场分割对区域经济增长的影响为倒"U"型特征,到付强(2018)认为市场分割对区域经济增长的影响受到线性函数条件下,同构产业的要素弹性的大小约束,且对区域影响与总体影响因弹性大小不同而结果迥异的研究进展表明,关于这两者关系之间关系的研究值得后来者进一步探讨。其中,一个重要的研究方向是,在某个具体的产业中,市场分割对产业增长的影响是否存在不同。已有的研究着眼于市场分割对经济总量的分析,而鲜见于对具体产业的严谨思考,这也正是激发本书研究的一个重要原因所在。而且,市场分割的测算方法尽管多种多样,但无一例外都没有考虑到城乡差异的问题。贸易法也好,结构法也好,价格指数法也好,要么是从产业行业角度测度分割程度,要么是从省域层面测度,采用的都是行业或省域层面的被平均后的指标数。显然,对于差异显著的城乡问题研究而言,这样的测算结果难有说服力。特别地,对农产品流通产业这个城乡关系交错复杂的产业,测算市场分割指数更应是多个方向，多个维度的。此外，国内外研究市场分割对经济影响的时候，都是以产品市场分割指数这一个指标来估计其对经济运行的影响，而没有考虑更为重要的要素市场分割在其中的地位与作用。事实是，经济增长受到市场分割的影响既会来自产品市场分割，也会源自要素市场分割的力量，因此，需要多维度分割指数更全面和客观地反映两者之间的相互关系。

二是关于市场分割影响经济增长路径问题。现有文献从理论上解析了市场分割通过类似于贸易壁垒，或者是以征加"关税"的形式，制约区域间经济的互动。表现为，它借助价格或产量（付强，2017）、市场规模或企业集聚（孙博文，2018），或者抑制企业进出入市场及阻碍要素自由流动（王磊，2015）等路径对经济施加影响。这些研究大致地理出了市场分割对经济增长的作用路径，但分析过程仍是粗线条的。市场规模表征的只是数量的调整，从内生经济增长角度看，它并不直接导致经济的波动。而研究扭曲的要素价格时，也只有从与矫正后的价格对经济增长影响进行对比，才可得间接到要素扭曲对经济增长是否有显著的效应。我们考虑，在这些文献研究的基础上，是不是可以找到能够直接表达市场规模或[illegible]率的指标来反应市场分割作用于经济增长的中介过程。从现有一些零[illegible]发现要素配置效率或规模效应可能是这其间的一个中介变[illegible]发现的中介变量在其中默默地发挥影响。此[illegible]产品流通产业自身所携带的地理区域特征，将[illegible]有之义。但，就农产品流通产业而言，市场分割究竟通过哪条路径或哪几条路径对产业增长产生影响，在已有的文献找不到明确的线索。

三是农产品流通产业效率研究。现有对农产品流通产业的微观组织研究和流通效率的分析为农产品流通产业要素配置效率的研究提供诸多素材。在强调高质量发展的当下，要素配置效率的测算是探讨经济总体、各部门和各产业经济增长质量的有效且直接的研究方法。但遗憾的是，这一研究方法因各种原因未能引起农产品流通产业研究者们的重视而暂处空白。尽管农产品流通效率的研究颇丰,但与研究要素配置效率在经济总体和工业部门的热度相比,将农产品流通产业作为研究对象开展其生产过程中的要素配置的文献相当稀少。一个重要的原因是,流通理论无论是在西方主流经济学还是马克思经典理论中都没有单独地研究这一产业。而且,在过去的数十年发展中,农产品流通产业在国民经济中的地位式微,难以引起研究者兴趣。在这种情境下,农产品流通产业理论研究更是在方法上欠缺积淀。但随着经济发展的推进和现代流通技术的发展,以及流通产业迅猛发展,农产品流通产业正迎来机遇期。要素配置效率测定理论与技术的成熟,以及市场分割的客观存在,使研究农产品流通产业的要素配置效率成为可能。同时,学界现有对农产品流通产业的流通效率与投入产出分析也恰可为要素配置效率的研究提供借鉴。

总之,农产品流通产业的研究在理论上还不很成熟,需要有志于该领域的学者们的深入研究。“谋定而后动,知止而有得”,综合上述研究,我们认为:

第一,我国是一个农产品生产和消费大国,城乡人口流动大、城市化速度快,且自然地域分布广泛,这些基本属性决定了研究我国农产品流通产业发展的复杂性。城乡之间、东中西部之间的经济、文化、人口的差异,使得依赖某一种理论来概括分析中国农产品流通产业的发展都显得苍白无力。尤其是城乡之间的二元结构所致的市场分割,不考虑空间经济学中的规模报酬递增和要素的自由流动是难以求得农产品流通产业发展的正解的。此外,城市化和工业化进程的迅速推进,市场需要与供给之间矛盾突出,产业间的竞合激荡,各种力量的角逐,加剧了对生产要素和各种资源的抢占。因此,传统的视角研究难以客观反映农产品流通产业发展的现实,必须采用新技术和新方法解决产业发展出现的新情况和新问题。

第二,农产品流通产业问题的研究中,微观剖析与宏观考量不可顾此失彼。与廖斌(2015)认为主流经济学忽视了对市场微观结构的研究观点相左,我国农产品流通产业的研究过多聚焦了微观组织的解剖,而不见其理论的大厦。致力于流通产业理论研究学者中,重点研究流通产业的组织结构、流通效率、渠道建设问题者居多,而对于农产品流通产业的要素投入产出、要素配置效率、城乡区域经济互动等产业发展的基础问题回答很少。

第三,分城乡、分阶段、分地区是我国农产品流通产业研究必须坚持的 3 个原则。二元经济结构的格局与区域经济的非均衡发展决定了农产品流通产业的多层次、板块性特征;社会的快速转型与经济的快速转轨又决定了居民消费水平、结构与行为的持续不稳定性。因此,研究当前的中国农产品流通产业问题,不能采取简单的"拿来主义",比如把研究其他产业的模型与方法不加分析地用在农产品流通产业的研究上,把批发与零售额不区分是工业品还是农产品直接嫁接到农产品流通的研究中。我们要坚持实事求是、问题意识,坚持分城乡、分阶段、分地区的原则对待中国农产品流通产业问题的研究。

第3章　机理分析

面对中国城镇化浪潮推动，中国城镇无论是地理空间上，还是人口集聚上都增长迅速。随之而来的是，农产品的生产与消费也在多个维度上不断分离和割裂。这种分离和割裂致使农产品生产与消费间的自然距离延伸的同时，也深刻地调整着它们之间的交换和分配关系，并引发生产方式和消费升级等一系列关系的交错与矛盾。而各级政府为维护本地区经济发展、保障本地区农产品供应和农产品市场价格稳定，加快了区域农产品流通市场建设和产品流通政策扶持，无形中加剧了区域间的市场分割。从全国层面讲，培养农产品流通组织和搭建大型农产品流通信息平台等措施，可以削弱市场分割力量，减少流通环节，提高农产品流通速度，一定程度上直接或间接对农产品流通产业发展产生影响。那么，农产品流通产业发展过程中，市场分割是否能够影响农产品流通产业增长，这种影响是直接的，还是通过其他因素间接传导的？是否可以找到促进农产品流通产业增长，并缩小区域发展差异的路径？现有文献研究并无一致结论。因此，研究市场分割影响农产品流通产业增长的作用机理及要素配置效率影响农产品流通产业增长的作用机理意义显著。同时，这也为后面章节利用相关数据对市场分割影响农产品流通产业增长进行实证分析奠定基础。

分割是指把一个整体或有联系的事物强行分开[①]。从市场主体角度看，市场分割主要指地方政府利用行政力量对外地商家进入本地市场、本地企业及资

---

① 释义来源《现代汉语小词典》商务印书馆，1991年版。

本流出加以限制或歧视的行为(臧跃如,2000)。更为一般的概念是指一国内部不同地区为了自身利益而采取各种措施限制本地资源外流,同时限制外地资源进入本市场的行为(温银泉 等,2001)。该定义假设条件是,在一个主权国家,市场是统一的,商品和要素可自由流通,处于完全市场状态。依此,由于阻碍商品或要素流动因素的存在,统一市场就被分割成多个不同的市场,形成分割态势。

理论上,整合的国内市场有利于市场规模的扩大和斯密—杨格分工的深化,发挥经济增长的规模效应,促进经济增长。而采取分割市场的措施,在微观层面不利于企业全要素生产率的提高,在宏观上带来较为严重的资源错配和效率损失,使经济发展付出代价。不过,对于市场分割影响经济增长的机理研究还有待进一步深化,尽管付强(2011,2017)发现市场分割通过影响全要素生产率从而影响经济增长问题,但并未阐明它是通过全要素生产率中的要素配置效率,还是规模效率的变化引发对经济增长影响的。

就农产品流通产业而言,市场分割的影响机理可基于产品市场分割与要素市场分割两方面进行讨论。产品市场分割通过抑制外来商品进入本区域的方式,削弱了区域间贸易总量,从整体上直接阻碍了产业的增长,是一种直接作用机制。要素市场分割以阻止劳动、资本等生产要素的区域间流通,使不同区域的要素资源边际收益不能达到最优或边际成本不能实现最小化,从而扭曲了要素的配置效率,并进一步抑制产业增长。在市场分割影响农产品流通产业增长的过程中,其直接作用路径和间接途径构成了一个有机整体,如图 3.1 所示。

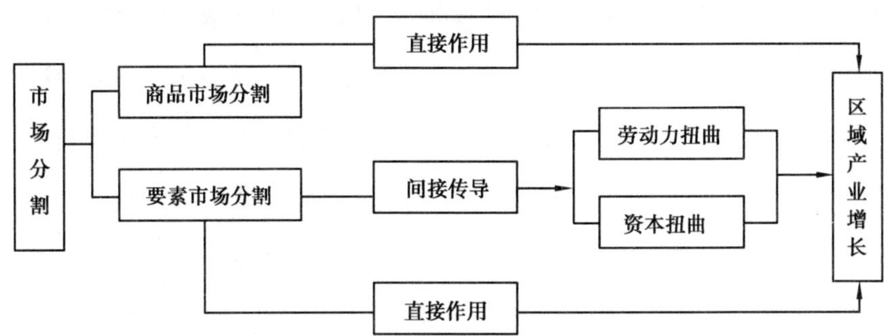

图 3.1　市场分割影响产业增长的机理分析

3.1 产品市场分割影响经济增长的机理推导

尽管付强(2017)利用寡占模型分析了一国境内市场分割对于区域经济增长的影响分析时存在没有考虑市场分割对被分割区域的影响的不足,但其研究思路对国内市场分割影响区域农产品流通产业增长的分析仍具借鉴价值。

3.1.1 基本假设

假定一个行政省或市的农产品流通产业的所有厂商抽象为一个厂商,即在 A 区仅有一家生产差异化产品的区域厂商 A,B 区仅有一家生产差异化产品的区域厂商 B。为简化运算,研究当 A 区实施市场分割时,本书先仅对本区域厂商 A 及进入 A 区域的 B 厂商在 A 区的销量 Q_A 及 Q_B 产生影响。此时,市场分割对于区域产量和总产量的影响便可简化为市场分割对 Q_A 和 Q_A+Q_B 的影响,即区域 A 的产量为 Q_A,而总产量为 Q_A+Q_B。

关于两厂商成本函数,为方便计算,暂时不考虑规模成本可变情况,设定为 $C_i(Y_i)=\hat{a}+a_0Y_i$,且满足 $\hat{a}>0$, $a_0>0$,在均衡情况下,$Y_i^*=Q_i^*$,此时两厂商的边际成本 $C_i'(Y_i^*)=C_i'(Q_i^*)=a_0$,为一常量。厂商面临的是一线性需求函数,在进行数量竞争时,进入厂商的商品数量越多,本地商品供给越大,供给曲线右移,价格随之降低。$Q_i=Q(P_i,Q_j)$,其逆需求函数表达式为 $P_i=a-b_1Q_i-b_2Q_j$,其中 $a,b_1,b_2>0$, $b_1\neq b_2$。当 $i=A$ 时,$j=B$,反之亦然(下同)。当两厂商进行价格竞争时,随着进入厂商的价格越低,本地对外来厂商产品的需求就越高,故此时,需求函数体现为 $Q_i=m-n_1P_i+n_2P_j$,其中,$m,n_1,n_2>0$, $n_1\neq n_2$。

当地方政府为保护本地厂商利益而决定实施市场分割时,即给进入本地的生产同一产品的外地厂商设置了进入壁垒,增加进入成本,相当于征收了额外的税,以类似于“征税”的形式来达到目的。当进行数量竞争时,征收从量税的效果明显；而进行价格竞争时，征收从价税的效果更为明显。下面就分别采用从量税及从价税两种的市场分割形式进行分析。

3.1.2　模型分析：产量竞争下分割对经济增长的影响

在产量竞争的情况下，假定 A 地方政府决定实施市场分割，对厂商 B 征收从量税 t，税收额为 tQ_B，此时，厂商 A 和厂商 B 的利润分别是：

$$\pi_A = P_A Q_A - C_A \tag{3.1}$$

$$\pi_B = P_B Q_B - C_B - t Q_B = (P_B - t) Q_B - C_B \tag{3.2}$$

为使利润最大化，对式(3.1)、式(3.2)分别求一阶导，可得到两厂商的反应函数分别为：

$$Q_A = \frac{a - b_2 Q_B - C'_A(Q_A)}{2 b_1};Q_B = \frac{a - b_2 Q_A - t - C'_B(Q_B)}{2 b_1}$$

根据反应函数得到两厂商的均衡产量：

$$Q_A^* = \frac{a - b_2 \times \left(\frac{a - b_2 Q_A - t - a_0}{2 b_1}\right) - a_0}{2 b_1}$$

$$(4 b_1^2 - b_2^2) Q_A^* = 2ab_1 - ab_2 + a_0 b_2 - 2a_0 b_1 + b_2 t$$

由当 $2b_1 = b_2$ 时，厂商反应函数平行，无均衡点，故当 $2b_1 \neq b_2$ 可得：

$$Q_A^* = \frac{2ab_1 - ab_2 + a_0 b_2 - 2a_0 b_1 + b_2 t}{4 b_1^2 - b_2^2} \tag{3.3}$$

同理可得：

$$Q_B^* = \frac{2ab_1 - ab_2 + a_0 b_2 - 2a_0 b_1 - 2b_1 t}{4 b_1^2 - b_2^2} \tag{3.4}$$

显然，当 $b_2 <$（或 $>$）$2b_1$ 时，$\frac{\partial Q_A^*}{\partial t} = \frac{b_2}{4 b_1^2 - b_2^2} > 0$（或 < 0），而 $\frac{\partial Q_B^*}{\partial t} = \frac{-2b_1}{4 b_1^2 - b_2^2} < 0$（或 > 0）。这意味着，市场分割可能有利于本地厂商的发展，不利于被分割地区的厂商的增长；也有可能情况恰好相反。那么市场分割对于 A，B 两地区经济总量的影响则为：

$$\frac{\partial Q^*}{\partial t}=\frac{\partial Q_A^*}{\partial t}+\frac{\partial Q_B^*}{\partial t}=\frac{b_2-2b_1}{4b_1^2-b_2^2}=-\frac{1}{2b_2+b_1}<0 \tag{3.5}$$

所以,当厂商进行产量竞争时,尽管市场分割对本地经济增长的促进作用并不确定,但对于总体经济增长却必定是不利的。

3.1.3 模型分析:价格竞争下分割对经济增长的影响

当厂商进行价格竞争时,假定 A 地方政府决定实施市场分割,对厂商 B 征从价税 γ,则 B 厂商在 A 区域的售价在市场分割前与分割后分别为 P_B 与 $\frac{P_B}{1+\gamma}$,则两厂商 A,B 的利润函数分别为:

$$\begin{aligned}\pi_A&=P_A Q_A-C_A(Q_A)=P_A(m-n_1P_A+n_2P_B)-C_A(m-n_1P_A+n_2P_B)\\&=mP_A-n_1P_A^2+n_2P_BP_A-C_A(m-n_1P_A+n_2P_B)\end{aligned} \tag{3.6}$$

根据 FOC 条件,利润函数对 P_A 求一阶导数得到厂商 A 的反应函数:

$$\frac{\partial \pi_A}{\partial P_A}=m-2n_1P_A+n_2P_B+n_1C'_A(Q_A)=0$$

$$P_A=\frac{m+n_2P_B+n_1C'_A(Q_A)}{2n_1} \tag{3.7}$$

同理,推导厂商 B 的利润函数及其关于 P_B 的一阶导数得:

$$\begin{aligned}\Pi_B&=\frac{P_B}{1+\gamma}Q_B-C_B(Q_B)\\&=\frac{P_B}{1+\gamma}(m-n_1P_B+n_2P_A)-C_B(m-n_1P_B+n_2P_A)\end{aligned} \tag{3.8}$$

根据 FOC 条件,利润函数对 P_B 求一阶导数得到厂商 B 的反应函数为:

$$\frac{\partial \pi_B}{\partial P_B}=\frac{1}{1+\gamma}(m-2n_1P_B+n_2P_A)+n_1C'_B(Q_B)=0$$

$$P_B=\frac{(m+n_2P_A)+(1+\gamma)n_1C'_B(Q_B)}{2n_1} \tag{3.9}$$

由两厂商的反应函数,可求得在均衡状态下的均衡价格:

$$P_A^* = \frac{m + n_2\left[\dfrac{m + n_2 P_A^* + (1+\gamma) n_1 a_0}{2 n_1}\right] + n_1 a_0}{2n_1}$$

$$(4 n_1^2 - n_2^2) P_A^* = 2m n_1 + m n_2 + n_2^2 P_A^* + (1+\gamma) n_1 n_2 a_0 + 2 n_1^2 a_0 \tag{3.10}$$

式(3.10)中，当 $2n_1 = n_2$时，A，B 厂商的反应函数线平行，无交点（即无平衡点），故当 $2n_1 \neq n_2$时，可得厂商 A 的均衡价格为：

$$P_A^* = \frac{2mn_1 + mn_2 + (1+\gamma)n_1 n_2 a_0 + 2 n_1^2 a_0}{4 n_1^2 - n_2^2} \tag{3.11}$$

同理，可得厂商 B 的均衡价格为：

$$P_B^* = \frac{2mn_1 + mn_2 + n_1 n_2 a_0 + 2(1+\gamma) n_1^2 a_0}{4 n_1^2 - n_2^2} \tag{3.12}$$

由此，可得均衡条件下的厂商 A，B 的产量：

$$Q_A^* = m - n_1 P_A^* + n_2 P_B^*$$
$$= \frac{2m n_1^2 + mn_1 n_2 - 2 n_1^3 a_0 + n_1 n_2^2 a_0 + n_1^2 n_2 a_0 + n_1^2 n_2 a_0 \gamma}{4 n_1^2 - n_2^2} \tag{3.13}$$

$$Q_B^* = m - n_1 P_B^* + n_2 P_A^*$$
$$= \frac{2m n_1^2 + mn_1 n_2 - 2 n_1^3 a_0 + n_1 n_2^2 a_0 + n_1^2 n_2 a_0 + n_1 n_2^2 a_0 \gamma - 2 n_1^3 a_0 \gamma}{4 n_1^2 - n_2^2} \tag{3.14}$$

均衡条件下，市场分割对区域 A，B 的影响可以通过式(3.11)、式(3.12)分别对从价税 γ 求一阶导来判断：

$$\frac{\partial Q_A^*}{\partial \gamma} = \frac{n_1^2 n_2 a_0}{4 n_1^2 - n_2^2} \tag{3.15}$$

$$\frac{\partial Q_B^*}{\partial \gamma} = \frac{n_1 n_2^2 a_0 - 2 n_1^3 a_0}{4 n_1^2 - n_2^2} = \frac{(n_2^2 - 2 n_1^2) n_1 a_0}{4 n_1^2 - n_2^2} \tag{3.16}$$

由于 n_1, n_2, a_0 都大于 0,所以,当 $n_2<2n_1$ 时,$\frac{\partial Q_A^*}{\partial \gamma}>0$,表明 A 区域采取分割措施促进本地区的经济增长;当 $\sqrt{2}n_1<n_2<2n_1$ 时,$\frac{\partial Q_B^*}{\partial \gamma}>0$,A 区域的市场分割对被分割的 B 区域经济增长有利;当 $0<n_2<\sqrt{2}n_1$ 时,$\frac{\partial Q_B^*}{\partial \gamma}<0$,结论则相反,分割对 B 区域不利。对总体经济增长而言,市场分割的影响为:

$$\begin{aligned}\frac{\partial Q^*}{\partial \gamma} &= \frac{\partial Q_A^*}{\partial \gamma} + \frac{\partial Q_B^*}{\partial \gamma} \\ &= \frac{n_1^2 n_2 a_0 + (n_2^2 - 2n_1^2) n_1 a_0}{4n_1^2 - n_2^2} \\ &= \frac{n_1 a_0 (n_2 + 2n_1)(n_2 - n_1)}{4n_1^2 - n_2^2}\end{aligned} \tag{3.17}$$

由式(3.17)知,当 $n_1<n_2<2n_1$,$\frac{\partial Q^*}{\partial \gamma}>0$,此时,市场分割对总的经济增长有利。当 $0<n_2<n_1$ 时,$\frac{\partial Q^*}{\partial \gamma}<0$,市场分割策略既不利于被分割区域的经济增长 ,也不利于总体经济增长。对上述市场分割条件下,厂商 A,B 进行产量竞争和价格竞争两种策略对产生的经济影响可以总结如表 3.1 所示。

表 3.1 市场分割区间对区域经济增长影响效应

	产量竞争		价格竞争			
	$b_2<2b_1$	$b_2>2b_1$	$n_2<n_1$	$n_1<n_2<\sqrt{2}n_1$	$\sqrt{2}n_1<n_2<2n_1$	$n_2>2n_1$
A 区域增长	有利	不利（极少发生）	有利	有利	有利	均衡不存在
B 区域增长	不利	有利（极少发生）	不利	不利	有利	
总增长效应	不利	不利	不利	有利	有利	

表3.1显示,市场分割对A区域的经济增长是有利的,这也正是地方政府采取市场分割的重要原因。

进一步,可以发现,市场分割对A区域经济增长的作用受到需求函数中系数大小的影响。无论是产量竞争模型,还是价格竞争模型,式中b_2与n_2都代表了厂商产品的替代弹性,其取值范围决定了市场分割势力一定的条件下对经济增长促进作用的显著性,其值越大,对分割区域经济的作用越大;反之,则越小。更一般的情况是,厂商的产品替代弹性越大,即两区域的产业结构越趋同,或同一产业在不同区域竞争时,实施市场分割以促进实施分割区域经济增长的效果就越明显。农产品流通产业就属于厂商产品替代弹性较强的产业。此外,当厂商的产品替代弹性为0时,即区域间产业处于水平化分工状态时,市场分割无法促进区域经济的增长。当厂商的产品替代弹性为负,即两区域产业属于互补性质,处垂直分工的产业链式状态时,市场分割对区域经济的影响都是不利的。

然而,从总体经济增长效应看,市场分割对其影响是主要是不利的。在产量竞争和价格竞争情形下,市场分割对于经济总增长的影响分别为:

$$\frac{\partial Q^*}{\partial t}=-\frac{1}{2b_2+b_1};\qquad \frac{\partial Q^*}{\partial r}=\frac{n_1a_0(n_2+2n_1)(n_2-n_1)}{4n_1^2-n_2^2}$$

显然,对于依靠产量竞争的市场,市场分割显著地不利于总体经济增长。在价格竞争的市场,可以看到市场分割一定时,其对经济增长的影响取决于A,B厂商的产品替代弹性n_1,n_2的大小的影响。当分割区域厂商的产品替代弹性n_1大于被分割区域的产品替代弹性n_2时,市场分割对总体经济增长的影响为负。从更一般意义上讲,区域产品替代弹性越大,表明产业处在分工的越低端,当其大于相邻区域产品替代弹性时,就越容易被取代和淘汰,此时采取市场分割就越不利于总体经济的增长。也就是说,对于总体增长效应而言,产量竞争策略下,市场分割对经济增长不利。在价格竞争策略下,分割区域的产品替代弹性大于被分割区域的的产品替代性时,不利于总体经济的总增长。

3.1.4 市场分割引发相邻区域的联动效应

前文探讨了实行市场分割区域对厂商 A,B 影响的结论表明,市场分割对经济增长的影响受到反应函数的反应系数取值范围大小的影响。不过,上文为简化分析,仅对单一区域内厂商 A 及进入 A 区域的 B 厂商在 A 区的销量 Q_A 及 Q_B 产生影响,并没有考虑市场分割导致的被分割区域因为进入区域 A 壁垒而引发对本地区市场均衡影响的变化。事实上,A 区域实行市场分割,由于传导作用,会对 B 区的产业发展产生影响。因为 B 区的厂商 B 无法进入 A 区,导致本地供给大于需求,从而使 B 区的供给线向右移动,P_A 下降。在需求弹性不足的情况下,厂商 B 的损失增大。与此同时,A 区域的市场保护,区域 A 的厂商 A 可以在供给一定时,需要增大,则可保持足够高的 P_A,从而获得较高的利润。

在 B 区域,区域 A 的分割措施,促成厂商 B 的产品会减少输出到区域 A 的数量,进而要么增加库存,要么增加在 B 区域的产品供给量。客观上,厂商 B 会尽可能地增加在本地进行交易。短期内,在市场均衡条件下,市场将出清所有产品,因而厂商 B 增加其在 B 区产品供应量,导致供给曲线右移,如图 3.2 所示。

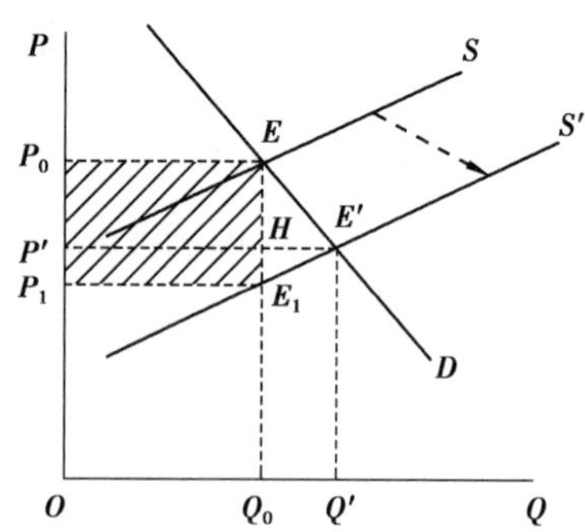

图 3.2 市场分割区域厂商的市场动态决策

由于供应增加,S 曲线向右移动到 S'。在短期,市场需求很难突然增长到新的均衡点 E',而是基本稳定在原有均衡需求量 Q_0 处。此时,市场价格由原来的 P_0

点下降到 P_1 点，均衡点在 E 处。显然，这一均衡点上，厂商 B 以低于正常价格 P_0 出清产品，其在区域 B 的收益由原来的面积 $OP_0E_0Q_0$ 缩减至面积 $OP_1E_1Q_0$，减少的收益面积 $P'P_0E_0E_1$ 正是由 A 区域市场分割所间接引发的厂商 B 在本区域的损失。在较长一段时间，随着区域 B 市场需求的调整，市场均衡调整到 E' 点。

我们仍然暂时不考虑规模成本可变情况，设定为两厂商的成本函数为 $C_i(Y_i)=\hat{a}+a_0Y_i$，且满足 $\hat{a}>0$，$a_0>0$。在均衡情况下，$Y_i{}^*=Q_i{}^*$，此时两厂商的边际成本 $C_i'(Y_i^*)=C_i'(Q_i^*)=a_0$，为一常量。我们保持前文分析的 A 区市场均衡状态不变，现在考虑 B 区域的市场均衡情况，设定厂商 B 的反需求函数为：

$$\frac{P_{B'}}{1+r}=f-d_1Q_{B'}+d_2Q_{A'} \tag{3.18}$$

A 区域的市场分割致使厂商 B 将在 A 市场减少的产品转移到本地市场，促使 B 市场的供给增加。这部分增长的供给可以看作是 B 市场对厂商 B 进行补贴 r，增长供给量为 rQ_B'。由于厂商 A 在 A 区域受到市场分割的保护，其输出到 B 市场的动力不足，这里暂且将其忽略不计，故其利润函数为：

$$\begin{aligned}\pi_{B'}&=\frac{P_{B'}}{1+r}Q_{B'}-C_{B'}(Q_B')+rQ_{B'}\\&=\frac{P_{B'}}{1+r}\frac{\left(f-\dfrac{P_{B'}}{1+r}\right)}{d_1}-C_{B'}(Q_B')+r\frac{f-\dfrac{P_{B'}}{1+r}}{d_1}\\&=\frac{(1+r)fP_{B'}-P_{B'}^2}{d_1(1+r)^2}-C_{B'}(Q_B')+\frac{rf-rP_{B'}}{d_1(1+r)}\end{aligned} \tag{3.19}$$

根据 FOC 条件，

$$\begin{aligned}\frac{\partial\pi_{B'}}{\partial P_{B'}}&=\frac{f(1+r)-2P_{B'}-d_1a_0(1+r)+r(1+r)}{d_1(1+r)^2}\\P_{B'}^*&=\frac{(f-a_0d_1+r)(1+r)}{2}\end{aligned} \tag{3.20}$$

进而可得均衡产量$Q_{B'}^{*}$为：

$$Q_{B'}^{*}=\frac{f+a_0d_1-r}{2d_1} \tag{3.21}$$

在均衡条件下，进一步分析区域 A 的市场分割对区域 B 的经济影响：

$$\frac{\partial Q_{B'}^{*}}{\partial r}=\frac{-1}{2d_1} \tag{3.22}$$

由已知 $d_1>0$，所以$\frac{-1}{2d_1}<0$。这表明，区域 A 的市场分割的影响对区域 B 的经济增长的作用为负，即不利于区域 B 的经济增长。这就意味着，市场分割对区域 A 的经济增长的影响受到诸多条件的影响，有可能为正，有可能为负。但是，A 区域的市场分割对于区域 B 的经济增长却是明确的不利影响。

3.2 要素配置效率中介下市场分割作用机理

上一节推导可知，地方政府之所以采取地方保护市场分割策略，是因为在短期这一策略可以显著地促进本地区的经济增长，以此，扩大本地区的就业，并增加财税收入。基于此，各地方政府总是在其管辖的范围内和地方政府的较短的每一期政绩考核中采取市场分割策略，以博取显著的经济政绩，从而使整个市场呈现相互分割的态势。然而，仅从商品市场均衡上推导市场分割抑制了总体经济增长的结论还不足以揭开这一策略对经济增长的全部。市场分割抑制总体经济增长的发现仅只是找到策略及其结果之间的关联，而从策略实施到结果出现之间则还有一系列的“黑箱”（即作用机制与路径）有待进一步去揭开。

3.2.1 中介效应的逻辑分析

农产品流通产业作为社会经济系统中的一个子系统，其演进、发展和分化受到诸多经济和非经济因素的综合影响。我们主要研究农产品流通产业的要素配置效率是如何影响产业发展的,并且将这一影响过程置于市场分割这一特定的视角下。

现有研究表明要素市场分割(扭曲)或资源错配对经济发展有显著的负面影响(Lagos,2006;Aoki,2012;Rogerson,2008)。要素市场分割会造成低成本出口,导致宏观经济失衡(窦勇,2010);资源错配会降低中国的全要素生产率(袁志刚 等,2011;罗德明 等,2012;陈永伟,2013),导致产业结构失衡(楼东玮,2013)。此外,要素市场分割会加剧资源错配程度,在资本—劳动呈替代关系时,也会降低劳动收入份额。王宋涛等(2016)以要素市场分割指数和资源错配指数面板数据的研究也证实这一结论。在资本市场,由于信息不对称、政府干预所能起到的替代市场失灵的效果,可能会以一种更高的替代成本的形式降低了资源的配置效率。区域间的金融市场分割,不仅阻碍了资本在全社会的自由流动,而且保护了落后的生产力,阻碍了国有存量资产向高效益的领域转移,不利于实现国有资产的保值增值,并使经济结构、特别是产业结构的战略性调整升级增加了难度(减跃茹,2001)。上述研究都探讨了一些要素配置效率对经济发展影响的路径,为本书机理研究提供了思路。

要素配置效率优化有赖于市场上产品和要素的自由流动。但市场分割阻碍了市场上产品和要素的自由流通,扭曲了商品和要素价格,降低了要素的边际生产率,导致产业的要素配置效率降低,最终将影响产业经济增长。图 3.3 刻画了市场分割、要素配置效率与产业增长的机理。下面,就这一传导过程进行详细阐述。

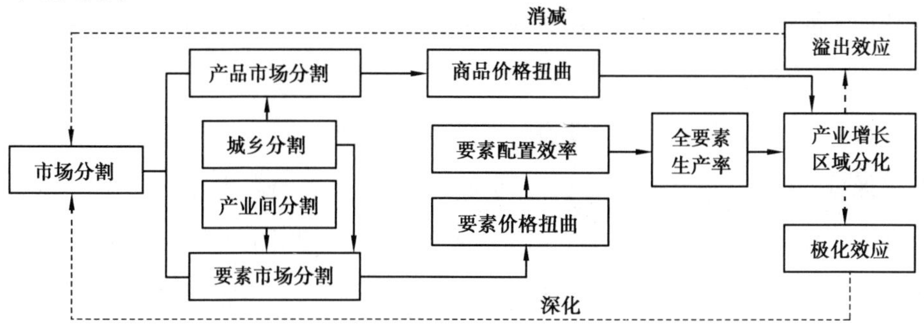

图 3.3 市场分割、要素配置效率与产业增长的机理关系图

首先,要素配置效率的提升有利于农产品流通产业的内涵式增长。要素的优化配置,目的是使要素边际生产达到要素在所有生产领域的一致水平,其最终促成无论是在哪个区域,哪个产业内,同一生产要素的边际生产水平相等。要素配置效率的提高,促成农产品流通产业内各投入要素得到充分合理的安排,优化其投入配置,既可节约生产成本,又可实现现有条件下的最大生产。要素配置效率的不同,必然导致全要素生产率的差异,那么农产品流通产业的发展自然会产生区域分化。

其次,市场分割主要通过抑制商品和要素的流通降低产业要素配置效率。市场分割通过设置各种条件形成柔性或刚性的门槛,使商品和要素在市场上的流动不充分,甚至可能难以流动。其结果,区域之间或产业之间的要素配置不合理,形成资源配置的非效率。产品市场分割引起商品的价格扭曲,进而影响商品生产的要素投入,加剧要素配置的扭曲。要素市场分割体现在要素的城乡市场分割和城市内不同产业间的要素分割两个方面。城乡市场分割主要体现在城乡间二元经济体制的约束。从政策方面看,尽管造成二元经济的诸多限制已逐步取消,如户籍制,但取而代之的其他隐性的限制条件却并未消失,而是随着城市发展的过程的各种矛盾冲突加深而更细化了。当然,较之于资本市场分割劳动力市场分割要更深。产业间的分割是指不同产业之间的流动障碍,它可能是企业属性质的鸿沟形成,也可能是技术上的天然屏障使然。前一种分割无法通过要素的自然提升解决,需要体制改革的推动去消除,随着市场改革的推进,这部分的市场分割所占比重会越来越小。后一种分割,随着产业间分工的细化而不断加深。不同产业,甚至产业内部不同部门由于所需要技术或知识结构的不同,而形成一定的门槛。

最后,农产品流通产业的发展因其流通特性,在空间上与各区域互动较强。某一区域的产业发展的必定会受到其他地区产业发展的影响,尤其是相邻区域产业的发展的影响。这其中,产业的要素流动、生产技术的空间溢出都是可能的影响因素。农产品流通产业发展区域分化过程中,一方面可能产生极化效应,产业发展较快的地区会趋向吸纳周边地区的资源,拉开与周边地区的要素边际生产率,加剧市场分割。另一方面,区域分化后形成的高增长区,由于技术外溢,带动周边区域的产业技术进步,进而消减区域间的市场分割。

3.2.2　要素价格扭曲下的产出模型推导

事实上,在既定的要素禀赋结构下,一个国家的总体的经济增长速度取决于生产中劳动力、资本等要素在不同部门或行业的配置方式,即资源的配置效率(Jones,2013)。在中国,宏观技术效率损失主要来源于各省在给定投入要素之下的技术效率不完美,用行政手段来保护市场从而引致投入要素在各省之间资本和劳动力的流动性受到束缚,引起投入要素的配置效率低下(李崇高,2015)。这里以保护本地市场为目的的行政手段干预是市场分割形成的重要原因。要素价格均等化理论认为,在完全竞争的产品市场,要素自由流动的条件下,贸易自由化会促进资本与劳动力要素价格的均等化,进而提升社会福利水平。市场分割的存在,使得劳动力与资本等要素流动性受阻,导致要素投入的配置效率低下。其中,劳动力市场分割主要来自制度性刚性分割与专业技术门槛的柔性分割。制度性劳动力市场分割与中国城乡发展的历史有关,最重要的表现形式就是户籍制约。城乡户籍人为地、强制性地割裂劳动力市场的同时,严格区分不同户籍劳动工资,而不依要素市场价格机制调节劳动力市场供需,从而严重扭曲要素市场价格。此外,省域间跨区域就业限制,特别是高学历人才的跨区域就业限制①,曾是各省为留住高学历人才的有效措施,也是导致区域间劳动力要素不能自由流通的重要因素。柔性市场分割则是由于劳动者个人知识与技能的学习与获得不同所导致的。这个过程中,既可能是劳动力的个人的才能路径依赖所致,也有行业或部门仅针对本行业或部门提供的专项业务知识培训有关。无论是刚性市场分割还是柔性市场分割,都会使不同区域或不同行业产业间的要素价格扭曲,拖累要素配置效率,抑制经济增长速度。

在资本市场,制度上或机构设置或框架上的一些障碍,使得资本成本上升,

① 20 世纪 90 年代,应届大学生跨省就业时,必须向教育培育所在省缴纳一笔不菲的所谓“违约金”。

企业融资渠道受到限制,资本市场上的资本资产价格是极度扭曲的。在国内市场,资本从一个地区向另一个地区流通的主要渠道有三个:一是企业和政府部门的跨区域投资;二是银行系统的跨区域信贷;三是通过债市和股市进行的跨区域融资。本书主要探讨生产过程中的要素配置效率问题,因此,仅考虑与之密切相关的第一种渠道的资本流通。在我国,全国范围的资本管制与税收体系对企业投资的影响在各省市似乎都基本相似。然而,除了区域性障碍外,特殊的财政激励政策,使得地方政府极力控制资本不从辖区内向外流出。因为区域内资本的外流不仅将导致财政损失,而且会流失优质企业,并增加本地的失业率,损失本地区的社会福利。因此,地方保护主义的阻力存在,使得由市场驱动的、通过企业进行跨地区的投资推动资本流动在很大程度上受到限制。资本流通性的受限,资本的边际效用不一,资本在各企业、行业或产业中不能实现最优配置,造成了效率的损失。

本节主要建立一个市场分割导致的要素价格扭曲影响农产品流通产业产出模型,把市场分割导致要素价格扭曲引起的资源配置变动纳入产出增长核算框架中,分析借鉴于陈永伟和胡伟民(2011)思路与方法。

1)基本假设

在产业生产均衡分析中,通常是考虑产业由 N 个行业组成,对行业内的要素配置进行分析。考虑到本书重点研究的是区域市场分割,因此,假定 N 个区域为 N 个行业,同一个区域的所有企业生产函数是相同的。在对生产模型分析时,同一区域就可被视为由一个代表性企业进行生产。

所有行业都使用资本(K)和劳动力(L)进行生产,行业中所有的企业都被假定是价格的接受者。由于市场分割的存在,借鉴 Hsieh and Klenow(2009)的思路,假定企业面临的价格是扭曲的,且扭曲以从价税的方式体现。此时,企业面临的劳动、资本的价格分别为$(1+\tau_L)P_L$及$(1+\tau_L)P_K$,其中τ_i是生产要素价格进入市场分割区域产生的额外扭曲的“税”,P_K,P_L是竞争条件下两种生产投入要素的价格。

假设代表性企业生产函数为 C-D 函数:

$$Y_i = A_i K_i^{\alpha K_i} L_i^{\beta L_i} \tag{3.23}$$

式(3.23)中,Y_i 表示企业产业水平,A_i为企业全要素生产率(TFP)参数 α,β 分别表示资本与劳动力要素对产出的贡献比。假定企业的生产函数规模报酬不变,即 $\alpha_{K_i} + \beta_{L_i} = 1$,则企业生产的目标在于追求利润最大化的行为,用代数式可描述为:

$$\max\left\{\frac{P_i}{1+\gamma} Y_i - (1+\tau_{K_i}) P_K K_i - (1+\tau_{L_i}) P_L L_i\right\} \tag{3.24}$$

式(3.24)中,P_i是行业 i 的产品价格,γ 是商品市场的产品价格扭曲“税”①。那么,利润最大化的一阶条件在于企业的边际产出应等于企业边际成本:

$$\alpha_{K_i} \frac{p_i}{1+\gamma} A_i K_i^{\alpha K_i - 1} L_i^{\beta L_i} = (1+\tau_{K_i}) P_{\mathrm{k}} \tag{3.25}$$

$$\beta_{L_i} \frac{p_i}{1+r} A_i K_i^{\alpha K_i} L_i^{\beta L_i - 1} = (1+\tau_{L_i}) P_{\mathrm{L}} \tag{3.26}$$

2)经济总体生产函数

假定整个经济的总产量 Y,由行业的产量决定,并且 $F(\cdot)$也被假定是规模报酬不变的,则:

$$Y = F(Y_1, Y_2 \cdots, Y_N) \tag{3.27}$$

$$\frac{\partial Y}{\partial Y_i} = \frac{P_i}{1+\gamma} \tag{3.28}$$

$$Y = \sum_{i=1}^{N} \frac{P_i}{1+\gamma} Y_I \tag{3.29}$$

式(3.29)表明,从产出的角度看,整个农产品流通产业产出就等于各个区域农产品流通产业产出的总和。

3)约束条件

假定生产过程中,各投入要素的总量外生给定,则整个生产面临的资源约

① 陈永伟和胡伟民(2011)在其分析中,并没有将产品市场分割导致的产品价格扭曲考虑进去,这是本文与其不一致的地方。同时,在生产函数的设定中,本书的研究对象是农产品流通产业,偏重为农产品生产性服务业,投入要素主要为劳动力和资本两大类,中间产品投入比例小,因此,在生产函数设定中,未纳入中间投入品。

束条件为：

$$\sum_{i=1}^{N} K_i = K, \qquad \sum_{i=1}^{N} L_i = L$$

4）竞争均衡

在以上设定下，一个携带扭曲的市场竞争均衡下，容易解得 K_i，L_i的值：

$$K_i = \frac{\dfrac{\dfrac{p_i}{1+\gamma}\beta_{K_i} Y_i}{(1+\tau_{K_i}) P_K}}{\sum_{j=1}^{N} \dfrac{\dfrac{P_j}{1+\gamma}\beta_{K_j} Y_j}{(1+\tau_{K_j}) P_K}} K, \qquad L_i = \frac{\dfrac{\dfrac{p_i}{1+\gamma}\beta_{L_i} Y_i}{(1+\tau_{L_i}) P_L}}{\sum_{j=1}^{N} \dfrac{\dfrac{P_i}{1+\gamma}\beta_{L_j} Y_j}{(1+\tau_{L_j}) P_L}} L \qquad (3.30)$$

尽管上述推理中考虑到了由于市场分割的存在，投入要素的价格相当于以"税"的形式进行加成，但还未能体现由此产生的要素价格扭曲对产出的影响。因此，可以定义以下为要素扭曲系数，以进一步探讨其对产业产出的作用机理。行业投入要素价格扭曲状态可从"绝对扭曲"和"相对扭曲"两个角度解析。

在均衡条件下，生产投入的各种要素的边际产出等于其价格。绝对扭曲是指在市场分割下，市场要素价格相对于其在无分割状态时价格的变动，因此，绝对扭曲系数可定义为：

$$\rho_{K_i} = \frac{1}{1+\tau_{K_i}} \qquad \rho_{L_i} = \frac{1}{1+\tau_{L_i}} \qquad (3.31)$$

当行业或某区域的资本价格或劳动力价格完全不存在扭曲时，即面临的资本、劳动力"税"$\tau_i=0$ 时，$\rho_i=1$；当行业或某区域的资本价格或劳动力价格高于正常水平时，即面临的资本、劳动力"税"$\tau_i>0$ 时，$0<\rho_i<1$；当行业或某区域的资本价格或劳动力价格低于正常水平时，即面临的资本、劳动力"税"$\tau_i<0$ 时，$\rho_i>1$。

与绝对扭曲相对应的是要素价格的相对扭曲。它考虑的是，同经济平均水平相比，具体行业或具体地区的资源价格相对于平均经济水平而言的高低状况，反映投入资源使用成本的相对信息。实际上，生产过程中，产出一定或成本一定时，生产要素在资源配置时的要素之间的相对成本。通过调整不同资源在

总资源中的比例,生产企业期望达到成本最小化或产出最大化的预期目标。因此,相对扭曲系数可定义为:

$$\phi_{Ki} = \frac{\rho_{K_i}}{\sum_{j=1}^{N}\left[\frac{S_j \beta_{K_j}}{\beta_K}\right]\rho_{K_i}}, \qquad \phi_{Li} = \frac{\rho_{L_i}}{\sum_{j=1}^{N}\left[\frac{S_j \beta_{L_j}}{\beta_L}\right]\rho_{L_i}} \tag{3.32}$$

式中,ρ_i为要素的绝对扭曲系数,S_j表示区域 j 的产值在整个经济中所占的比重,即 $S_j=(1+\gamma)p_iY_i/Y(i=K,L)$,产出加权的投入要素贡献值为$\beta_i = \sum_{j=1}^{N} S_i\beta_i$,ρ_i为(3.31)式值。根据式(3.30)和式(3.32)可得:

$$K_i = \frac{s_i \beta_{K_i}}{\beta_K} \times \phi_{K_i} \times K \, L_i = \frac{s_i \beta_{L_i}}{\beta_L} \times \phi_{L_i} \times L \tag{3.33}$$

这样,区域 i 要素的相对扭曲系数可转化为:

$$\phi_{K_i} = \frac{\frac{K_i}{K}}{\frac{S_i \beta_{K_i}}{\beta_K}}, \qquad \phi_{L_i} = \frac{\frac{L_i}{L}}{\frac{S_i \beta_{L_i}}{\beta_L}} \tag{3.34}$$

K_i/K 表示区域 i 中使用资本占用资本总量的比例,$S_i\beta_{K_i}/\beta_K$是资本有效配置时,区域 i 使用资本的理论比例(理想比例),两者的比值用以衡量区域 i 资本配置效率。同理,L_i/L 表示区域 i 中使用劳动力占用劳动力总量的比例,$S_i\beta_{L_i}/\beta_L$是劳动力有效配置时,区域 i 使用劳动力的理论比例(理想比例),两者的比值用以衡量区域 i 劳动力配置效率。若 $\phi_{K_i}>1$,表明区域 i 过度使用了资本,表明区域 i 资本使用成本相对较低,企业倾向过度使用该要素资源;反之,则资本配置不足。同样,若 $\phi_{L_i}>1$,表明区域 i 过度使用了劳动力,表明区域 i 劳动力使用成本相对较低,企业倾向过度使用劳动力;若 $\phi_{L_i}>1$,则劳动力使用不足。

5)要素价格扭曲下的产出分析

在要素价格扭曲条件下的竞争均衡中,将各要素相对价格扭曲系数代入生产函数式(3.23),有:

$$Y_i = A_i \left[\frac{s_i \beta_{K_i}}{\beta_K} \phi_{K_i} K\right]^{\beta_{K_i}} \left[\frac{s_i \beta_{L_i}}{\beta_L} \phi_{L_i} L\right]^{\beta_{L_i}} \tag{3.35}$$

对上式两边取对数：

$$\ln Y_i = \ln A_i + \ln\left[s_i \left(\frac{\beta_{K_i}}{\beta_K}\right)^{\beta_{K_i}} \left(\frac{\beta_{L_i}}{\beta_L}\right)^{\beta_{L_i}}\right] + [\beta_{K_i}\ln(\phi_{K_i}) + \beta_{L_i}\ln(\phi_{L_i})] + (\beta_{K_i}\ln K + \beta_{L_i}\ln L) \tag{3.36}$$

式(3.36)显示产出由4个部分组成，分别是代表技术进步的 $\ln A_i$，代表要素配置份额占比的 $\ln\left[s_i\left(\frac{\beta_{K_i}}{\beta_K}\right)^{\beta_{K_i}}\left(\frac{\beta_{L_i}}{\beta_L}\right)^{\beta_{L_i}}\right]$ 与要素扭曲 $[\beta_{K_i}\ln(\phi_{K_i})+\beta_{L_i}\ln(\phi_{L_i})]$ 两部分，以及第四部分的要素投入量 $(\beta_{K_i}\ln K+\beta_{L_i}\ln L)$。这表明，产业的产出情况不仅受到要素投入量及产业的生产率水平的影响，还取决于其面临的要素使用成本的扭曲程度。因此，即便是要素投入量及产业生产率水平保持一定，要素使用成本的扭曲一旦发生变动，还是会引起产出变动的响应。

为更清楚显示由市场分割引发要素价格扭曲、生产要素配置调整以及带来的产出变化，将(3.36)变形为差分形式后，可以更清晰地展示影响产出的各构成部分具体变化情况。

定义从 $t-1$ 时刻到 t 时刻经济总产值的变化为 $\Delta\ln Y_t = \ln Y_{t+1} - \ln Y_t$，$\Delta\ln X_t = \ln X_{t+1} - \ln X_t$，于是 $\Delta\ln Y_t$ 可以分解为：

$$\Delta\ln Y_t = \underbrace{\sum_{i=1}^{N} S_{it}\Delta\ln A_{it}}_{\mathbf{A}} + \underbrace{\sum_{i=1}^{N} S_{it}\ln\left[\left(\frac{\frac{S_{it}+1}{S_{it}}}{\frac{\beta_{Kt+1}\beta_{Lt+1}}{\beta_{Kt}\beta_{Lt}}}\right)\right]}_{\mathbf{B}} + \underbrace{\sum_{i=1}^{N} S_{it}(\beta_{Ki}\Delta\ln\varphi_{Kit} + \beta_{Lit}\Delta\ln\varphi_{Lit})}_{\mathbf{C}} + \underbrace{\sum_{i=1}^{N} S_{it}(\beta_{Ki}\Delta\ln K_t + \beta_{Li}\Delta\ln L_t)}_{\mathbf{D}} \tag{3.37}$$

式(3.37)清晰显示出了产出变动的来源,主要由两大部分构成,A,B,C 3 项构成整个经济的全要素生产率的总变动,B,C 两项之和就是要素的"配置效应"部分,具体来说,B 仅为产出份额变动对加总的全要素生产率的影响,C 是要素价格扭曲变动的贡献,D 则是要素投入变动对产出的贡献部分。

3.2.3　市场分割影响产业增长的多路径描述

本节重点要分析的是(3.37)式中 C 项的影响。显然,要素价格扭曲的变动是构成要素配置效应变化的重要组成部分,换句话说,要素价格扭曲变动是要素配置效率变化的重要影响因素。而从前面的要素价格扭曲的定义可知,要素价格扭曲以要素市场分割产生的"税"——"τ"为基础定义的。在传导路径上,要素市场分割的存在导致了要素价格扭曲,进而影响要素在区域间的合理配置,从而引起产业产出的变化。经此梳理,可以发现,要素市场分割通过影响要素配置效率进而影响产业产出,是一间接影响产业增长的作用机制。相比较之下,产品市场分割对农产品流通产业影响机理则是一种直接影响机制。以图3.4来表达市场分割、要素配置效率以及产业产出三者之间的关系。

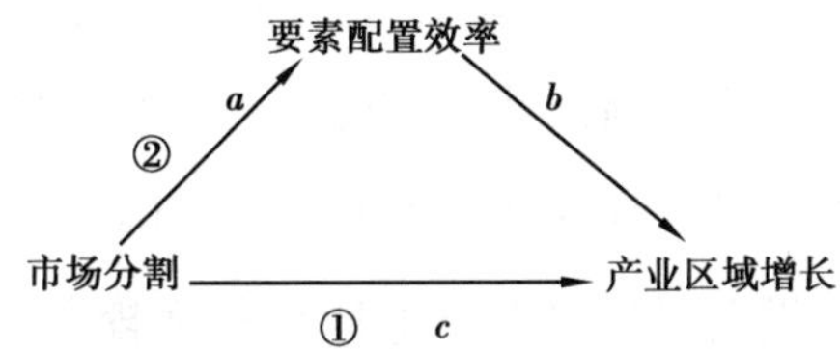

图 3.4　市场分割对产业区域增长影响的路径

图 3.4 表明,市场分割影响区域产业增长的路径主要有两条,一条是市场分割直接抑制区域产业增长;另一条是"黑箱"路径,即通过扭曲要素价格,改变区域要素配置效率从而达到影响区域经济增长的作用。理论上,市场分割通过这两条路径作用于区域产业增长的时间选择或资源分配并不是非此即彼,完全割裂的,而是相互关联和互相影响的。比如,产品市场分割不仅是消费市场信息的发出者,调整着市场的供需平衡,影响区域产业发展。而且产品市场分割还

会引发资本和劳动等资源向着有利产业或区域流动,改变资源的配置状况,从而影响区域产业增长。据此,本书将沿着这两条路径深入分析市场分割、要素配置效率及区域产业增长的差异问题。

此外,以市场分割视角研究区域产业发展本身就内在地包含了区域间的空间联系特征。客观上,一国内各省域的经济不可能完全独立,而是有着广泛的联系,而且距离越近的省份,联系就越密切。前文理论分析表明市场分割虽抑制了总体经济增长,但并不能切断各省之间的经济互动。柳思维和周洪洋(2018)研究发现我国流通产业的产出效率、全要素生产率都存在显著的空间相关性。作为流通产业的一支,农产品流通产业也必然应在研究内容之列,其主要经济指标的空间相关性理论上也应显著。

3.3 研究假说提出

本章分别构建了区域产品市场均衡模型和要素市场均衡模型,探讨了不同分割类型对区域产业增长的影响机理。在产品市场分割模型中,以从量税和从价税两种方法,将产品市场分割对区域内不同企业增长的影响机理展开推理,并进一步将被分割区域的产业增长纳入分析框架。理论推导发现,市场分割对产业发展的影响受到产品的替代弹性大小的约束,且对分割与被分割区域产业增长有显著的差异性。据此可以推测产业同构程度较高区域采取市场分割策略对此区域是有利的,即假说1(产业同构程度较高区域采取市场分割策略的内在动因):当差异化产品厂商具有线性需求与线性成本函数时,无论其进行产量竞争还是价格竞争,市场分割都会显著促进产业结构趋同的分割区域的经济增长,这是驱动产业同构区域市场分割的内在动因。

然而,采取市场分割策略仅是区域间各决策主体为自身利益而各自为政的手段,对于经济总体而言,则可能在此消彼长的过程中产生更复杂的结果。根据机理分析,以扩大企业产量为竞争目的时,市场割裂导致整体需求的萎缩;进行价格竞争时,产品替代弹性起决定性作用。据此提出假说 2(市场分割抑制经济总增长的作用机制):当差异化产品厂商具有线性需求与线性成本函数时,产量竞争策略下,市场分割显著地抑制总体经济的增长;价格竞争策略下,产品替代弹性大的区域实行市场分割对总体经济增长产生显著的抑制作用。

由于前两个假设的提出仅仅对单一区域内市场分割对各厂商产量的影响,并没有考虑由于市场分割导致的被分割区域因为进入分割区域壁垒而影响对本地区市场均衡的变化问题。而区域经济之间的互动必然使相关利益方做出调整,将相邻区域的均衡变动纳入视野,则可得到假说 3(市场分割对相邻区域经济增长的影响机制):当差异化产品厂商具有线性需求与线性成本函数时,市场分割引发相邻区域经济增长的负效应,抑制其经济发展。

要素配置对产业发展的影响既可以通过调整要素投入配比以达到促进或抑制产业增长的目的,亦可通过优化配置效率实现促进产业增长的目的。但要素配置效率受到要素市场化程度及干扰市场化运行的其他力量的影响。把市场分割导致要素价格扭曲引起的资源配置变动纳入产出增长核算框架中后发现,要素市场分割通过扭曲要素价格,从而可能调整了要素配置效率,进而影响到区域产业的增长。据此提出假说 4(要素配置效率的中介机理):在一个携带扭曲的市场竞争均衡下,要素市场分割引发要素价格扭曲,并通过要素配置变动影响区域产业产出增长。

第4章　农产品流通产业增长、市场分割及要素配置效率的测度

经过多年的流通体制改革，我国农产品流通体系发生了根本性的变化。它在调整和完善农村经济结构，协调城乡经济发展方面发挥了重要作用。在今天，农产品流通产业成为农村经济最为活跃的产业之一，成为激活和撬动农村经济的有力杠杆，是推动农村经济增长与变迁重要力量。

中国农产品流通产业的快速发展始自2004年1号文件要求放开粮食收购价和销售价后，至今仅有十几年时间。在2006年，我国农产品流通产业增长速度仅有3.71%，十分缓慢。但自2008年增长速度达到35.82%以后，就一直保持了两位数以上的增长速度①。2015年农产品综合市场成交额达10 035.42亿元，占同期综合市场成交额的41%②，农产品物流总额为3.5万亿元，占到当期社会物流总额220万亿的1.59%，同比增长6.1%③。不过，总量指标并不能客观反映出产业发展的区域性问题的存在，不平衡区域增长对农产品流通产业协调发展形成重大障碍。

---

① 数据来源：《中国贸易外经统计年鉴》。

② 数据来源：国务院发展研究中心信息网统计数据库，经整理计算。

③ 数据来源：中国物流与采购信息网《2015年全国物流运行情况通报》，经整理计算。

4.1　农产品流通产业区域增长趋势

在具体核算农产品流通产业产值方面，由于农产品流通产业的边界较广，产业发展的不断扩张，加上新技术的变革，以及现有统计数据口径等因素影响，学界尚未形成共识。任葆平(2011)认为农产品流通产业包括农产品运输业、批发业、零售终端，农产品国际贸易和农产品流通服务业。显然，这是一个宽泛的广义分类，但并不利于流通产业与运输业、流通产业与国际贸易、流通产业与其他服务业的区分，更不利于产业数据的统计与分析。孙剑(2011)、涂洪波(2012)以乡镇企业中的交通运输业、仓储业和批发零售业总产值核算农产品流通产业产值是因为在早期，我国乡镇企业多以经营农产品加工运输为主要业务，因而是较为贴近现实的一种方法。然而自 2014 年起，由于乡镇企业发生了巨大变化，现有统计年鉴中不再统计乡镇企业数据，因此采用此种计算方法失去了延续性。而且，采用乡镇企业的交通运输仓储业与批发零售业的数据指标存在由于流通的产品主要是工业制造品，农产品仅占很小的一部分，因而所得数据较实际可能大许多。欧阳小迅等(2011)则以主要农产品的人均售出量与农村人口的乘积作为农产品流通总量的测算方法能反映出农产品流通产业的产值的部分构成。若以农产品人均或户均出售农产品量来测算农产品流通产业产量的话，则仅考虑到流通中的第一个环节，流通过程短，产业增加值小，因而所得数据较实际的可能小许多。

根据李飞(2005)及后来的大多数实证研究，狭义的流通产业定义，只包括农产品批发业和零售业，这更符合农产品流通产业的内涵，更利于研究的开展。同时，鉴于上述核算方法的不足及流通产业的特殊性，本书以农产品流通中的批发与零售环节为着眼点，以农产品批发与零售业的产值作为农产品流通产业产值。这一方法测算的农产品流通产业产值能更好地贴近理论要求和实际情况。根据我国统计年鉴现有的核算指标体系，具体以农畜产品批发

(2012 年以后为农、林、牧产品批发)和食品、饮料及烟草制品批发,以及专门零售中农产品的产值计,单位为亿元。农产品流通产业产值和固定资产产值都以 2005 年为基期进行价格折算,同时扣除当年度的通货膨胀率,获得研究可用数据。

本章数据包括 31 个省市样本,2005—2015 年的数据。数据主要来源于《中国贸易外经统计年鉴》。时间跨度上,考虑到统计口径一致性和数据的可获得性问题,2004 年及以前,仅统计全国层面的限额以上农产品批发零售企业的销售总额、批发额、零售额等数据,而各省区市的数据没纳入统计。进一步,我国农产品价格政策的变动直接影响到农产品流通产业的发展。作为大宗产品,粮食价格直至 2004 年以后实行粮食目标价格纳入粮食生产中长期规划和粮食价格政策才基本稳定下来,这保证了农产品流通产业的顺利发展。

在传统农业经济体系中,农产品的生产主要用于自给自足,农产品流通地域相当有限,谈不上有产业化发展的条件与机会。因此,作为产业式发展的农产品流通业必是伴随农产品生产与消费的大量分离,城市经济繁荣而带来对农产品需求的扩张而引发的。

我国农产品流通产业产值基本保持了一路上升的趋势。从图 4.1(a)趋势图可以看到,从总量上看,农产品流通产业是在不断发展壮大中。2005—2015 年,2006 年,农产品流通产业产值仅为 1 677.4 亿元增长到 2015 年的 4 853.9 亿元,扣除通胀影响因素后为 4 853.8 亿元,增长了 3 倍。值得指出的是,图中,2009 年较 2008 年的数据有较大的波动,产值减少了 7 800 多万元。出现这种情况的原因并非是在这一年农产品流通产业遭遇重创,而是因为 2009 年在农产品流通产业的年鉴中重新定义了批发与零售的统计口径,将 2008 年以单列的粮油、蛋类等分列的统计项目统一到农畜产品批发这一个项目下,减少了重复部分的统计。将研究期分成 2006—2008 年和 2009—2015 年两个阶段分别看的话,则在每个时段中,发展曲线都是向上延伸的,即产值是在不断增长。

分区域看,三大区域的产业产值都有增长,但增幅的差异值越来越大。图

4.1(b)显示,东中西部产值都在增长,其中东部体量最大,中部其次,西部最后。在增长差异方面,随着时间的推移,差距渐趋拉大。2006 年,东中西部的产值差异还很小,其中,中西之间差值仅为 133 万元,东中之间为 332 万元。到 2015 年,区域间的差值迅速拉大,中西部之间的差值达到 516 万元,而东中地区之间差值达到 1 149 万元。

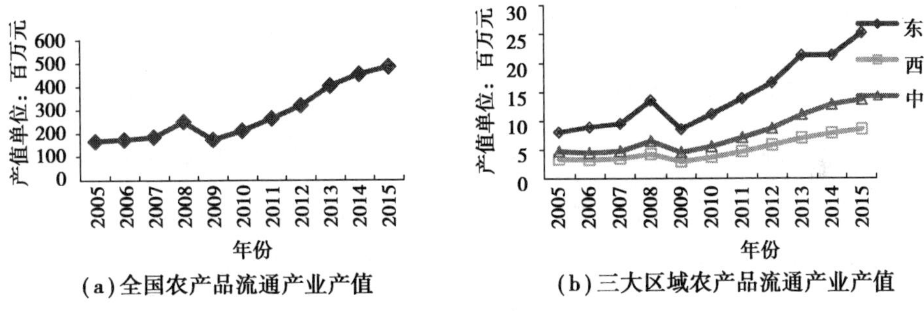

(a)全国农产品流通产业产值　　(b)三大区域农产品流通产业产值

图 4.1　全国及三大区域农产品流通产业产值增长趋势

数据来源:《中国贸易外经统计年鉴》。

相较于产值的绝对值比较,采用增长速度(较上年增长)能更直接地反映产业的增长趋势。从增长速度进一步分析发现,农产品流通产业的年增长速度历经先加速后减速的进程,然后在不断波动中加快降落(图 4.2)。2006—2008 年,农产品流通产业增长速度从一位数跃升到二位数增长水平,并达到 2008 年历史高值 35.82%。此后,一直到 2014 年增速尽管不断波动,但都是保持在两位数以上。到 2015 年,这一增长势头明显受挫,被逆转至个位数水平,仅有 6.91%。分区域看,东中西部农产品流通产业基本保持近似的增长轨迹,但以西部地区的增长最为明显,并在 2015 年仍维持在 13.43%的增长水平。东部地区的增长降速最快,2015 年成为三大区域中增长速度最慢区域,中部略高于东部。总之,无论是否分区,中国农产品流通产业的增长速度都在一步步放缓。

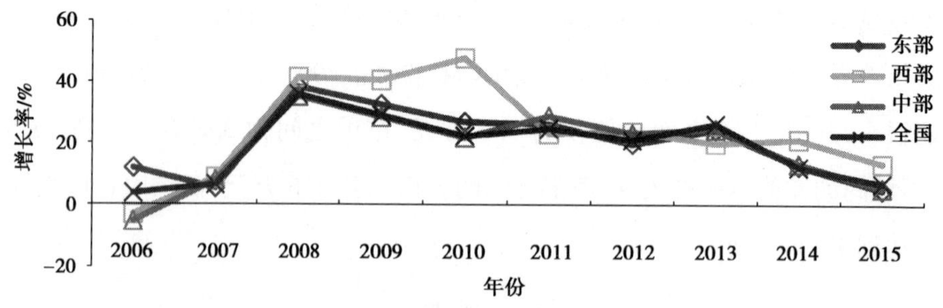

图 4.2　2005—2015 年农产品流通产业增长速度进程

数据来源:《中国贸易外经统计年鉴》。

图 4.2 清晰显示了我国农产品流通产业发展速度呈现出明显的分化。为刻画区域间这种分化的差异度,我们采用泰尔指数(TEL,Theil Entropy Index)来度量区域分化情况。同样,我们以全国、东部、中部和西部的区域划分方式测算 TEL,所用指标都基于 2005 年为基期的不变价格计算。根据 Combes,Mayer and Thisse(2008),泰尔指数的基本计算公式为:

$$T = \frac{1}{n}\sum_{i=1}^{n} \frac{y_i}{\bar{y}}\lg\left(\frac{y_i}{\bar{y}}\right) \tag{4.1}$$

式中 T 为核算指标差异程度的测度泰尔指数,y_i 与 $\bar{y}$ 分别代表第 i 个体的核算指标值和所有个体的核算指标值的平均值。

TEL 指数具备良好的可分解性质,即将样本分为多个群组时,可以分别衡量组内差距与组间差距对总差距的贡献。假设包含 n 个个体的样本被分为 K 个群组,每组分别为 $g_k(k=1,2,\cdots,K)$,第 k 组 g_k 中的个体数目为 n_k,则有 $\sum_{k=1}^{K} n_k = n$,y_i 与 y_k 分别表示某个体 i 的指标份额与某群组 k 的指标总份额,记 T_{b} 与 T_{w} 分别为群组间差距和群组内差距,则可将泰尔指数分解如下:

$$T = T_{\mathrm{b}} + T_{\mathrm{w}} = \sum_{k=1}^{K} y_k \lg\frac{y_k}{\frac{n_k}{n}} + \sum_{k=1}^{K} y_k\left(\sum_{i\in g_k}\frac{y_i}{y_k}\lg\frac{\frac{y_i}{y_k}}{\frac{1}{n_k}}\right) \tag{4.2}$$

在上式中群组间差距 T_{b} 与群组内差距 T_{w} 分别有如下表达式:

$$T_{\mathrm{b}} = \sum_{k=1}^{K} y_k \lg \frac{y_k}{\frac{n_k}{n}} \tag{4.3}$$

$$T_{\mathrm{w}} = \sum_{k=1}^{K} y_k \left(\sum_{i \in g_k} \frac{y_i}{y_k} \lg \frac{\frac{y_i}{y_k}}{\frac{1}{n_k}} \right) \tag{4.4}$$

另外，值得注意的是群组内差距项分别由各群组的组内差距之和构成，各群组的组内差距的计算公式与样本总体的计算公式并无二致，只是将样本容量控制在第 k 组的个体数目 n_k。当区域的发展水平绝对均等，此时泰尔指数为 0；当区域发展水平差距很大，泰尔指数趋近于 1，故而，取值范围为[0~1]。

依据式(4.1)—式(4.4)，可以得到除西藏和港澳台外其他 30 个省市 2006—2015 年农产品流通产业产值的 TEL 指数，直观反映出了产业的区域分化的基本情况。图 4.3(a)是从整体上描绘了全国泰尔指数、组内泰尔指数和组间泰尔指数变化趋势，图 4.3(b)是分三大区域描绘组内的泰尔指数变化趋势。

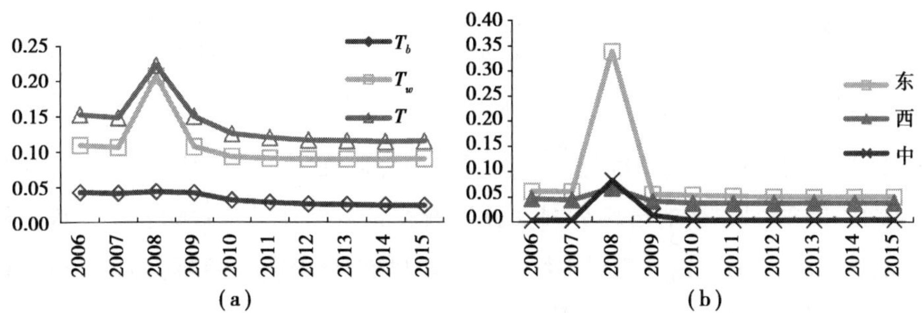

图 4.3　农产品流通产业的东中西部组内、组间泰尔指数

数据来源:《中国贸易外经统计年鉴》。

图 4.3(a)显示，2006—2015 年，农产品流通产业产值的地区间泰尔指数 T_{b}，区域内的泰尔指数 T_{w}和总体泰尔指数 T 的总体趋势是在缩小，但近年略有回升态势。其中，2008 年的泰尔指数急剧拉升，表现为区域内的差异值 T_{w}变化明显。此外，东中西部三大区域内的泰尔指数 T_{w}是大于区域间的泰尔指数的，

即区域内的农产品流通产业的不均衡远大于区域间的产业发展的不均衡。这与张自然(2018)认为近几年的我国各项经济指标的区域差异都或多或少地扩大现象不谋而合。

4.2 农产品流通产业市场分割指数的测算

4.2.1 城乡产品市场分割指数

与工业和其他服务业不同,农产品流通产业连接城市与乡村两个完全不同的市场,因此,研究其市场分割时,不可采用现有研究中不区分城乡差异的方法进行,而要分析出不同区域城乡间的市场分割。产品市场分割程度主要的测定角度有3个,一是通过各地区间产业结构的差异程度来考察,二是通过各地区间的贸易量和贸易结构来考察,三是通过各地区间的产品的价格差异来考察。在本书中,城乡之间农产品的消费市场分割测量主要采用“相对价格方差法”来测量。市场分割指数的测算方法主要采用“相对价格法”。它源于“冰川成本”思想,由 Parsley and Wei (1996)提出的,桂琦寒等(2006)对其做了进一步完善。相对价格法以方差 $\mathrm{var}(p_i/p_j)$ 的变动为观察对象,若 $\mathrm{var}(p_i/p_j)$ 随时间变化而收窄,则视作市场一体化程度提高,反之,则为分割加剧。但需要强调的是,现有文献采用相对价格法对市场分割指数的测算无一例外采用省际商品零售价格指数,并不区分城市商品零售价格指数和农村商品零售价格指数,如赵奇伟,熊性美(2009),王晓东,张昊(2012)以及金祥荣,赵雪娇(2017)。而本书主要考察的是农产品的市场分割,它既有省内从乡村到城市的农产品流通,又涉及不同省份之间的农产品流通,故而需要计算省内与省域间两种市场分割指数。考虑到农产品流通主要是从农村流向城市的特殊性,所以测算相邻省份的市场分割指数时,只计算农村到各个城市,而不计算城市之间、乡村之间的农产品流通情况,具体的指标构造如下:

$$|\Delta M_{ijt}^{k}| = \lfloor M_{ijt}^{k} - M_{ij,t-1}^{k} \rfloor = \left| \ln\left(\frac{p_{it}^{k}}{p_{ji}^{k}}\right) - \ln\left(\frac{p_{i,t-1}^{k}}{p_{j,t-1}^{k}}\right) \right| = \left| \ln\left(\frac{p_{it}^{k}}{p_{i,t-1}^{k}}\right) - \ln\left(\frac{p_{jt}^{k}}{p_{j,t-1}^{k}}\right) \right| \tag{4.5}$$

$$|\Delta N_{hgt}^{k}| = \lfloor N_{ihgt}^{k} - N_{hg,t-1}^{k} \rfloor = \left| \ln\left(\frac{p_{ht}^{k}}{p_{gi}^{k}}\right) - \ln\left(\frac{p_{h,t-1}^{k}}{p_{g,t-1}^{k}}\right) \right| = \left| \ln\left(\frac{p_{ht}^{k}}{p_{h,t-1}^{k}}\right) - \ln\left(\frac{p_{gt}^{k}}{p_{g,t-1}^{k}}\right) \right| \tag{4.6}$$

其中,ΔM 表示同一省内城乡间价格方差,ΔN 为相邻省份乡村到城市的价格方差;i,j 表示城市和乡村地区;h,g 表示两个相邻省份,k 表示商品种类;t 表示时期(年份);P 表示商品价格。在得到对数差分形式的价格差异之后,进一步使用去均值法剔除由商品异质性导致的不可加效应,以消除与商品自身特性相关的价格波动效应,即假定 $|\Delta M_{kijt}|$ 由 a_k 与 ε_{kijt} 两项组成,$|\Delta N_{khgt}|$ 由 b_k 与 ε_{hgt} 两项组成,a_k、b_k 仅与商品种类 k 相关,ε_{kijt}、ε_{khgt} 则与 i 和 j 之间,h 和 g 之间两地特殊的市场环境相关。消去由异质性导致的不可加效应 a_k,b_k 项,得到 $q_{ijt}^{k} = \varepsilon_{ijt}^{k} - \overline{\varepsilon_{ijt}^{k}}$,$q_{hgt}^{k} = \varepsilon_{hgt}^{k} - \overline{\varepsilon_{hgt}^{k}}$,并以 $\mathrm{Var}(q_{ijit})$,$\mathrm{Var}(q_{khgt})$ 作为最终的两个地区之间在 t 时期的不同商品价格变异。于是,在 t 时期,某一省份城乡农产品市场分割指数就由两个部分的算术平均值构成:一是该省与所有与之相邻地区 $\mathrm{Var}(q_{ijit})$ 的平均值;二是省内的城乡市场分割指数 $\mathrm{Var}(q_{khgt})$。在这里,作为创新性内容,第一部分的 $\mathrm{Var}(q_{ijit})$ 成为有方向性的指数,它既包括相邻省份乡村进入到该省城市(简称流入省)的市场分割指数(本书无特殊说明时,市场分割指数仅指流入省的市场分割指数);也包括该省份乡村到相邻省份城市(简称流出省)的市场分割指数。前一个市场分割指数值的大小是表明一省份对相邻省份农产品进入本地市场的开放度;后一个市场分割指数是指某一省份农产品进入其相邻省份的贸易障碍。

根据国务院发展研究中心数据库 1997—2015 年各省市价格指数数据,本书选择粮食、淀粉及其制成品、干豆类及豆制品、油脂、肉禽及其制成品、蛋、水产品、菜和干鲜瓜果 9 大主要农产品作为对象进行计算,最终得到包括省内城乡分割在内共计 19 年的农产品流通市场分割指数。为使研究显示更清晰,将市场分割指数扩大 1 000 倍。由于农产品市场的特殊性,不同区域农产品市场

存在很大差别,因而还需要计算分区域的分割指数,具体结果如图 4.4 描述①。

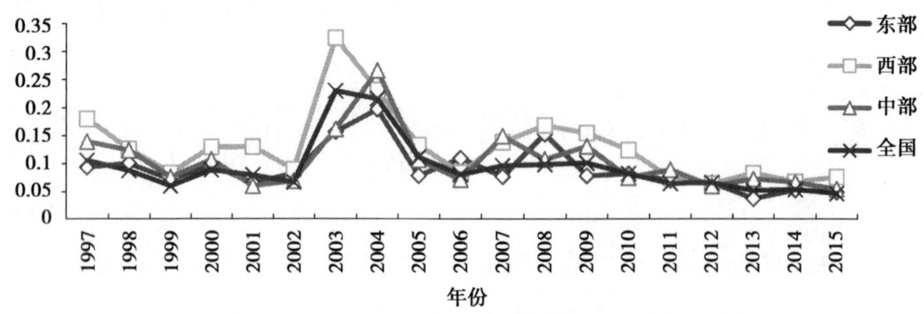

图 4.4　全国与各省城乡间的农产品市场分割趋势比较

数据来源:国务院发展研究中心数据库 1997—2015 年各省、区价格指数。

全国农产品市场一体化进程经历着一个先大幅振荡再小幅调整(2010 年后)的过程。图 4.4 显示,1997—2015 年期间,农产品市场分割态势呈现出大致以 3~4 年为一个周期(1999—2002,2003—2006,2007—2010)的波动态势。这一发现与陈宇峰等(2014)得出的农产品市场平均以每四年为一周期的结论基本一致,但本书并不支持其国内商品市场的一体化进程自 20 世纪后期以来便已停止的观点。从经验数据看,中国城乡农产品市场分割趋势一直朝着振幅收窄的方向发展,特别是自 2008 年金融危机后的七年都在低位徘徊。

其次,按东中西三大区域划分②,对农产品市场分割指数进行计算,其时间走势如图 4.4 所示。总体而言,东、中、西部地区的波动趋势与全国类似,在历经 2003 年与 2004 年、2007 年与 2008 年两次较大的震荡后,趋于小幅波动。分地区来看,很明显,西部地区的农产品市场分割程度最深,大部分年限中都高于中部和东部地区,且震荡幅度最大;东部地区的市场分割指数最小,一直在低位徘徊,仅是在 2008 年突然加深,其原因可能是东部地区经济更加开放,外贸依存度也更大,因而

① 2003 年和 2004 年数据在统计年鉴中与历年相比差异很大,因此计算出的分割指数也就与其他年份呈现数倍的悬殊,为此本文对其进行成比例缩小调整,但不改变其在整个研究期的所处位置,以使展示图形更好地反映所有年份分割指数的变动情况。

② 东部地区有 11 个省级行政区,分别是北京、天津、河北、辽宁、上海、江苏、浙江、福建、山东、广东、海南;中部地区有 8 个省级行政区,分别是山西、吉林、黑龙江、安徽、江西、河南、湖北、湖南;西部地区有 12 个省级行政区,分别是四川、重庆、贵州、云南、西藏、陕西、甘肃、青海、宁夏、新疆、广西、内蒙古。

受国际金融危机冲击更大。进入 2010 年后,市场融合步伐加快;中部地区的市场分割程度一直介于东部和西部之间,且未受到金融危机的冲击。

再次,以农产品流通方向测算市场分割时发现,流向本省和向邻省流通时的所受到的贸易阻力是不相同的。流入省份的城乡市场分割指数测定的是相邻省份乡村农产品进入本省城市时的价格差异值,而流出省份的城乡市场分割指数是指本省农产品进入相邻省份的城市市场的阻力。我们选取 1997 年、2006 年和 2015 年的数据相比较可以看出,分割指数按由低值到高值(即分割程度由轻到重)排列,取前面的五位和后五位的省份数据进行比对,如表 4.1 所示。结果发现,总体上,市场分割随着时间的推移越来越趋向统一,但各省的市场统一的速度不一致。1997 年时,吉林和黑龙江两省无论是输出到邻省,还是邻省农产品输入到本省,市场分割指数都是最小的。换句话说,这两省的农产品城乡内贸市场较开放,农产品贸易城乡市场相对统一。而海南、西藏、陕西、四川和西藏的农产品流通到邻省城市的阻力是最大的,并且四川和西藏两地区不仅是农产品流出阻力大,邻省农产品进入到本省城市的阻力也大。到 2006 年,西藏的这一市场分割状况并无改观。到 2015 年,包括青海、宁夏和新疆在内的本部省份的市场分割指数相对而言变得较高。

表 4.1　农产品市场分割的排名

年份	前五名				后五名			
	流出本省		流入本省		流出本省		流入本省	
1997	吉林	0.379 5	吉林	0.173 2	海南	2.204 6	新疆	1.867 1
	山东	0.423 4	湖南	0.324 6	西藏	2.259 7	四川	1.879 6
	黑龙江	0.549 8	北京	0.327 5	陕西	2.774 2	江西	1.924 8
	河北	0.680 5	黑龙江	0.357 4	四川	3.231 4	西藏	2.823 0
	江西	0.684 7	福建	0.403 5	湖北	3.535 6	重庆	8.449 5
2006	福建	0.145 9	辽宁	0.152 7	西藏	1.392 9	西藏	1.072 8
	河南	0.191 0	山东	0.218 9	湖北	1.849 7	吉林	1.305 9
	广东	0.227 4	湖北	0.239 0	四川	2.231 5	江西	1.913 0
	内蒙古	0.253 0	河南	0.243 0	黑龙江	2.991 1	云南	4.106 1
	山东	0.292 6	重庆	0.288 0	辽宁	8.160 3	河北	5.094 2

续表

年份	前五名				后五名			
	流出本省		流入本省		流出本省		流入本省	
2015	福建	0.147 3	山东	0.178 3	宁夏	1.216 9	河北	1.037 2
	吉林	0.259 5	浙江	0.254 9	青海	1.291 6	新疆	1.072 5
	安徽	0.260 5	内蒙古	0.257 0	湖北	1.302 6	云南	1.144 0
	江苏	0.278 1	黑龙江	0.295 9	辽宁	1.338 8	青海	1.527 3
	江西	0.308 5	广西	0.320 7	新疆	1.411 0	甘肃	1.608 7

数据来源:国务院发展研究中心数据库 1997—2015 年各省、区价格指数。

4.2.2 城市内部产业间劳动力市场分割

由于受到历史、政治、经济体制与制度等因素的影响,中国的劳动力市场具有典型的城乡分割特征。传统上劳动力市场分割主要指城乡收入差距导致劳动力持续从农业部门向工业部门转移,而户籍制度会造成劳动力市场的二元分割,本书的劳动力市场分割主要考察的是二元经济问题,采用城乡人均工资差距与农村人均纯收入的比值来反映,数值越大,表示城乡劳动力市场分割越严重。要素市场分割也主要从东中西部、各省域及城市与乡村之间的市场分割进行测度。

农产品流通产业是服务于生产性农业和城市消费业的产业,其本质上是属于第三产业,但这个产业与农业生产的紧密相关,使得从事农产品流通的主要人员与农民有着千丝万缕的关系。因此,研究农产品流通产业的要素市场分割一是要从城市内部行业分割角度展开分析;二是要从城乡发展差距角度审视农产品流通产业劳动力要素的市场分割问题。从城市内部行业角度测算劳动力市场分割方法仍采用与产品市场分割一样的“相对价格方差法”。从城乡发展差距的角度测量劳动力市场分割时借鉴付文林等(2014)的做法,采用城乡人均工资差距与农村人均纯收入的比值来反映。数值越大表示城乡劳动力市场分割越严重。

“相对价格方差法”测量城市内各产业间劳动力市场分割时，选取 1996—2015 年我国各地区城镇单位就业人员平均工资为基础数据。其中，1996—2008 年因统计年鉴中没有区别城镇与集体原因，采用分行业职工平均工资处理。因而，在最终得到的劳动力分割数据中，对于 2009 年的数据进行指数据平滑加以修正。极少省份在某一年份的缺失数据，以相邻近前后四年数值的平均值。在具体的行业指标上，由于年限跨度大，统计指标的口径有很大差别，因此只选择了 10 个统计口径基本一致的行业，即农林牧渔业、采矿业、制造业、电力热力燃气及水生产和供应业、建筑业、房地产业、科学研究和技术服务业、水利环境和公共设施管理业、批发和零售业，以及交通运输、仓储和邮政业的职工平均工资进行测算。需要说明的是，北京、上海、天津和重庆四个直辖市由于其特殊政治经济地位，对其他地区，尤其是相邻省份的劳动力要素虹吸效应明显，因此本文设定北京的相邻省份除河北省、天津市以外，还包括与河北省地理相邻其他省份；天津市与北京市的相邻省份一致；同理，上海与重庆则分别与浙江、四川为互邻，且与此两省的相邻省份相邻。具体步骤与产品市场分割测量一样：

①首先计算 31 个省市相邻地区 i 和 j 相对工资绝对值 $|\Delta Q_{jit}^k|$，其中，$\Delta Q_{ijt}^k = \ln(P_{ji}^k/P_{ji}^k) - \ln(P_{it-1}^k/P_{Jji-1}^k)$，$k$ 表示第 k 种行业，总共可以得到 147 对 19 年 2 793 个(147×19)数据。

②接着采用去均值法消除与特定行业相联系的固定效应导致的系统偏误。设 $|\Delta Q_{jit}^k|$ 由 a^k 与 ε_{ijt}^k 两项组成，ε_{ijt}^k 与 i、j 两地的市场环境相关，a^k 仅与行业种类 k 相关，对年份 t，行业种类 k 的 $|\Delta Q_{jit}^k|$ 在相邻省份之间求均值 $\overline{|\Delta Q_t^k|}$，接着求 $|\Delta Q_{jit}^k| - \overline{|\Delta Q_t^k|} = (a^k - \overline{a^k}) + (\varepsilon_{ijt}^k - \overline{\varepsilon_{ijt}^k})$，消去系统偏误 a^k。令 $q_{ijt}^k = \varepsilon_{ijt}^k - \overline{\varepsilon_{ijt}^k} = |\Delta Q_{ijt}^k| - \overline{|\Delta Q_t^k|}$，即为相对价格的变动，它仅与地区市场分割和随机因素有关。

③记q_{ijt}^{k}的方差为$\mathrm{var}(q_{ijt}^{k})$，根据所使用的样本数据，可以得到 2 793 个方差值，再将这 2 793 个方差值按省份合并，得到 589 个(31×19)各省份与其相邻省份的市场分割值。中东西部三大区域的市场分割值，则是以区域内的省市按年份求均值所得。

经测算，全国及各区域劳动力要素市场分割指数在经济快速增长期分割加深，平稳期则小幅波动，变化趋势具体如图 4.5 所示。

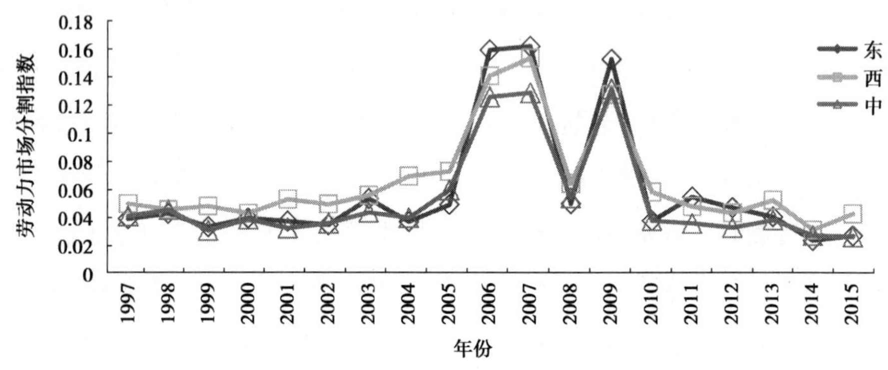

图 4.5　城市内部劳动力要素市场分割趋势比较

数据来源：国研网——人口与就业数据库。

第一，总体上我国城市内部产业间的劳动力柔性市场分割程度远大于产品市场。对比图 4.4 与图 4.5 可知，采用同样的方法测算的数据，图 4.5 的分割指数是在原来指数值的基础上扩大了 1 000 倍的结果。这表明，劳动力要素市场的分割程度几乎是产品市场的数百倍，分割更为严重。事实上，相较产品市场化速度，我国的劳动力市场化进程要慢得多，且流动的体制性因素和随机性因素更繁杂。

第二，我国的劳动力要素分割相对稳定中伴有震荡。劳动力市场分割在经济高速增长期，分割迅速加深，经济平稳期，分割小幅波动。不过，无论是东部、中部，还是西部，从 1997 年到 2015 年，劳动力要素市场的分割指数略有下降，但并无明显改善；而且 2005 年到 2010 年，劳动力要素市场分割处在高度分割状态。这期间，2006 年和 2007 年，劳动力要素市场分割值陡然增加，达到最大峰值，仅在 2008 年回落到常态，但 2009 又猛然加剧。那么，在这几年中，究竟是什么原因使得要素市场的分割程度突然上升呢？根据我国公布的 GDP 增长速度，2006 年增长速度达 11.6%，2007 年更是达到 13%，是本世纪以来的最快增长速度。在这两年中，中国通过大规模的贸易、投资与需求扩张，使各区域的发展专注于本地域的发展，本地劳动力需要加大同时，也形成相互竞争的格局。相关研究也发现，事实上，贸易开放度的加大也会对市场分割起到了加剧的作用。多种力量的重叠放大了区域间的劳动力要素市场的分割。图 4.9 显示在发展最快的 2006 与 2007 年，经济最为活跃的东部地区的劳动力要素市场的分割程度甚至于比中西部还要深也正印证了上述观点。2008 年袭卷全球的国际金融危机，中断了经济高速增长的进程。但 2009 年，通过多种调控手段，特别是“一揽子计划”的实施，使得当年度经济低开高走，年均实现 8.7% 的增长速度。随着经济增长速度的放缓，劳动力要素市场流动的制约性因素也减小，分割趋于收窄，此时，分割更多是地方保护势力的干预导致流动性受阻。

第三，从具体省份看，劳动力要素市场的分割变化不一，与省劳动力资源丰裕程度相关。以 1997 年、2006 年和 2015 年的数据看（表 4.2），分割程度一直保持较轻（分割指数较小，同时位列前 10）的省份有 7 个，分别是湖北、河南、宁夏、山东、辽宁、山西和陕西。无论经济增长速度快与慢，劳动力要素都处于与相邻地区的流通性较强的状态，即本地政府对邻近地区的劳动力要素市场的约束性不强。这 7 个省份具有一个共同的特征，就是劳动人口大省，劳动力资源较为丰富，为劳动力输出型大省。相对而言，那些人口较少的省份，如青海、江西、云南和新疆等省，劳动力市场分割一直较为严重。从经济发展迅速的 2006 年数据看，浙江、海南、北京和上海等地表现了很强区域分割性，在经济发展相对平缓的 1997 年和 2015 年分割程度明显减轻，这也印证了上述第二点的结论。

表 4.2 1997 年、2006 年和 2015 年各省劳动力要素市场分割指数排名

1997 年			2006 年			2015 年		
排名	省份	分割指数	排名	省份	分割指数	排名	省份	分割指数
1	安徽	0.019 7	1	河南	0.067 5	1	河南	0.016 0
2	湖北	0.020 5	2	吉林	0.079 8	2	辽宁	0.019 0
3	河南	0.021 1	3	山西	0.096 1	3	陕西	0.020 6
4	宁夏	0.025 5	4	山东	0.098 9	4	山东	0.020 9
5	山东	0.025 8	5	黑龙江	0.100 9	5	吉林	0.021 9
6	辽宁	0.025 9	6	辽宁	0.103 5	6	宁夏	0.022 1
7	山西	0.026 0	7	湖北	0.105 8	7	内蒙古	0.022 4
8	陕西	0.027 3	8	宁夏	0.109 1	8	山西	0.022 8
9	甘肃	0.028 7	9	陕西	0.109 3	9	湖北	0.023 1
10	贵州	0.029 2	10	内蒙古	0.112 2	10	甘肃	0.023 9
11	江苏	0.029 7	11	天津	0.119 9	11	贵州	0.024 3
12	河北	0.030 8	12	福建	0.120 1	12	浙江	0.024 5
13	广东	0.036 1	13	重庆	0.122 1	13	安徽	0.025 1
14	内蒙古	0.036 7	14	安徽	0.127 3	14	河北	0.025 3
15	福建	0.036 9	15	四川	0.130 4	15	广西	0.026 0
16	浙江	0.039 1	16	甘肃	0.131 0	16	湖南	0.026 3
17	湖南	0.041 0	17	江苏	0.132 8	17	江苏	0.026 6
18	天津	0.041 7	18	广东	0.141 3	18	黑龙江	0.027 1
19	四川	0.042 4	19	西藏	0.146 2	19	海南	0.027 3
20	北京	0.044 7	20	贵州	0.150 8	20	上海	0.029 4
21	青海	0.046 8	21	湖南	0.153 1	21	广东	0.029 8
22	吉林	0.050 2	22	上海	0.153 8	22	天津	0.030 4
23	广西	0.051 0	23	云南	0.161 1	23	福建	0.032 9

续表

1997 年			2006 年			2015 年		
排名	省份	分割指数	排名	省份	分割指数	排名	省份	分割指数
24	海南	0.051 9	24	青海	0.162 0	24	北京	0.032 9
25	江西	0.054 1	25	新疆	0.163 1	25	四川	0.033 3
26	云南	0.058 8	26	河北	0.171 3	26	江西	0.044 0
27	上海	0.061 6	27	广西	0.193 1	27	青海	0.044 1
28	重庆	0.064 2	28	北京	0.199 3	28	新疆	0.049 3
29	新疆	0.066 5	29	海南	0.229 9	29	重庆	0.052 9
30	黑龙江	0.098 3	30	江西	0.259 3	30	云南	0.080 0
31	西藏	0.119 4	31	浙江	0.263 7	31	西藏	0.114 5

数据来源:国研网——人口与就业数据库。

4.2.3　城乡间劳动力市场分割

劳动力要素的市场分割不仅体现在城市内部产业间市场分割,城乡之间劳动力市场分割也是其重要的表现。事实上,20 世纪 50 年代中后期以来,与二元经济结构相适应的城乡就业隔离政策,不仅是在行政上的隔离,同时还是体制上的隔离,造成了城乡劳动力的严重分割。20 世纪 80 年代中后期,尽管政府在一定程度上放松了管理,使得农村剩余劳动力可以流入城市,但城乡两种就业体制的差异性并未消除。不仅在同一地区的城乡劳动力市场分割存在,不同地区的劳动力市场分割与城乡劳动力市场分割交织,进而构造出错综的多层次的城乡劳动力市场分割的客观存在。本节借鉴付文林等(2014)的测算方法,以城乡人均工资差距与农村人均纯收入的比值来反映这一指标,测算结果如图 4.6 所示。

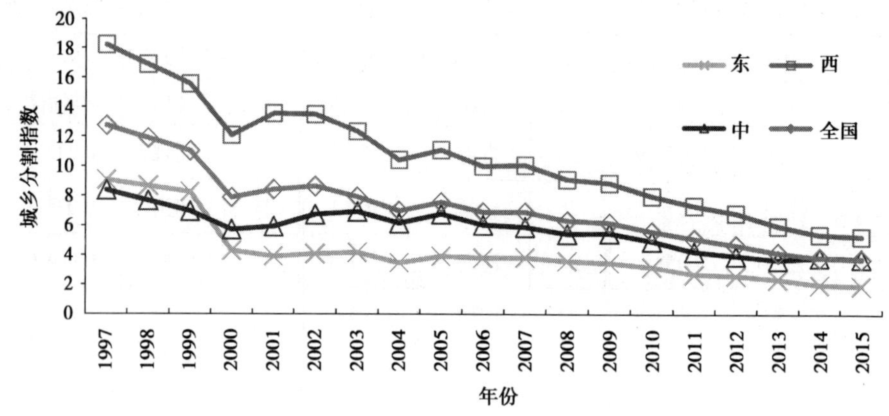

图 4.6 城乡劳动力要素市场分割趋势比较

数据来源:国研网——人口与就业数据库。

相对于城市内部劳动力要素的市场分割相对稳定性,城乡劳动力市场分割总体下降的趋势更为明显。在 2000 年之前处在较高水平,2000 年出现了断崖式的下调,达到历史低值。此后,城乡劳动力要素的分割在不断的波动中逐渐收缩,但收缩速度放缓。从区域来看,经济发达的东部地区的城乡劳动力市场一体化程度最高,而西部地区的城乡劳动力市场的分割最为严重;中部地区的劳动力市场分割在 2000 年前状况要优于东部地区,但在之后的十几年里,却不如东部地区城乡一体化发展得协调。

4.2.4 资本要素市场分割指数

同样,基于"一价定理"的价格法来衡量不同的资本要素价格变动水平,是一种易于理解和操作的测定金融市场分割的方法。在资本要素市场中,由于政府对金融市场的长期管制,所以尽管资本价格可以用利率水平来衡量,但银行存贷款利率受到严格限制难以较准确地反映资本价格,而民间资本价格因多种复杂原因而难以准确估计。故而,采用利率来衡量区域内资本要素价格可能会使估计结果产生偏误。以区域固定资产投资价格指数来测量资本市场的分割程度是为数不多的测量资本市场分割文献的主要做法，如张红红等(2014)、金培振等(2015)。根据我国统计年鉴分类，固定投资品按构成被分为建筑安装工程，设备工具器具购置和其他费用 3 个部分。因此，资本要素的市场分割指数可据此 3 项资本要素价格指数进行衡量。

资本要素市场分割显著，且波动较大。图 4.7 显示，在过去的 19 年间，相较于产品市场，国内资本要素市场分割明显，市场一体化进程波折。2000 年前，资本市场分割一直在低位运行，其后，逐年加深，到 2005 年、2006 年出现大幅度的拉升，之后大幅回落到之前水平；接着，在经历三年的平静期后，2010—2012 年再次反弹，分割指数再次跃升到高点，之后再次回落到低点。也就是说，国内的资本要素市场分割不仅存在，而且极易受到外界冲击，导致分割加剧，流通受阻。

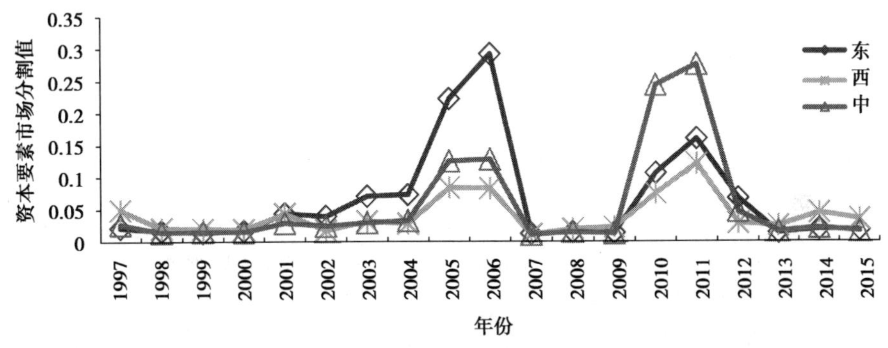

图 4.7　1997—2015 年我国资本要素市场分割发展趋势图

数据来源：《中国统计年鉴》——价格指数。

三大区域资本市场分割对外界冲击的敏感度存在差异。图 4.8 中在资本市场分割低值期，东中西部地区市场分割走势平稳，其间，2001 年前、2013 年后，西部区略高于东中部地区。然而在两段震荡期，东部和中部地区的资本市场分割程度则远高于西部地区。在 2005—2006 年，东部地区最高，其次是中部地区，西部最低；2010—2012 年，则是中部最高，东部次之，西部最后。

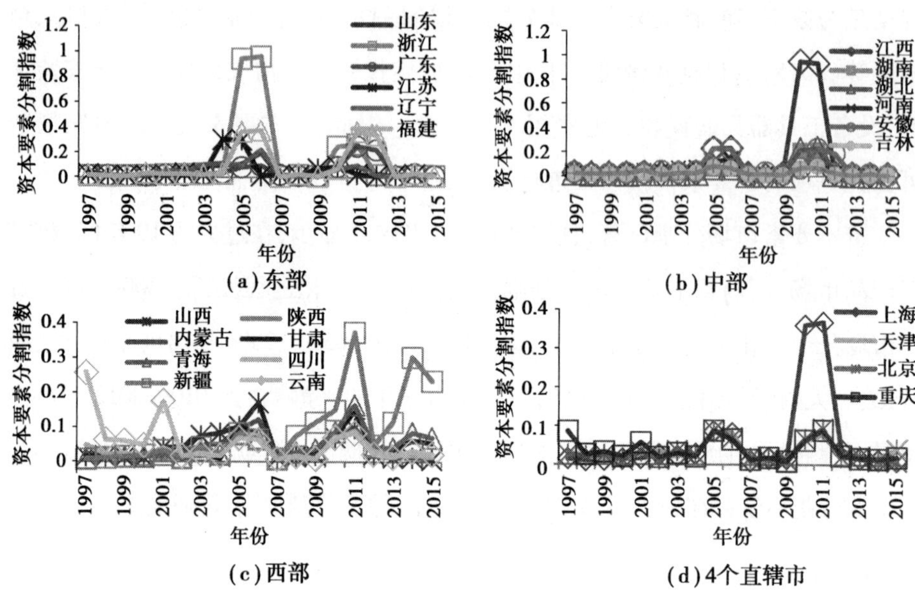

图 4.8　东中西部部分省份及四个直辖市资本市场分割

数据来源:《中国统计年鉴》——价格指数。

进一步从各区域的主要省份的资本要素市场分割看,区域内各省情况不一。东部主要省份的要素市场分割与区域总体发展趋势步调基本一致,都经历了两个较大的动荡期。不过,在两次大的震荡期间,时序上,有的省份早于震荡期一年,或滞后一年,如 2004 年的江苏和 2011 年的广东。最引人关注的是,在第一期的震荡中,浙江省的资本市场分割加剧最深,市场反应最为强烈。在第二期震荡中,福建、广东和浙江位列前三。中部地区与 4 个直辖市中,安徽与上海在第二期的震荡中反应强烈。而对于西部各省来说,情况则复杂许多,资本要素市场分割在不断反复震荡中前行。在 2003 前,以青海省的分割最为明显。在 2007 年后,新疆的资本市场波动幅度最大。

总之,我国农产品流通产业商品市场、劳动力市场,以及资本市场的分割情况一直存在,且在短期内不会自然消除。研究发现,相对于产品市场分割,国内的劳动力要素市场与资本要素市场的分割更为严重,而且要素市场分割受到的冲击要远大于产品市场。同时,产品市场的城乡市场分割远大于城市内部产业间市场分割;劳动力要素市场的城乡分割发展趋向平缓,但城市内产业间部市场的劳动力市场分割呈现周期性的大波动。

4.3　农产品流通产业要素配置效率分解与测度

经济资源的优化配置为中国经济的快速增长带来源源不断的动力。农产品流通产业良性发展是农业供给侧结构性改革的重要任务之一。它具有“连接供需,连接城乡,引导生产,引导消费”的功能,且随着农业供给侧结构性改革的深入推进,其连接和引导作用将更加显著(孙伟仁 等,2018)。从农产品流通产业内部探讨其生产效率及其要素配置效率则是抓住了分析产业发展最为核心的问题。

Kumbhakar and Lovell(2000)在随机前沿分析中提到,TFP 变化的分解因素除了技术变化、技术效率变化和规模效率变化外,还应包括配置效率变化,但并未对包含配置效率变化的 TFP 变化进行实证分析。后来,Key et al.(2008)and Fioramanti(2010)扩展了 Kumbhakar and Lovell(2000)的研究。他们将 Kumbhakar and Lovell(2000)分解 TFP 变化的理论方法应用到了实证分析中,得出了配置效率变化是导致 TFP 变化的重要因素的结论。

实证研究过程中,要素配置效率的测度因研究目的的不同,方法和具体的指标选择也不同。从投入角度分析,根据 Farrell(1957)的定义,要素配置效率是指在产出不变的前提下通过要素投入量的调整所能达到的最小投入成本与调整前实际最小投入成本的比值。相对应地,若从产出导向角度定义,则要素配置效率是指在投入成本一定的前提下通过要素投入量的调整所能达到的最高产出与调整前实际最高产出的比值(张乐,曹静,2013)。当然,在产出或投入分析角度下,具体方法还有多种,大致有三大类,5 种具体指标。第一类是非参数方法。非参数方法即数据包络分析法(Data Envelopment Analyses,DEA),是以运用线性规划的方法构造一个非参数的面,然后相对这个面计算效率。在具体指标上,有两种可以选择:一是采用松弛变量测算;二是采用成本效率与技术效率的比值进行度量。根据 Farrell and Lovell(1990)的观点,松弛变量可以看作是配置无效率。部分学者(如金培振,2017)以松弛变量作为配置效率是否有效的指标量,研究了我国区域要素市场分割与要素配置效率的关系。另一种情况是,如果给定要素的价格,那么根据测算出来的技术效率和成本效率,就可以通过它们与配置效率的关系计算出来,即配置效率等于成本效率与技术效率的比值。不过,采用非参数方法计算的配置效率不能区别造成有效率与无效的具体原因所在,因此,DEA 方法并不能完全取代参数分析法对效率的分析。第二类是参数分析方法。参数分析法有多种具体指标选择,第一,以估计行业固定资本形成的增长速度对于行业利润的弹性系数的比值作为要素配置效率值。这种参数估计方法由 Jeffrey Wurgler 创建,他构建了测度资本配置效率的面板数据模型,并将行业固定资本形成的增长速度对于行业利润的弹性系数定义为资本配置效率的值。这种方法是通过确定的模型及确定的样本数据计算得出所求值,从某种角度看,可将其求得的数值认为是配置效率的“确定值”。第二,通过设定严格的生产函数,在对生产率分解的过程中,寻求不同的表达方式定义要素配置效率是当前研究采用的主要方法。这其中有:①通过厂商的市场份额与生产率的协方差的大小判定资源配置的流向(Olley and Pakes 1996;Bartklsman et al, 2013;王磊,汪恒,2015)。一般认为该指标不会受到行业特征或测量误差的影响,度量指标较为稳健。②以企业市场份额变动与在位企业的生产率的积作为度量指标(Baily et al. 1992;Griliches and Regev,1995; Foster et al. 2001;Melitz and Polance;杨汝岱,2015)。③以要素弹性份额偏离要素成本份额的程度衡量要素配置效率(Kumbhakar and Lovell,2000;Key et al. 2008;Fioramanti,2010)。④利用投入要素的边际产出对边际成本的偏离测算,得到要素投入的扭曲,以此来表示资源配置效率指标(Hsiesh and Klenow;朱喜,2011;张天华,2017)。此外,研究要素配置效应的方法还有很多,比如转换份额法就是其中常用的方法之一。它是将某地区的经济变化(如收入水平、就业水平、生产率和产业构成等)分解为三个成分,即参考地区成分、经济指标的等比例变化和经济指标的差异性变化,以此来考察不同的投入要素的增长率及配置效率(Haynes and Dinc, 1997;Esteban, 2000;Fagerberg, 2000;Timmer and Szirmai, 2000;吴建新,2012)。综上可知,参数估计的方法是研究要素配置效率的主流,本文沿用 Kumbhakar and Lovell(2000)的方法,测量农产品流通产业的要素配置效率。

至于要素替代弹性的测量,早在 1932 年时,Hicks 等就已按照技术进步能否提高资本劳动边际产出比做了具体的测算。此法将技术进步的方向区分为有助于提高劳动边际产出的资本节约型技术进步、有助于提高资本边际产出的劳动节约型技术进步和对资本和劳动边际产出之比没有影响的中性技术进步 3 种类型。Acemoglu(2002)则对技术进步的偏向性分成要素增进型与要素偏向型两种,前一种指技术进步可以改变某种要素的边际生产率,后一种指技术进步可以改变要素间边际替代率。他认为影响到生产技术的要素偏向主要是两股力量:一是“价格效应”,技术进步可能倾向于相对昂贵且比较稀缺的生产要素的边际生产率,使生产技术偏向于稀缺要素;二是“规模效应”,指技术进步偏向于提高更为丰裕的生产要素的边际生产率,即技术偏向于相对便宜的生产要素;技术进步的最终偏向取决于两种力量的共同作用。因此,测算出要素配置效率后,要素替代弹性的测算就简单许多。

4.3.1　要素配置效率分解

本书沿用 Battese and Coelli(1992),Kumbhakar and Lovell(2000)所发展的随机边界模型(SFA)及运算方法,并参照张乐等(2013)的做法,建立一个携带时变技术无效率指数的随机前沿生产函数作为研究的基本模型,其一般表达式如下:

$$Y_{it} = f(X_{it}(t);\beta) \times \exp(v_{it} - u_{it}) \tag{4.7}$$

$$u_{it} = u_t \times \eta_{it} = u_t \times \exp[-\eta \times (t - T)] \tag{4.8}$$

式(4.7)中,Y_{it}表示 i 省份($i=1,2\cdots,N$)在第 t 时期的农产品流通产业产出

$(t=1,2\cdots,T)$；$X_{it}(t)$是 i 省份 t 时期各类农产品流通产业要素资源的投入；$f(X_{it},t)$是随机前沿生产函数中的确定性前沿产出面；t 是测量技术变化的时间趋势变量。v_{it}是服从独立同分布的随机误差项，即$v_{it}\sim ii.d.N(0,\sigma^2)$；$u_{it}$是一个技术无效率函数，即 $TE=\exp(-u_{it})$。

式(4.8)是一个时变无效指数模型，表示 i 省在 t 期的技术无效率指数，u_{it}被定义为 i 省的平均技术无效率指数与一个以 t 至 T 时期技术无效率指数的变化率为指数的指数函数的乘积。其中，η 表示技术效率指数$(-u_{it})$的变化率，当$\eta_{it}>0$ 时，技术效率指数变化率为正，即技术效率处于以递减的速率递增当中；当$\eta_{it}<0$ 时，技术效率指数变化率为负，即技术效率处于以递增的速率递减当中。u_i 为 i 省份平均技术无效率指数，表示其由于技术非效率造成的产出损失(不可观测)，假定它服从非负截断独立同分布的正态分布，即$u_{it}\sim ii.d.N^+(\mu,\sigma^2)$。

对式(4.5)两边取对数，再对时间 t 求导，则：

$$\frac{\dot{Y}}{Y}=\frac{\partial\ \ln Y}{\partial t}=\left(\sum_j \varepsilon_j\frac{\dot{X}}{X}+\frac{\partial v}{\partial t}\right)+\frac{\partial\ \ln f(X,t)}{\partial t}-\frac{\partial u}{\partial t} \tag{4.9}$$

其中，$\varepsilon_j=\dfrac{\partial\ \ln f(X,t)}{\partial\ \ln X_j}$是投入 j 的要素产出弹性，$\dot{X}_j$ 是投入增长量。Kumbhakar(2000)对上式进一步分解，认为 TFP 增长率是产出增长率与投入增长率之差，即：

$$\Delta TFP=\frac{T\dot{F}P}{TFP}=\frac{\dot{Y}}{Y}-\sum_j s_j\frac{\dot{X}}{X}=\dot{y}-\sum_j(s_j\times\dot{x}_j) \tag{4.10}$$

其中，s_j 是投入要素 j 的成本份额，$\dot{x}_j$ 为要素投入增长率。将式(4.10)代入式(4.9)中整理可得：

$$\Delta TFP=\frac{\partial\ \ln f(X,.t)}{\partial t}-\frac{\partial u}{\partial t}+(\varepsilon-1)\sum_j\frac{\varepsilon_j}{\varepsilon}\times\dot{x}_j+\sum_j\left(\frac{\varepsilon_j}{\varepsilon}-s_j\right)\times\dot{x}_j \tag{4.11}$$

其中，$\varepsilon=\sum_j\varepsilon_j$ 是所有投入要素产出弹性之和。式(4.9)将 ΔTFP 分解成 4

个部分：

①技术变化(ΔT)——确定性前沿生产函数的变化率。它为前沿技术进步，表示在投入要素保持不变的条件下产出随时间的变化。

$$\Delta T = \frac{\partial \ln f(X,.t)}{\partial t} \tag{4.12}$$

②技术效率变化率(ΔTE)——在确定性技术水平下，某一组投入要素投入得到的实际产出与这组要素投入得到的前沿产出之间比例的变化率，为相对前沿的技术效率变化，用以衡量实际产出与潜在最大产出的比率的变化。

$$\Delta TE = -\frac{\partial u}{\partial t} = \eta . u_i \exp[-\eta(t-T)] \tag{4.13}$$

显然，相对前沿的技术效率变化不仅与行业的技术效率指数变化率参数 η 有关，而且与各省农产品流通产业特定的技术非效率u_{it}有关。

③规模效率变化(ΔSE)——反映全要素投入与规模报酬之间的适应情况，若大于 0，则规模效率变化所引起的全要素投入增长能够促进 TFP 的增长；反之则反。

$$\Delta SE = (\varepsilon - 1)\sum_j \frac{\varepsilon_j}{\varepsilon} \times \dot{x}_j \tag{4.14}$$

④要素配置效率变化(ΔAE)——反映了要素弹性份额偏离要素成本份额的程度，是衡量要素配置无效率的指标；它大于 0，说明随着时间的变化要素配置无效能促进 TFP 增长；反之则反。

$$\Delta AE = \sum_j \left(\frac{\varepsilon_j}{\varepsilon} - s_j\right) \times \dot{x}_j \tag{4.15}$$

这样就将全要素生产率的增长率分解成前沿技术进步率、相对技术效率增长率、要素配置效率增长率和规模效率增长 4 个部分。

要获得上述式中的值，首先需要设定前沿生产函数$f[X_{it}(t);\beta]$的具体形式，而设定模型的过程就是模型检验的过程。假定只有劳动力、资本和技术 3 种投入要素，用时间趋势 t 衡量技术进步程度，则前沿生产函数的对数形式可表达为：

$$\ln f[X_{it}(t);\beta] = \beta_0 + \beta_K \times \ln(K) + \beta_L \times \ln(L) + \beta_t \times t + \frac{1}{2}\beta_{LK} \times \ln(L) \times \ln(K) + \beta_{Lt}\ln(K) \times t + \beta_{Kt} \times \ln(L) \times t + \frac{1}{2}\beta_{L^2} \times \ln^2(K) + \frac{1}{2}\beta_{K^2} \times \ln^2(L) + \frac{1}{2}\beta_{t^2}t^2 + V_{it} - U_{it} \tag{4.16}$$

对式(4.16)的所有参数 β 进行估计,可以分别得到 i 地区 t 时期 ΔT_{it},ΔTE_{it} 以及各个要素的产出弹性(刘晗 等,2015):

$$\Delta T_{it} = \beta_t + \beta_{it}t + \beta_{t_K}\ln K_{it} + \beta_{t_L}\ln L_{it} \tag{4.17}$$

$$\Delta TE_{it} = -\frac{\partial u_{it}}{\partial t} = \eta \times \mu_i \times \exp[-\eta(t - T)] \tag{4.18}$$

$$\varepsilon_{Kit} = \beta_K + \beta_{KK}\ln K_{it} + \beta_{KL}\ln L_{it} + \beta_{tK}t \tag{4.19}$$

$$\varepsilon_{Lit} = \beta_L + \beta_{LL}\ln L_{it} + \beta_{KL}\ln K_{it} + \beta_{tL}t \tag{4.20}$$

再根据(4.17)至(4.20)式的计算结果,便可以测算得到 ΔSE_{it},ΔAE_{it} 和 ΔTFP_{it} 的值。

⑤技术进步偏向指数。根据技术进步要素偏向的定义,Diamond(1965)提出了技术进步偏向指数的计算方法:

$$DBias_{KL} = \frac{F_{Kt}}{F_K} - \frac{F_{Lt}}{F_L} \tag{4.21}$$

式(4.21)中,F_{kt} 表示由技术进步所带来的要素 j(要素投入 K、L)边际产出的增量,所以 Diamond 技术进步要素偏向指数的含义是指由技术进步带来的要素投入 K 的边际产出增长率与要素投入 L 的边际产出增长率之差。若 $DBias_{KL}>0$,则技术进步引起的 K 边际产出增长率大于 L 边际产出增长率,则称技术进步偏向 K,生产活动倾向于节约要素 L 的投入。当 $DBias_{nq}<0$,则技术进步偏向于 L,生产活动倾向于节约 K。若 $DBias_{KL}=0$,则意味着此时技术进步为中性。

根据含义,我们可以更进一步对式(4.20)具体化,使计算思路更清晰:

$$DBias_{KL} = \frac{\frac{\partial MP_K}{\partial t}}{MP_K} - \frac{\frac{\partial MP_L}{\partial t}}{MP_L} = \frac{\beta_{tK}}{\varepsilon_K} - \frac{\beta_{tL}}{\varepsilon_L} \tag{4.22}$$

$$MP_K = \frac{\partial Y}{\partial K} = \frac{Y}{K}\frac{\partial \ln Y}{\partial \ln K} = \frac{Y}{K}\varepsilon_K = \frac{Y}{K}\left(\beta_K + \beta_{tK}t + \beta_{KK}\ln K + \frac{1}{2}\beta_{KL}\ln L\right) \tag{4.23}$$

$$MP_L = \frac{\partial Y}{\partial L} = \frac{Y}{L}\frac{\partial \ln Y}{\partial \ln L} = \frac{Y}{L}\varepsilon_L = \frac{Y}{L}\left(\beta_L + \beta_{tL}t + \beta_{LL}\ln L + \frac{1}{2}\beta_{KL}\ln K\right) \tag{4.24}$$

其中，MP_K与 MP_L分别为要素投入 K 与要素投入 L 的边际生产率；β_i 系数由式(4.16)决定，并在表 4.1 中得到估计值；ε_i 通过式(4.23)和式(4.24)计算得到。

⑥要素替代弹性。经济增长的理论主要以生产要素和技术进步为研究对象，其中，要素替代弹性对经济增长的衡量取决于选取的生产函数的不同。新古典经济增长理论主要选用 Leontief 生产函数和 Cobb-Dauglas 生产函数（简称 C-D 函数）来描述经济增长，但二者的前提约束条件是资本和劳动的份额不变，即要素的替代弹性为 1。这一强约束与现实经济并不相符并被此后的许多经济学家所证伪。与 Leontief 生产函数和 C-D 生产函数相比，Arrow（1961）建立的 CES 生产函数更具有一般性，认为资本与劳动两种生产要素在替代弹性大于 1 时为替代关系，小于 1 时为互补关系。这一研究成果被许多学者引用，并被不断拓展。Kmenta（1967）利用二阶泰勒展开式将 CES 函数对数线性化，得到超越对数函数最初形式，后经 Griliches and Ringstad（1971）的完善才最终成型。超越对数函数可视为任意函数的二阶泰勒展式的近似；对特定参数（如产出弹性、替代弹性）无须施加先验设定，可完全由实际数据估计与检验；同时只需要基本的投入产出数据就可进行模型的估计，且多要素的情形也适用（郝枫，2015）。凭借着上述包容性和易估性的优势，超越对数函数运用于技术进步要素替代弹性的估算越来越受到关注。

现有研究关于超越对数生产函数要素替代弹性的测算方法各异，并且存在较为普遍的误用的现象（扬振兵 等，2016）。根据要素替代弹性是指给定产出不变时，要素结构相对变化与要素边际替代率相对变化的比值定义。那么，要素投入 K 与 L 的要素替代弹性的公式则可以下式表达：

$$\sigma_{KL} = \frac{\mathrm{d}\ \ln\left(\frac{K}{L}\right)}{\mathrm{d}\ \ln\left(\frac{MP_K}{MP_L}\right)} = \frac{\mathrm{d}\ \ln\left(\frac{L}{K}\right)}{\mathrm{d}\ \ln\left(\frac{MP_L}{MP_K}\right)} = \sigma_{LK} \tag{4.25}$$

我们知道，对于任意两种要素投入 m,n，其边际替代率 ϕ 为：

$$\phi = -\frac{\mathrm{d}X_m}{\mathrm{d}X_n} = \frac{MP_n}{MP_m} = \frac{X_m}{X_n}\frac{\varepsilon_n}{\varepsilon_m} \tag{4.26}$$

借鉴郝枫（2015）的研究方法，要素的直接替代弹性具有对称性，通过对式（4.26）求微分并化简，可以求得最终的要素替代弹性的计算公式：

$$\sigma_{mn} = \left[1 + 2\left(\alpha_{mn} - \frac{\varepsilon_n}{\varepsilon_m}\alpha_{mm} - \frac{\varepsilon_m}{\varepsilon_n}\alpha_{nn}\right)(\varepsilon_m + \varepsilon_n)^{-1}\right]^{-1} \tag{4.27}$$

最后，根据上式所求得的 σ_{mn} 值的大小，对投入要素间的关系进行评判。当 $\sigma_{mn}>0$ 时，两者为替代关系；当 $\sigma_{mn}<0$ 时，两者为互补关系。

4.3.2 变量界定、数据处理与参数检验

测算农产品流通产业要素配置效率的关键在于投入产出指标选择。根据 Cobb-Douglas 生产函数，农产品流通产业的产出指标选取农产品流通产业产值。当前，对农产品流通产业产值测算还未形成共识，涂洪波等人以乡镇企业统计数据中交通运输仓储业和批发零售业总产值表示（涂洪波 等，2013）；欧阳小迅等（2011）则以主农产品的人均售出量与农村人口的乘积作为农产品流通总量（欧阳小迅 等，2011）。这些测算指标都能反映出农产品流通产业的产值一部分构成，但随着近些年来工业化的发展，采用乡镇企业的交通运输仓储业与批发零售业的数据指标存在由于流通的产品主要是工业制造品，农产品仅占很小

的一小部分,因而所得数据较实际可能大许多。而以农产品人均或户均出售农产品产量来测算农产品流通产业产量,则仅考虑到流通中的第一个环节,流通过程短,产业增加值小,因而所得数据较实际的可能小许多。根据数据可获得性及流通产业的特点,本书以农产品流通中的批发与零售环节为着眼点,测算的农产品流通产业产出能更好地贴近理论要求和实际情况。在农产品批发与零售业中,具体以农畜产品批发(2012 年后为农、林、牧产品批发)和食品、饮料及烟草制品批发及农产品专门零售的产值作为农产品流通产业的产值,单位为亿元。

农产品流通产业的投入指标包括所有投入到产业发展中劳动的和资本。其中从业人员数为农林牧产品批发、食品饮料及烟草制品批发和专门零售从业人数;固定资产采用农畜产品批发业和食品、饮料及烟草制品批发及专门零售业的固定资产计。劳动力价格用各省份农业生产和经营性费用的现金支出衡量。农产品流通产业资本投入用农畜产品批发业和食品、饮料及烟草制品批发及专门零售业的固定资产衡量,单位万元。资本价格用中国银行中长期贷款利率来衡量,采用 1~3 年,3~5 年及 5 年以上贷款利率在当年度的多次调整数据的平均值乘以当年资本存量获得。劳动力价格和资本价格均用生产资料价格指数进行平减。

资本变量的处理是将资本帐面的价值转化为可以比较的实际资本存量。将帐面价值转换为真实价值的核心就是将固定资产名义值进行消胀(消除通货膨胀因素)。然而,由于固定资产购买于不同的年份,而宏观统计中不可能标识时间,只有每年的固定资产原值。因此,对于面板数据中第一期之后的样本处理,只需要将本期固定资产原值减去上期固定资产原值就得到当期购买固定资产名义值,然后对所得的固定资产名义值进行消胀即可得到当期的实际投资,然后采用“永续盘存法”得到研究期各省的实际资本存量。对于基期数据处理,由于现有统计中缺失 2005 年以前的分省数据,本文借鉴单豪杰(2008)的方法,以 2006 年的实际投资除以 2005 年投资增长率与折旧率和。这里,我们假定

2005 年的实际投资增长率与 2006 年相同。

本书数据包括 31 个省市样本，为 2005—2015 年的数据。数据主要来源于《中国贸易外经统计年鉴》《中国农村统计年鉴》《中国农业年鉴》等。时间跨度上，主要考虑到统计口径一致性和数据的可获得性问题，2004 及以前，仅统计全国层面的限额以上农产品批发零售企业的销售总额、批发额、零售额等数据，而各省区市的数据没纳入统计。进一步，我国农产品价格政策的变动直接影响到农产品流通产业的发展。作为大宗产品，粮食价格直至 2004 年后实行粮食目标价格纳入粮食生产中长期规划和粮食价格政策才基本稳定下来，这保证了农产品流通产业的顺利发展。

式(4.17)说明，随机前沿生产函数的确定性前沿产出部分的对数形式可能是含 t 的超越对数生产函数，也可能是不含 t 的简单对数生产函数，或者两者都不是。因此，在选择生产函数的具体形式时，先应对模型(4.7)和模型(4.16)进行严格的检验：一是检验确定性前沿生产函数的参数；二是检验无效率函数的参数。

对技术进步测算之前，先需考虑随机前沿函数设定是否合理，主要通过以下几个部分的检验来实现：

①随机前沿生产函数是否有效。即原假设 $\gamma=0$，如果此假设成立，则 $\sigma_u^2=0$，模型中不存在 $u_{it}=0$，表明所有生产点已经位于生产前沿曲线上，无须采用随机前沿分析；如果拒绝此假设，则意味着明显存在技术的无效率，有必要采用前沿分析。

②随机前沿生产函数设定形式检验。即假设 1：$\beta_t=\beta_{LK}=\beta_{Lt}=\beta_{Kt}=\beta_{L^2}=\beta_{K^2}=\beta_{t^2}=0$，标记此检验模型为 a_2。若此原假设成立，则前沿生产函数为 C-D 函数形式；反之，说明应采用超越对数生产函数形式。

③前沿生产函数中是否存在技术进步因素。即假设 2：所有含 t 的项的系数为 0，标记此检验模型为 a_3。若原假设成立，表明所设立的模型中不存在技术进步，反之，则存在技术进步；此时，还要进一步检验该技术进步是否为中性技

术进步，即 $\beta_{Lt}=\beta_{Kt}=0$。

④模型中是否有冗余变量，即基础项不显著系数为 0，记为模型 a_4。

所有假设都以广义似然比（LR）统计量进行检验，即 $LR=-2[L(H_0)-L(H_1)]$。其中，$L(H_0)$ 和 $L(H_1)$ 分别是零假设 H_0 和备择假设 H_1 的前沿模型的似然函数值。如果零假设成立，那么检验统计量 LR 服从混合卡方分布，自由度为受约束变量的数目。

表 4.3 为前沿生产函数 4 个模型的参数检验结果，表 4.4 显示了前沿生产函数假设 1 至假设 3 的最大似然比检验情况，结果所有的检验都拒绝了原假设。在模型 1 的参数估计中，首先拒绝了前沿函数无变量间相互作用的假设和无技术进步的假设。这说明，技术进步、资本投入与劳动要素投入之间的相互作用都促进了农产品流通产业产出的增长，因此，选择含 t 的超越对数生产函数形式是合理的。其次，检验结果也拒绝了无技术进步的原假设。技术进步通过与劳动力的相互作用对产业增长到积极的影响，但技术进步本身却是落后于产业发展的，尽管在统计意义上不显著。最后，基础模型 1 也拒绝了有冗余变量的原假设，即模型 α_1 中所有不显著变量的系数应为 0。含有冗余变量的模型 α_4 的 LM 检验结果进一步拒绝这一假设。因此，基础模型的设定是合适的。

无效率函数的检验主要是检验以下 3 个假设：

假设 4：技术无效率指数服从半正态分布，即 $\mu=0$，记为模型 b_1。

假设 5：技术效率无时间效率，即 $\eta=0$，记为模型 b_2。

假设 6：不存在技术无效率，即 $\mu=\eta=0$，记为模型 b_3，即均值 μ 服从半正态分布且技术无效率是非时变的。

表 4.3 与表 4.4 分别显示了无效率函数的参数估计及 LR 检验结果。结果显示，所有的检验结果都拒绝了无效率函数的原假设，这表明 2005—2015 年，我国农产品流通产业存在时变技术无效率。具体来看，第一项检验结果模型 a_2 可知，γ 值为 0.434 4 且在 1%水平上显著（见表 4.4），说明原假设不成立，技术无效率情况明显存在，有必要采用随机前沿分析方法。检验第二项、第三项时

结果表明 C-D 生产函数无法准确表达生产函数的意义，采用超越对数生产函数更为合理。无效率生产函数模型的检验显示均值 μ 服从截断正态分布，且技术效率具有时变性。总体而言，采用基于超越对数的随机前沿模型是合理的。

表 4.3　不同随机前沿生产函数模型的估计结果

变　量	前沿生产函数的参数检验				无效率函数的参数检验		
	模型 a_1	模型 a_2	模型 a_3	模型 a_4	模型 b_1	模型 b_2	模型 b_3
β_0	5.131 9***	6.859 5***	6.217 1***	5.368 0***	5.122 7***	5.077 7***	4.790 2***
β_k	1.062 5***	0.372 2***	0.374	0.968 1***	1.009 2***	1.068 0***	1.071 7***
β_L	0.568 3**	0.318 1 ***	0.499 4***	0.590 5**	0.542 0**	0.587 3***	0.649 4**
β_t	−0.072				−0.085	−0.061	−0.076
β_{kL}	−0.347 0***		−0.110 1***	−0.102 2***	−0.176 4***	−0.164 0***	−0.165 6***
β_{kt}	0.015				0.017	0.019	0.021
β_{Lt}	0.028 3**			0.026 3***	0.026 1****	0.025 4*	0.023 8*
β_{k^2}	0.031		0.086 5***		0.036	0.025 5**	0.029
β_{l^2}	0.177 3***		0.144 2***	0.093 9**	0.176 0***	0.174	0.166 5***
β_{t^2}	−0.003				−0.002	−0.003 4***	−0.003
$\sigma_s^2=\sigma_u^2+\sigma_v^2$	0.214 9***	0.179 7***	0.171 7***	0.278 6***	0.486 7***	0.239	0.612 4***
$\gamma=\sigma_u^2/\sigma_s^2$	0.499 5***	0.340 7***	0.326 8***	0.589 1***	0.770 8***	0.539 2***	0.817 9***
μ	0.655 3***	0.494 8***	0.473 8***	0.810 3***		0.718 5***	
η	0.015	0.073 1	0.069 2***	−0.010	0.023		
样本数	330	330	330	330	330	330	330
似然函数对数值	−141.119	−160.720	−151.287	−147.071	−146.787	−141.407	−147.315

注：* 表示 $P<10\%$；** 表示 $P<5\%$；*** 表示 $P<1\%$。

数据来源：《中国贸易外经统计年鉴》《中国农村统计年鉴》《中国农业年鉴》。

表4.4　*LR*检验结果

	假设检验		df.	*LR*值	检验结果
对基础模型1的检验	假设1:	$\beta_t=\beta_{LK}=\beta_{Lt}=\beta_{Kt}=\beta_L^{\ 2}=\beta_K^{\ 2}=\beta_t^{\ 2}=0$	3	148.224***	拒绝
	假设2:	$\beta_t=\beta_{Lt}=\beta_{Kt}=\beta_t^{\ 2}=0$	3	94.297***	拒绝
	假设3:	$\beta_{Kt}=\beta_{Lt=0}$	3	135.414***	拒绝
	假设4:	$\beta_{Kt}=\beta_L^{\ 2}=\beta_t^{\ 2}=0$	3	148.223***	拒绝
对基础模型2的检验	假设4:	$\mu=0$	2	78.010***	拒绝
	假设5:	$\eta=0$	2	88.710***	拒绝
	假设6:	$\mu=\eta=0$	1	76.955***	拒绝

注:* 表示 $P<10\%$;** 表示 $P<1\%$;*** 表示 $P<1\%$。

数据来源:《中国贸易外经统计年鉴》《中国农村统计年鉴》《中国农业年鉴》。

根据公式(4.7)、(4.14)所估计的随机前沿超越对数生产函数的极大似然估计结果如表(4.4)所示。在10个待估计的参数中有6个参数在5%的水平上显著,方差比γ为0.495 5,说明生产函数偏差由技术非效率项μ和随机误差项υ共同决定;而极大似然估计值绝对值(141.119)和单侧似然比(*LR*)检测值(89.346)较大,说明模型的整体显著性也较高。综合上述检验结果,本书以基础模型α_1作为测度农产品流通业要素配置效率的主要模型。在模型α_1中,劳动要素投入变量、资本要素投入变量的系数估计值都为正,且显著。这说明,劳动与资本投入要素都对农产品流通产业产出起到了显著的促进作用。资本与劳动的二次项系数均为正,且劳动的二次项显著,说明农产品流通产业的增速随着劳动和资本投入增加而加快,不过随着资本投入增加而加速却表现得并不显著。$\ln K$与$\ln L$的交叉项的系数为负,说明劳动投入与资本投入的交互作用是反向的,在研究样本期内,两者之间具有替代效应,劳动(或资本)要素投入的增加会带来资本(或劳动)要素投入的减少。由于劳动时间变量β_{lt}的系数显著为正,且β_{kl}系数为负,理论上推测农产品流通产业技术进步过程中发生了资本节约型技术进步,这种技术进步导致在农产品流通产业生产中投入的劳动力要素替代了资本要素。但是,由于资本时间变量β_{kt}的系数也为正,尽管不显著,这就使得上述结论不那么经得起检验了。后文,我们通过对技术进步偏向的进一步研究,对这一问题进行更深入的阐述。γ值在99%水平上显著,说明在控制了要素投入以后,几乎所有的生产波动都可以归因于技术无效率。技术效率的时变参数η(0.014)系数为正,年均变化率为0.014,表明在样本期间内,农产品流通产业的技术效率是以递增的速率增长的,技术越来越有效率,尽管在统计上不显著。

4.3.3 全要素生产率及其分解式的区域特征

根据模型a_1,按照式(4.11)、式(4.19)、式(4.20)本文分别进行了全要素生产率及其分解式计算,以及资本和劳动力要素的产出弹性。2005—2015年农产品流通产业的资本要素产出弹性的均值为0.072,表明农产品流通产业生产中每增加1%的资本要素投入,产出将增加0.072%;劳动力弹性系数为-0.634,表明农产品流通产业生产中每增加1%的劳动力要素投入,产出将减少0.634%。据此可以推测,农产品流通产业采用边际产出更高的资本要素进行生产,而不是边际产出更低的劳动要素。

假定全国为一个研究单位,以全国的平均投入量生产了全国的平均产出,则可计算出我国农产品流通产业的TFP变化及其分解式。由于基期定为2005年,故而仅技术效率与技术进步两个指标从2005年始,其他3个效率指标值从2006年始计。从分解的结果来看,2003—2015年,农产品流通产业增长速率(ΔTFP)的年增长1.75%,处于一个较低的水平。研究期,农产品流通产业全要素生产率增长率变化呈现隔年反向波动特点,即若当年度增长较快,则下一年度的降速也快,若增幅较小,则隔年减幅也较小。这正是体现了农产品相对于工业品和其他服务业的不同之处,它与农业生产季节性,农产品不易存储、对市场反应滞后等特点密切相关。其中,2008年与2013年出现大幅度的波动,2008年TFP增速达到一个峰值0.284 7,而2013年则是向相反方向变化,增速衰减至谷底-0.360 5。不过,引起这两次大幅度变动的内在因素不同,在 2008 年,规模效率的推动是引起全要素生产率提升的内在动因,而 2013 年,要素配置效率的变动则是抑制了全要素生产率的主要原因。从图 4.9 可以看出,这 10 年间,ΔTFP 与要素配置效率变化(ΔAE)保持了同步变动趋势,这说明配置效率变化可能是我国农产品流通产业 TFP 增长的决定性因素。

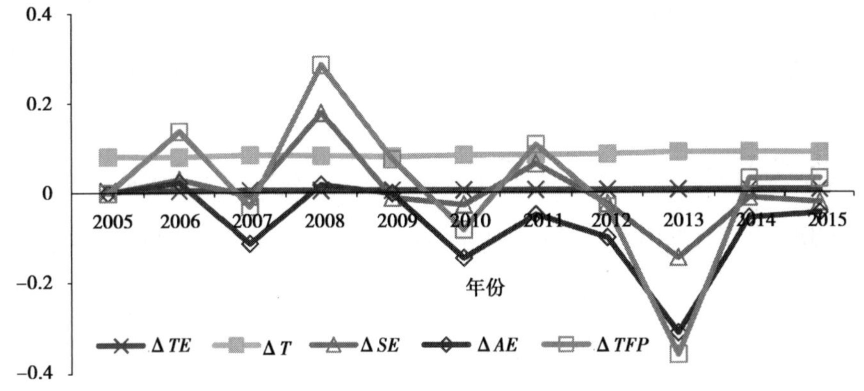

图 4.9　2005—2016 年农产品流通产业要素配置效率趋势图

数据来源:《中国贸易外经统计年鉴》《中国农村统计年鉴》《中国农业年鉴》。

其次,根据农产品流通产业 TFP 变化的分解式,4 个构成部分对产业增长的贡献各异。技术变化(ΔT)与技术效率变化(ΔTE)均为正,两者对 TFP 增长具有积极的拉动作用,但这一拉力在逐渐减小。技术变化的年均值为 0.084 5,技术效率变化的年均值为 0.006 2,表明技术变化对农产品流通产业 TFP 增长年均贡献 8.45%;而技术效率变化对农产品流通产业 TFP 增长贡献仅为 0.62%。从图 4.9 可以看出,10 年来,技术变化的数量级数远大于技术效率变化与规模效率变化,因此,我国农产品流通产业全要素生产率主要由技术进步决定。但技术进步变动的幅度较小,即技术变化对 TFP 增长的贡献一直保持在微小变动范围中的递增状态。从前文分析可知,这是由于农产品流通产业中存在有偏技术进步,而这种技术进步与目前农产品流通产业所适宜的生产方式基本相符。

再次，从规模效率变化（ΔSE）来看，其值为正，表明过去 10 年间，农产品流通产业的规模效率的增长推动了农产品流通产业的生产率的提升。但同样，从对 TFP 的贡献度来年看，规模效率的仅为 0.269%，作用十分有限。进一步，分年度看，研究期，规模效率的增长率只在 2006 年、2008 年和 2011 年为正值，其余 7 年都为负值。随着时间的推移，规模效率对 TFP 增长的影响从促进增长发展到抑制增长，且没有好转的迹象。

最后，要素的配置效率变化（ΔAE）为负，表明农产品流通产业的配置效率一直在不断恶化。配置效率变化的年均值为-0.077 9，表明配置效率年均变化拉低农产品流通产业 TFP 增长 7.79%，相较于技术效率变化和规模效率变化而言，是影响力最大的因素。TFP 变化略高于配置效率变化，两者变化整体吻合程度较高。这与 Key et al.（2008）and Fioramanti（2010）得出了配置效率变化是导致 TFP 变化的重要因素的结论比较一致。董誉文等（2017）对我国批发和零售业 1993—2014 年数据研究我国商贸流通产业增长方式时认为配置效率对全要素生产率小到可以忽略不计。涂正革，肖耿（2005）也持这一观点。显然，这与本书研究发现相背。

当然，从 2014 年和 2015 年的数据来看，配置效率恶化程度在逐渐减少。这意味着我国农产品流通产业正在努力扭转配置效率变化的方向。

上述分析仅是考察了全国农产品流通产业的要素配置效率及 TFP 其他的分解项。为更具体地掌握我国各省市的农产品流通产业的要素配置变化，下文有必要对各地区进行详细分析。

从区域层面看，研究期、区域间的农产品流通产业 TFP 增长率及其分解式各具特点。第一，东中部三大区域的要素配置效率变化都处于不断恶化的状态，以中部最为严重。研究期，中部地区的农产品流通产业的 ΔAE 值达-0.115 1，东部地区为-0.088 9，西部地区为-0.046 2，表明随着时间的变化，三大区域的要素配置无效率抑制了农产品流通产业的 TFP 增长。正是由于各区域内要素配置效率持续恶化，使得这个传统产业长期处于低速发展的状态。第二，在技术效率方面，三

大区域的 ΔTE 变化率都大于 0。具体来说，东部地区的增长(0.012 4)要高于中部(0.002 1)和西部(0.003 1)地区，即各区域农产品流通产业的技术效率是以递增的速度递增的，间接地说明了我国各区域在农产品流通产业的生产过程中技术的使用效率越来越受到重视。第三，规模效率变化方面，仅是西部地区的农产品流通产业的规模效率是以递增的速率增长，东中部地区则是以递增的速率递减。正是由于三大区域在技术效率、技术进步、规模效率和要素配置效率方面的差异，东中西部地区的全要素生产率的变化也呈现出较大不同。这其中，西部地区的农产品流通产业的 TFP 的增长速度达到 0.056 5，呈递增加速趋势；东部地区的 TFP 仅次于西部地区，也以递增加速的态势发展；只有中部地区的 TFP 是以递增的速率递减，增长趋于减缓。

从发展进程上看，三大区域不同阶段的产业增长率变化差异明显。根据图 4.10 所展示的 TFP 变化及其分解图发展趋势图，将研究期划分为 3 个研究阶段，其中每个阶段都大致经历一次波谷和波峰的变化周期。这样，我们可以将 2003—2009 年划为第一阶段，2010—2012 年为第二阶段，2013—2015 年为第三阶段。从分阶段图 4.10 可以发现，事实上，我国农产品流通产业全要素生产率及各分解式大致都经历了从以递增速率递增到以递增速率递减的动态变化过程。2006—2009 年，各区域农产品流通产业三大区域的 ΔTFP，ΔT，ΔTE 及 ΔSE 大于 0，显示我国农产品流通产业发展正处于一个加快发展阶段。这一期间，以西部地区的 ΔTFP 表现最为显著，也仅西部地区的 ΔAE 是有效地促进了该地区农产品流通产业的全要素生产率增长。2010—2012 年，ΔT 成为对 ΔTFP 贡献最大的力量，ΔTE 和 ΔSE 的变化速度开始放缓，ΔAE 的加速恶化，导致三大区域的全要素生产率的变化也放缓了。需要特别指出的是，东部地区这一时期由于要素配置效率负向贡献加大，导致东部地区 TFP 增长率变化由递增增长模式转向递减增长模式。2013—2015，三大区域的 ΔTFP 全部转为递减发展方向，规模效率和要素配置效率双双拉低了该产业的全要素增长率。这一时期中部的恶化情形尤其突出。

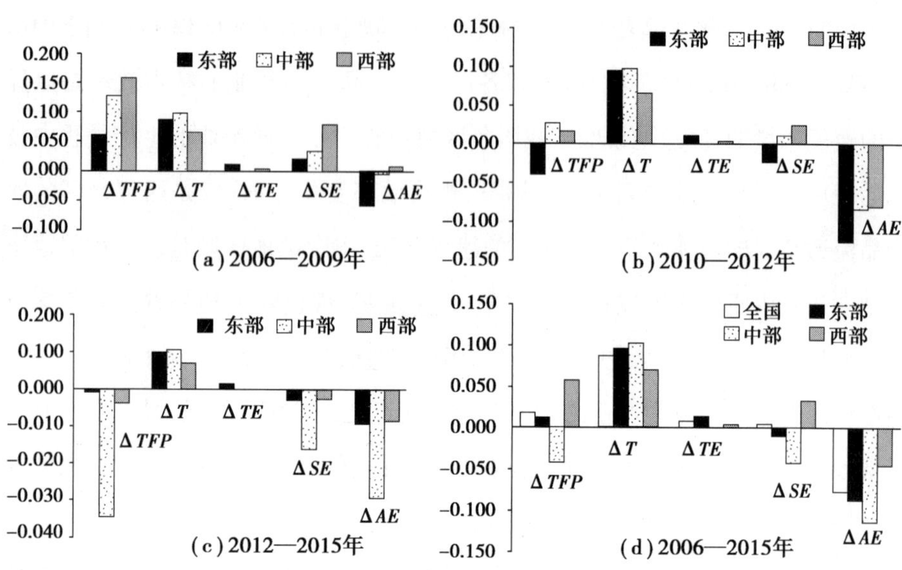

图 4.10 分阶段各区域 TFP 变化及其分解式图

数据来源:《中国贸易外经统计年鉴》《中国农村统计年鉴》《中国农业年鉴》。

最后,从省份层面看,不同省市的全要素增长率及要素配置效率迥异。全国 30 个省市中,18 个省市的全要素生产率变化大于 0。以海南省(0.194 0)的 TFP 最高,而湖南省(-0.437 1)TFP 的最低。要素配置效率不断优化的地区仅有 4 个,即宁夏、海南、河北和广西,仅占总量的 13.33%。正是因为要素配置效率的不断改善,这四个地区的农产品流通产业全要素增长率也排全国的前列。在规模效率方面,46.67%的省市保持了增长势头,排在前五位的是海南、青海、宁夏、天津和黑龙江,后五位的是浙江、江苏、上海、广东和湖南。根据前文分析,技术进步是农产品流通产业全要素生产力的主要推动力,按省市情况分析的结果也支持了这一结论。表 4.5 显示,仅西部地区的青海(-0.028 0)和宁夏(-0.003 1)两地的技术进步出现倒退,其余省市都以大的数量级方式推动了 TFP 的增长。各省要素配置效率的具体情况见表 4.5。

表 4.5　2005—2015 年各地区农产品流通产业要素投入增长率与要素配置效率(%)

省　份	技术效率变化率 ΔTE	技术进步 ΔT	规模效率 ΔSE	要素配置效率 ΔAE	全要素生产率 ΔTFP	产业增长率 y
广东	0.034 3	0.127 7	−0.085 2	−0.190 6	−0.112 2	0.711 5
浙江	0.026 9	0.121 4	−0.041 9	−0.087 3	0.020 1	0.101 2
云南	0.025 6	0.117 5	0.014 0	−0.027 2	0.129 7	0.342 6
天津	0.019 1	0.041 6	0.066 5	−0.064 7	0.064 1	0.187 4
北京	0.013 7	0.097 5	−0.029 3	−0.116 9	−0.032 4	0.118 9
江苏	0.012 8	0.119 8	−0.066 4	−0.185 0	−0.116 7	0.334 9
福建	0.008 8	0.107 0	−0.031 6	−0.110 7	−0.025 4	0.128 3
上海	0.008 1	0.091 9	−0.082 8	−0.117 5	−0.096 9	0.206 1
海南	0.007 6	0.001 0	0.178 4	0.006 5	0.194 0	0.245 6
河南	0.005 7	0.127 9	−0.034 2	−0.056 3	0.042 9	0.177 5
湖南	0.005 1	0.109 0	−0.188 9	−0.437 1	−0.511 9	0.129 7
广西	0.004 9	0.070 3	0.035 8	0.004 1	0.114 4	0.657 5
青海	0.004 6	−0.028 0	0.123 1	−0.019 1	0.080 1	0.119 9
四川	0.003 6	0.109 0	−0.028 9	−0.111 1	−0.026 8	0.144 8
辽宁	0.003 4	0.094 9	0.020 3	−0.032 9	0.085 2	0.155 3
山东	0.002 4	0.136 6	−0.041 2	−0.083 4	0.014 6	1.935 3
安徽	0.001 9	0.102 1	−0.021 6	−0.089 4	−0.005 7	0.167 9
山西	0.001 1	0.073 5	0.029 8	−0.038 6	0.065 7	0.258 1
湖北	0.000 9	0.118 0	−0.040 1	−0.124 2	−0.044 9	0.162 9
河北	0.000 8	0.082 7	0.030 4	0.004 8	0.118 0	0.287 7
重庆	0.000 7	0.086 9	−0.002 6	−0.101 5	−0.015 4	0.438 5
陕西	0.000 2	0.078 6	0.013 1	−0.110 1	−0.017 8	0.129 9
甘肃	0.000 0	0.060 2	0.022 2	−0.036 6	0.045 2	0.210 3

续表

省　份	技术效率变化率 ΔTE	技术进步 ΔT	规模效率 ΔSE	要素配置效率 ΔAE	全要素生产率 ΔTFP	产业增长率 y
贵州	−0.000 1	0.087 3	0.010 7	−0.044 5	0.053 7	0.126 7
江西	−0.000 1	0.086 2	0.005 8	−0.057 6	0.034 5	0.335 0
吉林	−0.000 5	0.077 3	0.021 1	−0.038 6	0.059 3	0.207 0
内蒙古	−0.000 8	0.070 7	0.017 4	−0.039 5	0.048 1	0.201 6
宁夏	−0.000 9	−0.003 1	0.121 2	0.016 2	0.133 3	0.509 2
黑龙江	−0.001 1	0.082 7	0.038 2	−0.002 9	0.116 3	0.243 8
新疆	−0.001 6	0.089 0	0.027 6	−0.046 8	0.068 1	0.114 5
全国平均	0.006 2	0.084 6	0.002 7	−0.077 9	0.016 0	0.294 5

数据来源:《中国贸易外经统计年鉴》《中国农村统计年鉴》《中国农业年鉴》。

总之,2006—2015 年的 10 年间,我国农产品流通产业的全要素产率不断提升,整体增速呈现减缓的趋势,区域间的差异逐渐变大。从其分解式看,技术进步是 TFP 变化的最大拉力,经历了持续增强到逐步减弱的动态发展过程。在区域分化方面,西部地区的变化最为明显。而技术进步效率则一直以较为缓慢的速度增长,持续推动农产品流通产业生产不断向生产前沿靠近。规模效率变化经历了一个持续下滑的发展态势,从推动 TFP 增长转向抑制 TFP 增长的过程。这一过程中,西部地区的规模效率稍好于其他两地区。农产品流通产业的要素配置无效率的恶化则严重拖累了产业全要素增长率。那么,导致农产品流通产业的要素配置无效的原因是什么呢? 产业的技术进步偏向有利于要素配置效率的优化,还是抑制了要素配置效率的优化? 这个问题将在下一章进行详细的分析。

4.4　产业要素替代弹性、边际生产率及弹性系数

通过式(4.23)、式(4.24)、式(4.25),我们计算得到 2006—2015 年我国农产品流通产业的技术偏向指数。通过计算结果可知,我国农产品流通产业的技术水平值 11 年中有 9 年为正,整体是偏向资本的技术进步。这一结果与我国其他产业有偏技术进步研究的结果大体一致(如戴天仕和徐现祥,2010;雷钦礼,2013;杨振兵,2015)。王林辉等(2012)估计的 2002—2010 年中国技术进步偏向性指数也显示,在多数年份,技术进步呈现资本偏向型。因此,从实际意义上讲,技术偏向指数计算结果衡量了农产品流通产业技术进步水平的资本偏向程度,可以进一步理解为技术进步的"资本偏向指数",也可以理解为技术进步的"劳动偏离指数"。但由图 4.11 可以看出,并非所有年份的技术都偏向于资本,2012 年与 2013 年的生产技术则是偏向于劳动。而且,由于 2013 年这种偏向程度太大,为-1.570 9,以至于全国的技术进步偏向计算值为-0.056 8,因此,若不分具体年份研究,仅从平均水平看,农产品流通产业的技术进步就是劳动偏向型技术进步。

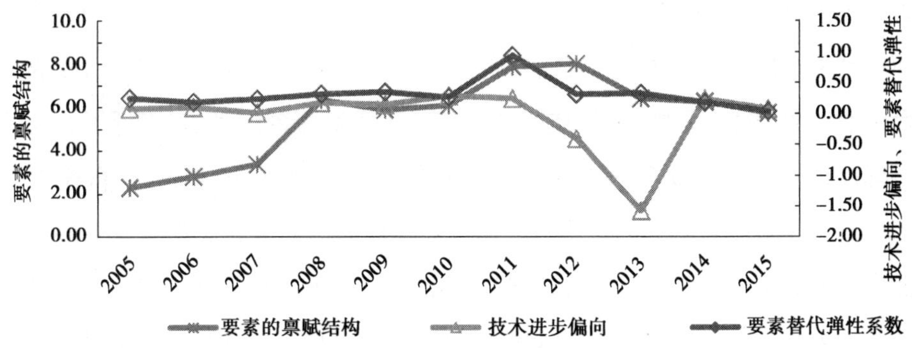

图 4.11　我国农产品流通产业的要素禀赋结构与技术进步偏向

数据来源:《中国贸易外经统计年鉴》《中国农村统计年鉴》《中国农业年鉴》。

图 4.11 也显示了要素禀赋结构(行业资本存量与行业劳动力比值)与农产品流通产业技术进步的关系。两者之间的关系以 2008 年为界,大体上可分为两个阶段。2008 年以前,农产品流通产业呈现出较低的资本劳动比具有较高的生产技术的资本偏向;此后,则是较高的资本劳动比却具有较低的生产技术的资本偏向,尽管技术进步的资本偏向指数在最近的两年(2014、2015)有所提高,但仍未改变这一关系。换言之,在第一阶段,农产品流通产业发展还处于发展较缓慢时期,产业中的劳动力相对丰富,而资本的边际产出是高于劳动力边际产出的,因而,技术进步偏向资本。随着农产品流通产业的发展,资本累积逐步增长,资本存量逐年增加,导致资本的边际生产率的增量呈下降趋势,从而使得技术进步偏向资本的程度不断下降。这一研究结果大体与工业行业的技术偏向资本的程度的发展进程相似(杨振兵,2015)。要素禀赋结构的变化,反映出农产品流通产业在这 11 年中的增长方式的转变。在 2008 年以前,产业发展速度快,且主要以要素投入拉动产业的经济增长;2008 年后,单纯依靠要素投入的增长方式难以为继,产业的要素结构进入调整阶段。

进一步,农产品流通产业要素替代弹性表明资本与劳动间具有长期替代关系,且波动小,较稳定。2005—2015 年间,农产品流通产业的资本与劳动的替代弹性最小值为 2015 年的 0.038 3,最大值为 2011 年的 0.941,平均值为 0.309 3。研究结果支持了两者之间一直是替代关系,即:资本偏向的技术进步下,在农产品流通产业生产过程中,资本使用的增加减小了对劳动的需求,降低了劳动的边际产出。与国内研究相比,在资本偏向型技术进步下,陈晓玲和连玉君(2013)对中国工业行业的资本—劳动替代弹性的估计值界于 0.423~0.482,但假定技术进步是中性的。雷钦礼(2013)估计的中国 1991—2011 年间的要素替代弹性为 0.329~0.382,略高于本书估计值,与本书估计值最相近。根据德拉格兰德维尔假说,资本—劳动替代弹性提高能够推动经济的增长。替代弹性通过“效率效应”和“分配效应”对经济增长起作用。从效率效应的角度看,当劳动与资本呈替代关系时,劳动成本的上升必然伴随着投资的增加,而资本边际产出的提高则直接促进了产业经济的增长。研究期,农产品流通产业的年人均劳动力价格在 3.0 万元左右,标准差仅为 0.4 万,劳动成本变动幅度较小,因此,资本投资增加变动也较小,资本边际产出提高的增速也相对平稳。换句话说,尽管农产品流通产业的资本—劳动力要素是替代关系,但总体上替代弹性还是很低的,因而,这在一定程度上反映出该产业要素的流动性并不高。如果将不同经济机制划分为垂直体系和平行体系,那么,在指令性计划体制下,技术进步和边际产出的扩散与提高的方式是不同的。前者边际产出所推动的平均产出上升更多地受到要素报酬递减的影响,相应的要素替代弹性取值较小;后者,技术进步和边际产出上升将多方向地向所有层次和部门扩散,普遍地降低交易费用,推动更多的平均产出上升,相应地替代弹性取值较大。那么,上述对农产品流通产业的要素替代弹性的分析恰好说明了其他发展迅速的部门的技术进步和边际产出上升对农产品流通产业的扩散效应并不显著,市场化过程并不完全。

从省域层面看,有偏技术进步在不同省市存在差异。在研究的 30 个省市中,有 9 个省市的技术进步偏向是劳动偏向型技术进步,见表 4.6,包括青海、天津、北京、上海、安徽、湖南、浙江、江苏和湖北,表明这些省市的技术进步使得生产中更多地使用劳动。而其余 21 个省市为资本偏向型技术进步,表明这些省市的技术进步使得生产中更多地使用资本。这一结果与同样从省域层面研究中国宏观经济层面技术进步的陈晓玲和连玉君(2012)的结论有共同之处。他们也发现总体上中国技术进步是资本偏向型的。研究发现,30 个省市中,只有 10 个省市的技术进步为劳动偏向型的。这 10 个省中,仅浙江和天津两地与本书所研究具体产业层面上的技术进步偏向是相同的。区域之间的技术进步偏向的差异,体现了区域间由于要素禀赋的不同,市场配置要素能力高低有别,以及要素在区域间流动性差异的客观存在。

表 4.6 各省市农产品流通产业技术进步类型与要素配置关系

	σ_{kl}>0（替代关系）	σ_{kl}<0（互补关系）
$Dbias_{kl}$>0 （资本偏向技术进步）	福建、甘肃、广东、贵州、海南、河南、河北、吉林、江西、辽宁、山东、山西、四川、新疆、云南、重庆、陕西、内蒙古、黑龙江	广西、宁夏
$Dbias_{kl}$<0 （劳动偏向技术进步）	安徽、北京、湖北、湖南、江苏、上海、浙江	青海、天津

数据来源:《中国贸易外经统计年鉴》《中国农村统计年鉴》《中国农业年鉴》。

结合要素替代弹性分析,上海、云南、辽宁、新疆的替代弹性系数最高,表明这些地区农产品流通产业生产中的资本使用偏好的特征,技术进步将增加资本的投入比重,是资本推动型技术进步(亦称为劳动节约型技术进步);而广西、天津、青海、宁夏4省的要素替代弹性系数最小,甚至为负,资本与劳动要素呈现互补关系,技术进步的将增加劳动的投入比重。区域之间的技术进步偏向与要素替代弹性差异程度由此可见一斑。

由于技术进步的要素使用偏向直接体现经济增长过程中资本和劳动要素投入比例的变化,因此,各省市农产品流通产业要素密集度与技术进步的要素使用偏向密切相关。2005—2015年,北京、江浙沪皖和两湖地区的农产品流通产业是资本节约型生产模式,一方面是因为这些地区资本密集度高的工业与服务业在此期间发展迅速。这些行业的资本边际效率远大于农产品流通产业,吸纳了绝大多数的资本,因此农产品流通行业只能投向相对丰裕的劳动力要素。另一方面,农产品流通产业还处在由城市化发展拉动对产业发展需求的被动地位,故受到的重视程度有限。与高速发展的其他城市产业相比,农产品流通产业可投入使用的资本资源相对稀缺,生产过程中的技术进步偏向使用成本更低的劳动力。不过,在青海和天津两地,农产品流通产业的劳动偏向型的技术进步,则是在增加劳动投入的同时,也扩大了对资本要素的使用。而广大的中、西部地区和福建、广东、辽宁 3 省，虽然劳动力资源丰富，但资本边际生产率远高于劳动的边际生产率，因此，农产品流通产业技术进步多以资本推动型的方式进行生产为特征。这一分析结果与现实省市的农产品流通产业要素使用的技术特征大体是一致的。换句话说，在过去的 10 多年中，中国农产品流通产业的资本偏向技术进步对产业的快速增长起到了积极的作用。

农产品流通产业要素的市场配置情况还可从要素的边际生产率与要素的弹性系数进一步探讨。根据新古典理论完全竞争市场假设，生产要素可充分流动时，在其他要素固定不变的情况下，依要素边际产出规律，随着一种要素投入的增加，边际产出降低。

图 4.12 清晰地显示资本弹性系数呈现倒“U”形结构，劳动力弹性系数总体呈“U”形结构。以 2008 年为一个考察点我们发现，这之前资本弹性系数随着时间的推移不断加速提高，而劳动的弹性系数则一路加速下滑，之后经历了约五年的时间保持着相对稳定的变化态势。2013 年起，资本弹性系数开始下降，而劳动弹性系数则有个别明显的提升。但从数量指标上看，资本的要素弹性系数是远大于劳动的弹性系数的。

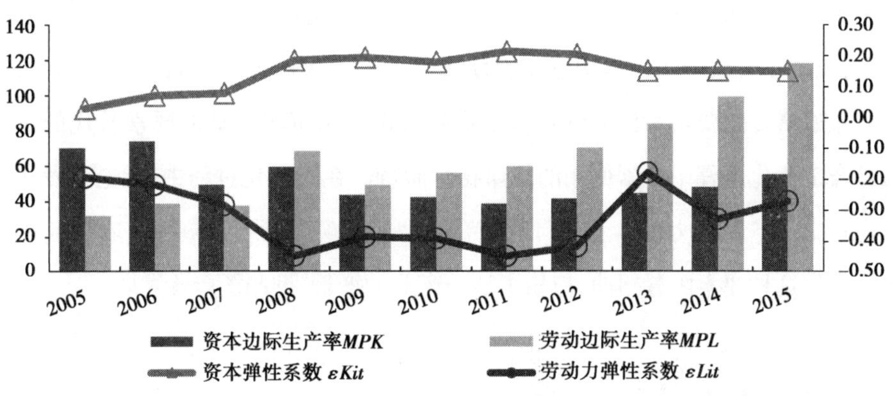

图 4.12　农产品流通产业要素的边际生产率与弹性系数变化趋势图

数据来源：《中国贸易外经统计年鉴》《中国农村统计年鉴》《中国农业年鉴》。

在农产品流通产业中,资本的边际生产率总体处于下降的趋势,而劳动边际生产率则一直呈上升的态势。具体来说,依图 4.12 农产品流通产业的资本边际生产率在 2008 年之前高于劳动的边际生产率,其后则一直低于后者,并且两者之间的差距逐步扩大。劳动边际生产率在过去 11 年中,增长越来越明显,边际生产率不断提高。这一现象也证实,在农产品流通产业中,由于长期要素累积效率,技术进步的资本偏向,资本要素的边际效率不断下降。这与改革开放以来中国的各产业中,尤其是工业领域中,普遍存在的技术进步的资本偏向,致使资本的边际效率下降的发展规律的结论一致。如杨振兵(2017)沿用随机前沿分析模型,借助于超越对数生产函数分国有企业与外资企业生产技术的要素偏向指数的测算结果表明无论国有企业还是外资企业的生产技术均偏向于资本。资本和劳动的边际生产率的变化彰显了农产品流通产业生产中要素累积的结果。结合前面关于农产品流通产业技术进步偏向的研究结果,资本要素边际产出的下降,伴随着劳动要素边际生产效率的上升。同时,技术进步的资本偏向也在弱化和转向(如图 4.11,2010 年后技术进步的劳动偏向性明显加强)。

随着技术进步资本偏向的转变和要素边际效率的变动,农产品流通产业要素配置正向加大劳动力使用的方向发展。可以肯定的是,在其他条件不变的情形下,农产品流通产业将越来越多地使用劳动这一生产要素进行生产。而且,农产品流通产业的要素替代弹性指数变化趋势也显示资本劳动的要素替代的过程似乎与工业化过程中要素使用的规律相背而行。在工业化过程中,无论是发达国家还是中国,“劳动力成本上升”成为普遍现象,是经济运行的规律。农产品流通产业中的这种要素配置扭曲,拖累了整个产业的增长,抑制了产业发展。

4.5 本章小节

本章研究了我国农产品流通产业增长的基本态势与区域产业发展的差异,并测度了农产品流通产业区域城乡的产品市场分割、城乡间劳动力市场分割、

产业间劳动力市场分割及资本市场分割指数,以及农产品产业的要素配置效率等产业生产指标。研究结果可归纳为以下几点:

①我国农产品流通产业产值基本保持了持续增长的发展趋势,东中西部三大区域的产业产值都有增长,但各区域的增速差异不断拉大。从农产品流通产业的体量上看,东部地区的总产值最高,中部其次,西部最后。采用泰尔指数衡量的区域间差异程度的结果表明区域内农产品流通产业的不均衡远大于区域间产业发展的不均衡。

②国内市场存在程度深浅不一的分割。农产品市场分割呈现先周期性,后小幅调整趋于统一的趋势。时间维度上显示,农产品流通产业市场分割的情况有很大改善,在波动中向统一市场迈进;在时空维度上,城乡市场分割程度西部明显高于东中部,且有由西南地区向西北地区转移的鲜明特点;从流入与流出视角看,进入本省和向邻省输出所受到阻力的不同,表明各省的市场统一进度快慢有别。在要素市场,我国城市内部各行业间的劳动力要素市场分割程度远高于产品市场。相对于城市内部劳动力市场分割相对稳定的特点,城乡劳动力市场分割总体下降的趋势更为明显。在资本市场,经济平稳期,各区域市场分割程度差异小,但在经济波动期,东部地区和中部地区的反应较大,市场分割程度明显加深。在要素市场,国内劳动力要素市场与资本要素市场的分割比产品市场分割更为严重,要素市场分割受到冲击的反应要远大于商品市场。在产品市场,产品市场的城乡市场分割远大于城市内部市场分割;劳动力要素市场的城乡分割发展趋向平缓,但城市内部市场的劳动力市场分割呈现周期性的大波动。

③农产品流通产业的要素配置效率低,且无明显改善趋势。通过测算一个携带时变技术无效率指数的随机前沿生产函数,本书获得了农产品流通产业全要素生产率、要素配置效率、规模效率、要素替代弹性、技术进步偏向和边际生产率等指数。结果显示,农产品流通产业要素的配置效率一直在不断恶化,东中部三大区域的要素配置效率变化都处于不断恶化的状态,以中部最为严重。

相较于技术效率变化和规模效率变化,要素配置效率是影响 TFP 最大的因素,产业的技术进步是资本偏向型的。要素配置过程由最初的资本替代劳动向劳动份额不断加大转变,显示出技术进步与要素配置的不匹配。要素配置效率值由正转负,意味此时要素配置效率抑制了农产品流通产业全要素生产率的增长。此外,要素替代弹性反映了市场机制对要素配置的作用深度,因此市场化改革过程中应该观察到弹性的上升。不过在农产品流通产业要素市场,这一变化并没有出现,只在个别年份(2011)表现明显。这似乎隐含着一个巨大的,令人疑惑而又引发兴趣的问题,即市场对农产品流通产业的要素配置功能失灵。探讨这一问题正是本书的价值所在。

需要深思的是,面对农产品市场分割存在,以及农产品流通产业要素配置效率低下的现实,我们该如何有效地解决这些问题?市场分割是否是影响农产品流通产业缓慢增长的重要因素呢?若是,那又是通过怎样的路径发挥作用的呢?接下来的章节我们将重点探讨这一系列问题。

第 5 章　市场分割影响农产品流通产业增长考察：直接路径

作为一个区域生产力水平不一的发展中大国，不平衡的产业发展战略使国家能集中有限的资源发展关系国计民生的支柱产业，奠定国民经济的基础，并成为其他产业有序发展的重要支撑。同时，不平衡的区域发展战略，使部分地区获得一系列政策支持，促成这部分地区先富起来，以获取发展经验并带动其他地区的发展。但显然，在这样一种发展模式下，随着市场经济的不断深化，建立统一市场，发挥市场配置资源的重要性越来越显迫切。那些主观上再去寻求部分区域发展的政策和措施，演变成了经济发展的制约因素，形成经济发展的深层次的掣肘，并最终会失效。已有研究表明，在长期内，市场分割阻碍了要素和商品的自由流通，扭曲资源配置（陈钊 等，2009），致使要素资源的错配，并显著地降低了企业的要素生产率（刘凤伟，2007；陈永伟，2011；申广军，2015）。故而本章要探讨的是，产品市场分割与要素市场分割是如何影响农产品流通产业的生产效率、产业增长及区域分化的。

根据第 3 章机理分析的推论，当差异化产品厂商具有线性需求与线性成本函数时，产量竞争策略下，市场分割显著地抑制总体经济的增长；价格竞争策略下，产品替代弹性大的区域实行市场分割对总体经济增长产生显著的抑制作用。由于农产品流通产业市场参与主体众多，进出入市场门槛低，市场近乎完全竞争，使其提供的服务替代弹性大，因此农产品流通产业市场分割将抑制农产品流通产业增长。本章将运用省级经验数据，多角度、多层次验证这一理论假设。

5.1　产品市场分割影响产业增长实证分析

5.1.1　理论建模与变量描述

根据陆铭、陈钊(2009)的研究，市场分割首先促进经济增长，而后则会阻碍经济增长，与地区经济增长之间存在着倒"U"形的关系。李国璋、刘津汝(2010)的研究结论支持了市场分割阻碍经济增长的观点。在农产品流通产业领域，市场分割对农产品流通产业的影响究竟怎样呢？根据已有研究成果，考虑到农产品市场分割指数可能与农产品流通产业增长水平的内生性问题，在此参考陆铭、陈钊(2009)的做法，模型构建中引入市场分割指数的平方项作为解释变量，基本回归模型的构建如下：

$$cirval_{it} = \alpha + \beta_1 \times segm_{it} + \beta_2 \times segm_{it}^2 + \gamma \times X_{it} + \varepsilon_{it} \tag{5.1}$$

采用面板模型数据建模，需要进一步控制个体效应和时间效应两类非观测效应。通常情况下，OLS 回归将导致解释变量系数的估计偏误。为克服偏误，经 Hausman 检验，结果支持采用固定效应模型(Fixed-Effect Model，FE)进行估计更为合适。因此，计量模型如下：

$$cirval_{it} = \beta_1 \times segm_{it} + \beta_2 \times segm_{it}^2 + \gamma \times X_{it} + \eta_i + \varepsilon_{it} \tag{5.2}$$

式(5.2)中，下标 i 表示第 i 个省份，t 表示第 t 个年份；*cirvalit* 表示省份 i 在第 t 年的农产品流通产业产值。当前，对农产品流通产业产值测算还未形成共识。本书以农产品流通中的批发与零售环节为着眼点核算农产品流通产业的产值。具体以农畜产品批发(2012 年后为农、林、牧产品批发)和食品、饮料及烟草制品批发及农产品专门零售的产值作为农产品流通产业的产值核算。需要特别指出的是，由于过去多年乡镇企业确实与农产品流通产业密切相关，为了在更长期间内考察市场分割对农产品流通产业的影响，因此本节先借鉴涂洪波等(2013)人的做法,采用各地区乡镇企业中交通运输仓储与批发零售业作为农产品流通产业的产值对模型进行估计。之后,再以批零产业产值检验模型的稳定性。由于乡镇企业中交通运输仓储与批发零售业这一指标到2013年时不再统计,因此2014年和2015年采用了农产品加工业总值加以代替。Segmit表示市场分割程度,采用第4章中计算得到的市场分割指数表示。Pfxdit表示制度设计的城市偏向,采用城镇固定资产投资额占全社会固定资产投资额来衡量,该指标能很好地反映政府投资的倾向(刘成奎,2013)。控制变量 X 包括了影响产业发展的外部环境、要素资源、市场因素和产业内其他因素4个主要方面,具体包括经济发展水平、流通效率、农产品供给、市场需求、基础设施和人力资本水平。各主要变量的具体含义见表5.1。

表5.1　主要变量名及其说明

变量	变量名	变量说明	变量	变量名	变量说明
lncirval	农产品流通业产值	农产品流通产业产值取对数	tavin	城市市场需求	市场需求:城镇居民可支配收入(万元/人)
segm	市场分割指数	采用相对价格法测算的城乡市场分割指数(含gdseg,inlbseg,belbseg)	avgdp	经济发展水平	人均GDP(万元/人)
pfxd	城市化指标	城镇固定资产占比:以城镇固定资产投资额/全社会固定资产投资额表示(制度设计的城市偏向)	cirst	农产品流通产业效率	流通速产度:农产品年末库存/商品销售总额
Urba		城市化水平:以一定地域内城市人口占总人口比例来表示	cirsdv		流通效率:农产品流通产值/农产品流通从业人数
lnprdt	农产品供给	取粮食、蔬菜、油料、棉花、水果、禽蛋、肉类、水产品产量,取对数	open	经济开放水平	货物及服务贸易总量/GDP
edu	人力资本水平	农民受教育年限	/	/	/

关于控制变量的选择，主要基于以下 5 个方面的考虑：

①经济发展水平会影响到一个地区的产业结构的变动，经济发展水平越高，第三产业越发达。本文选择用各省市区人均 GDP(元)作为指标，理由是，相对于 GDP，人均 GDP 更能真实地反映经济的增长水平。为了避免通货膨胀或通货紧缩引起的物价波动的影响，本书以 1978 年为基期对其进行平减。

②流通效率是反映农产品流通产业可持续发展的核心内容(丁俊发，2012)，其计算方法多样，采用农产品流通产业的周转速度是计算流通效率的方法之一。本书选择农产品流通产业的库存率作为计算指标，它等于限额以上农畜产品批发年末库存总额与限额以上农畜产品批发销售总额之比。

③市场需求。居民购买力是衡量市场需求的重要指标，也是影响我国流通产业增长的显著因素(王晓东 等,2016)。

④地区经济开放程度。理论上一个地区的经济开放程度会对本地区的产业结构产生影响，地区进出口贸易量可以较直接地反映其经济开放程度，具体以陈敏等(2007)所使用的计算方法，以货物及服务进出口总额占 GDP 比重表示。此外，农产品产量是农产品供给的前提，也会影响农产品流通产业的增长，这里主要统计包括粮食、蔬菜、油料、棉花、水果、禽蛋、肉类、水产品共八大类农产品产量。

⑤产业人力资本水平(Edu)。教育是人力资本水平积累的重要方式，本书采用 Barrot and Lee(1996)教育年限法来衡量。我国农产品流通业的劳动力呈现出以农民为主的特点，因而农民受教育程度直接影响农产品流通产业的增长。农民受教育程度采用每百个劳动力的平均受教育年限来表示，计算公式为 $\frac{1\times p_0+6\times p_1+9\times p_2+12\times p_3+16\times p_4}{p_0+p_1+p_2+p_3+p_4}$，其中 p_0 代表平均每百个劳动力中不识字或识字很少的人口数，p_1 代表平均每百个劳动力中受过小学教育的人口数，p_2 代表平均每百个劳动力中受过初中教育的人口数，p_3 代表平均每百个劳动力中受过高中教育的人口数，p_4 代表平均每百个劳动力中受过大专及以上程度教育的人口数。

进一步，我国农产品价格改革从 1985 年放开主要的农副产品购销价格，到 2015 年放开烟叶收购价格。至此，农产品领域最后一个实行政府定价的品种也完成了市场化进程，历时较长，但以 2004 年粮食收购市场的放开对农产品流通产业的影响最为广泛。鉴于产业政策对产业发展影响的滞后效应，本书引入以 2005 年为界的时间哑变量，2005 年及以后各年，哑变量取值为 1，2005 年前该变量取值为 0。据此，建立模型（5.3）：

$$cirval_{it} = \beta_1 \times segm_{it} + \beta_2 \times segm^2{}_{it} + \gamma \times X_{it} + dummy2005 + \eta_i + \varepsilon_{it} \tag{5.3}$$

计量方程（5.3）中的 η_i表示与特定省份相关的未观察因素，而 ε_{it}则表示随机扰动项。面板数据中，当 η_i与解释变量相关时，应采用固定效应模型，而当 η_i与解释变量不相关时，则采用随机效应模型估计更为有效。判断到底采用固定效应模型（用 *FE* 表示）还是随机效应模型（用 *RE* 表示），需要借助 Hausman 检验值，以及相应的 p 值来定夺。

由于农产品从农村到城市流通的特殊性，北京、上海、天津和重庆四个直辖市的农产品价格统计数据中不区分城市和农村，因而排除在本书研究范围之外。根据数据的可得性，本书面板数据仅包括 27 个省级样本，自 1997 年至 2015 年的数据。数据主要来源于《中国农村统计年鉴》、《中国农业统计年鉴》、《中国批发零售业与餐饮业统计年鉴》、《中国农业年鉴》、国务院发展研究研数据库等。其中，少量未能在上述年鉴统计中体现的数据，则从各省的统计年鉴中获得，极个别省年鉴中也缺失的数据则以邻近值均值填补。时间跨度上，主要考虑到统计口径一致性和数据的可获得性问题，1997 年重庆从四川划出，同时农产品流通统计数据从 1997 年才较为完整，因而选择了 1997 年到 2015 年共计 19 年的数据。其中，2004 年限额以上农产品批发零售企业的销售总额、批发额、零售额、年末库存额等值缺失，借鉴孙剑（2011）的方法，采用邻近值均值原则填补。表 5.2 给出了主要解释变量的描述性统计。

表 5.2　主要变量的描述性统计

变量	变量名	样本量	均值	标准差	最小值	最大值
lncirval	产业产值	513	12.742	2.043	4.861	17.357
gdsegm	产品市场分割指数	513	1.150	1.036	0.133	8.421
avgdp	平均 GDP	513	2.063	1.683	0.225	8.799
lnprdt	产量水平	513	17.326	1.079	13.683	19.122
tavin	城镇居民可支配收入	513	1.306	0.785	0.359	4.371
pfxd	城镇固定资产投资占比	513	17.326	1.079	13.683	19.122
edu	农民受教育水平	513	7.698	1.048	2.883	8.998
cirst	流通速度	513	0.451	0.581	0.002	5.841
open	对外开放水平	513	0.008	0.003	0.000	0.053
cirsdv	流通效率	513	14.902	16.951	0.063	97.866

5.1.2　产品市场分割影响农产品流通产业增长讨论

表 5.3 统计了 1997—2015 年 27 个省域农产品流通产业的影响因素的实证结果,并分别列出 *OLS*,*RE* 和 *FE* 3 种模型得出的数据,其中,*RE* 和 *FE* 的参数估计值均报告聚类稳健标准差。由于混合回归方法无法控制不可观测的个体效应,从而带来估计偏误,且经 Hausman 检验 $chi2(10)=66.1$ ($Prob>chi2=0.0000$)支持了固定效应模型,因此我们重点关注 FE 模型估计的结果。表 5.3 中的第(3)报告了针对两个关键变量和增加了控制变量后的回归结果。

表 5.3　市场分割与农产品流通产值回归结果

变　量	(1) 混合回归	(2) 随机效应	(3) 固定效应	(4) 固定效应	(5) 固定效应	(6) 固定效应	(7) 固定效应
gdsegm	−0.316*** (0.116)	−0.239** (0.116)	−0. 219** (0.091)	−0.097** (0.038)	−0.075* (0.039)	−0.901** (0.407)	−0.247*** (0.040)
segm2	0.052*** (0.019)	0.042** (0.018)	0.043*** (0.014)	0.011** (0.005)	0.003 * (0.008)	0.018*** (0.006)	−0.276** (0.121)
pfxd	0.010 (0.006)	0.026** (0.008)	0.030** (0.011)	0.011*** (0.003)	0.006 (0.004)	0.023** (0.005)	0.012 (0.004)
open	−0.019 (0.001)	−0.021** (0.001)	−0.005 (0.001)	−0.025 (0.205)	−0.180 (0.205)	−0.044 (0.225)	−0.040 (0.197)
segmopen				0.433** (0.184)			
segmopen2					0.122** (0.055)		
segmpfxd						0.009** (0.004)	
segmpfxd2							0.003** (0.001)
lnprdt	0.883* (0.103)	1.058* (0.170)	0.634* (0.337)	0.023 (0.087)	0.006 (0.083)	0.531 (0.064)	0.006 (0.083)
tavin	0.917 (0.181)	0.737* (0.322)	0.189* (0.361)	1.232*** (0.255)	0.554* (0.288)	0.725*** (0.207)	0.594** (0.287)
cirsdv	0.006*** (0.018)	0.005*** (0.001)	0.006*** (0.001)	0.057** (0.045)	0.040** (0.044)	0.089* (0.050)	0.036* (0.044)
avgdp	0.118 (0.045)	0.353*** (0.062)	0.235*** (0.060)	0.118 (0.045)	0.060*** (0.000)	0.353*** (0.062)	0.043*** (0.000)
edu	−0.353*** (0.082)	−0.264 (0.203)	−0.383*** (0.226)	−0.276*** (0.091)	−0.223** (0.089)	−0.060 (0.074	−0.209** (0.089)

续表

变　量	(1) 混合回归	(2) 随机效应	(3) 固定效应	(4) 固定效应	(5) 固定效应	(6) 固定效应	(7) 固定效应
d	-0.900*** (0.143)	-0.926*** (0.113)	-0.987*** (0.131)	-0.900*** (0.143)	-0.900*** (0.143)	-0.926*** (0.113)	-0.900*** (0.143)
常数项	10.092*** (1.203)	9.981*** (2.438)	6.444** (5.881)	16.126*** (0.176)	14.138*** (1.743)	16.219*** (0.277)	14.242*** (1.742)
观察值	513	513	513	513	513	513	513
Adj-R^2	0.713	0.726	0.795	0.656	0.618	0.636	0.620
F 值	146.45 (0.016)	146.45 (0.016)	158.409 (0.001)	155.703 (0.005)	158.409 (0.051)	158.409 (0.006)	158.409 (0.047)
* Hausman chi2			66.10 (0.000)				

注：*，**，*** 分别表示 10%，5%，1%的显著水平，括号中数据为各回归系数标准误，Hausman 检验括号中数据为 p 值，下表同。

结果显示，市场分割对农产品流通产业的影响。根据回归(3)报告的结果，市场分割对农产品流通产业经济增长的影响系数为负(-0.219)，在统计意义上都十分显著。这表明，一省的乡村相对本省及相邻省份城市的市场分割程度越深，则农产品流通产业的发展速度越慢，越不利于流通产业的发展。而市场分割的这种抑制速度会随着市场分割程度的加深呈现"U"型特征，即市场分割系数的平方项为正(0.043)。这一结果表明当市场分割程度较低时，其对农产品流通产业增长的抑制力较小，但随着市场分割的加深，抑制产业发展的力度不断加大，越来越不利于产业的发展。结合农产品流通产业产值区域增长的动态过程，及前文计算得出的市场分割指数的变化趋势，也可进一步印证这个结论。在市场分割程度较深的 2005 年前，农产品流通产业发展非常缓慢，而其之后随着市场分割的渐趋融合，农产品流通产业的发展加速。而正是由于这种加速效应，分割程度最轻的东部省份农产品流通产业发展迅速，并在区域内形成一定规模的集聚效应，拉开了与中西部省份的差距，促使区域间分化不断扩大。不过，当市场分割程度足够大时，则会有力地促进农产品流通产业的影响。在本模型中，产品市场分割对产业增长影响的转折点发生在分割指数达到 5.598 时，才会发生有利于促进产生增长的情况。然而，1997 年至 2015 年农产品流通产业产品市场分割指数及其变化趋势看：一是产品市场分割指数值很小，在扩大 1 000 倍后，才有零点几的大小，因此要达到拐点值的大小，那相当于分割指数要扩大上万倍的才可实现，基本上属于完全竞争市场状态；二是从产品市场分割指数的发展趋势看，过去的 18 年间，农产品流通产业市场分割明显形成下行趋势，分割指数渐小，分割程度益浅，因此，若要形成几近完全封闭的分割市场可能性几乎为零。

在上述验证了市场分割对产业增长的"U"型影响后，我们进一步讨论市场开放程度和城市偏向政策是否会分别引述两者关系的变化。因此，在表 5.3 中的模型（4）—（7）中分别引入产品市场分割与市场开放度、制度设计偏向的一次项与二次的交互项。当然，这四个模型确定前，也曾分别将上述四个交互项按一次项交互项与二次项交互分成两组放入模型，但是结果不显著。这样就只选择了市场开放度和城市偏向性制度设计分别与市场分割一次项与二次项的交互项模型。结果显示：

①市场开放不利于农产品流通产业增长，但在分割市场下，一定的市场开放有利于产业的增长。模型（4）和模型（5）显示，开放程度与市场分割交互项的结果显著为正，且市场分割指数的绝对值进一步变小（由原来的 0.219 分别减小至 0.097 和 0.075）。这一结果表明，经市场开放的调节，市场分割对产业增长抑制效应得以削弱。

②城市偏向的制度设计对农产品流通产业发展的影响。根据表 5.3 模型（3）和模型（6）及模型（7）的结果显示，城市偏向对于农产品流通产业增长的影响显示为 0.030 和 0.023，且在统计意义上显著。这表明，城市偏向政策在市场分割程度较小时，能够缓解市场分割对农产品流通产业增长的抑制作用，当分

割程度足够大时,则会进一步加深市场分割对农产品流通产业增长的正效应。其原理在于制度设计的城市偏向导致大量资源在城市集中,尤其是大量人口从农村、乡镇源源不断地涌向城市。加入偏向制度设计与市场分割的交互相乘项后,市场分割指数影响系数的绝对值变大,表明城市偏向的制度设计加剧了市场分割对农产品流通产业的抑制。

正是伴随着城市人口的扩张和对农产品消费需求的迅速增长,与之配套的城市农产品流通基础设施也不断被新建或改善,这有效地拉动了农产品流通产业的增长。城市偏向对农产品流通产业发展的拉动作用从直接构成市场有效需求的城镇居民可支配收入(tavin)的回归系数为 1.232 的结果上得到进一步证实。从模型(6)和模型(7)的结果看,城市居民可支配置收入所代表的农产品流通产业市场需求 0.725 和 0.594 的回归系数值在模型所考虑的影响因素中是最大的,表明农产品流通产业受到市场需要的影响最大。

其他控制变量对农产品流通产业的影响各不相同。根据回归(3)—(7),本书发现流通效率、农产品产量、人均 GDP 都对农产品流通产业的增长具有显著的正向影响。显然,在这些控制变量中,我们发现用以指代农产品流通产业需求的城镇居民可收入水平对农产品流通产业的发展的影响系数较大。这说明随着城镇化推进引发的市场需求规模扩大能显著地促进了农产品流通产业的发展。流通效率对农产品流通产业发展影响显著,这表明效率越高,越有益于农产品流通产业发展。时间哑变量(-0.987)在 1%上水平上显著,意味着 2004 年放开粮食这个主要农产品的价格市场确实对农产品流通产业的增长产生了明显的影响。

5.1.3 分区域产品市场分割对农产品流通产业影响

从 2011 年始,东部地区农产品流通产业的增长速度明显高于中西部地区。而正是在这一年,中国城镇人口占总人口比重达到 51.27%,开始进入到以城市型社会为主体的城市时代。东部地区的城市化率更是达到了 61.2%,远超过中部地区的 48.7%和西部地区的 44.5%。这很好地解释了在区域市场分割不断趋于统一的形势下，农产品流通产业发展的区域分化反而更加明显的现象。分区域的农产品流通产业影响因素回归结果在表 5.4 中将进一步验证这个结论。

表 5.4　分区域市场分割对农产品流通产业影响回归结果

变　量	(1)东	(2)中	(3)西	(4)东	(5)中	(6)西
segm	−0.347** (0.167)	−0.308 (0.433)	−0.802*** (0.194)	−0.586*** (0.173)	−0.196 (0.216)	−0.084* (0.103)
segm2	0.049*** (0.020)	0.033 (0.081)	0.640*** (0.041)	0.115*** (0.033)	−0.054 (0.043)	0.021* (0.012)
ptfxd	0.080*** (0.008)	0.041 (0.014)	0.068*** (0.020)	0.038* (0.022)	0.013 (0.012)	0.020** (0.009)
cirsdv				0.027*** (0.004)	0.828*** (0.001)	0.007*** (0.001)
lnprdt				0.145* (0.498)	0.728*** (0.488)	1.682*** (0.557)
tavin				0.110* (0.588)	0.103 (0.249)	0.394 (0.476)
open				0.046*** (0.001)	0.013 (0.011)	0.025** (0.046)
avgdp				0.055* (0.141)	1.748 (1.081)	0.349* (0.238)
edu				−0.772*** (0.215)	−2.907*** (0.218)	−1.527*** (0.323)
d				−1.036*** (0.148)	−0.899 (0.195)	−0.998*** (0.193)
常数项	13.721*** (0.121)	13.617*** (0.311)	12.351*** (0.154)	0.902 (8.252)	−22.623** (9.696)	−30.719** (10.315)
观察值	183	106	197	183	106	197
R^2组内	0.466	0.095	0.188	0.589	0.333	0.361

续表

变　量	(1)东	(2)中	(3)西	(4)东	(5)中	(6)西
F 值	41.53 (0.000)	3.84 (0.031)	8.94 (0.001)	15.11 (0.000)	55.74 (0.000)	37.36 (0.000)
Hausman	6.426 (0.092)	7.257 (0.064)	12.324 (0.006)	7.741 (0.051)	101.602 (0.000)	44.421 (0.000)

由于自然环境、农产品生产的自然禀赋及各地区的农产品消费的习性差异,不同区域的农产品流通产业在发展进程上也表现不一。农产品批发市场的建设速度和发展程度,中、西部地区明显低于东部地区,农村远远落后于城市。2012 年,全国成规模的 4 300 多家农产品批发市场中 70%分布在东部地区,中、西部地区仅分别占 20%和 10%左右。总体上,大中城市作为商品农产品的集中消费地区,其农产品配送中心发展比较充分,尤其是东部地区配置中心设施条件较好,规模大,服务质量优。相对于城市配送中心的发展,广大的农村地区,特别是中部粮棉油和蔬果主产区,以及西部特色农业地区的产地批发市场发展不足。本书按中东西部划分方式将全国划分三大区域,并研究了三大区域的城市偏向与市场分割对农产品流通产业影响。表 5.4 报告了两组针对关键变量和加入其他控制变量后的回归结果。

第一组中,东部和西部市场分割系数分别为-0.347 和-0.802,其平方项分别为 0.049 和 0.640,且统计意义上显著。同时,城市偏向对东部农产品流通产业的影响(0.080)和西部农产品流通产业的影响(0.068)也在 1%水平上显著。而中部地区的市场分割系数为-0.308,但在统计意义上不显著,城镇固定资产占比的回归系数(0.041)也不显著。第二组加入其他控制变量后,东西部区域关键变量市场分割和城镇固定资产占比回归系数在统计意义上仍然显著,而中部区域回归系数统计意义依旧不显著。这表明,制度设计及其安排对区域农产品流通产业影响存在差异,对东西部地区的影响大,而中部地区受到影响较小,且不显著。换言之,中部地区在过去十几年中既没有享受到东部地区的沿海开放政策倾斜的待遇,也没有类似西部地区以举国之力实施的西部大开发的特别支持,而是成为了区域发展政策的洼地。因而,中部省域城市化进程慢,城乡市场分割也不明显,是在低水平下保持着城乡相对均衡发展,对农产品流通产业的影响也不显著。

5.1.4 分方向产品市场分割影响农产品流通产业的估计

前文研究发现国内市场分割呈现出约以四年左右为周期的演进特征,那么每个周期中,市场分割对农产品流通产业的影响是否会呈现不同的结果呢?

依据市场分割的周期性特征,我们将整个时期划分为1997—2001年、2002—2005年、2006—2010年和2011—2015年4个时段。表5.5中模型(1)—(5)显示,市场分割对农产品流通产业的抑制作用十分显著。从整个研究期(1997—2015年)看,市场分割的影响系数达到-0.219,在统计意义上十分显著。这表明,一省的乡村相对本省及相邻省份城市的市场分割程度越深,则农产品流通产业的发展速度越慢,越不利于流通产业的发展。而市场分割的这种抑制速度会随着市场分割程度的加深呈现“U”型特征,即市场分割系数的平方项为正(0.043)。这一结果表明当市场分割程度较低时,其对农产品流通产业增长的抑制力较小,但随着市场分割的加深,抑制产业发展的力度不断加大,越来越不利于产业的发展。结合农产品流通产业产值区域增长的动态过程,及前文计算得出的市场分割指数的变化趋势,也可进一步印证这个结论。在市场分割程度较深的2005年前,农产品流通产业发展非常缓慢,而其之后随着市场分割的渐趋融合,农产品流通产业的发展加速。而正是由于这种加速效应,分割程度最轻的东部省份农产品流通产业发展迅速,并在区域内形成一定规模的集聚效应,拉开了与中西部省份的差距,促使区域间分化不断扩大。

表 5.5 产品市场分割对农产品流通产业增长影响的回归结果

变量	(1)	(2)	(3)	(4)	(5)	(6)	(7)	(8)	(9)
	1997—2001 年	2002—2005 年	2006—2010 年	2011—2015 年	1997—2015 年	流入省份		流出省份	
segm	−1.718*** (0.626)	0.706*** (0.213)	−0.772*** (0.229)	−0.109 (0.304)	−0.219** (0.091)	−0.264** (0.117)	−0.239** (0.116)	−0.401*** (0.006)	−0.159 * (0.102)
segm2	0.302** (0.181)	−0.087*** (0.040)	0.096*** (0.030)	0.091 (0.124)	0.043*** (0.014)	0.054** (0.024)	0.042** (0.018)	0.066*** (0.02)	0.034* (0.018)
控制变量	YES	YES	YES	YES	YES	NO	YES	NO	YES
常数项	−6.922*** (0.133)	−6.356*** (0.424)	−5.794*** (0.212)	−6.174*** (0.216)	−6.444 (5.881)	−5.912 (0.106)	−0.801 (4.984)	6.045*** (0.107)	−0.929 (4.958)
观察值	513	513	513	513	513	513	513	513	513
R^2组间	0.605 0	0.702	0.716	0.744	0.658	0.650	0.775	0.673	0.758
sigma_u	1.631	1.630	1.669	1.969	1.121	1.934	1.571	1.977	1.536
sigma_e	0.802	0.801	0.932	0.299	0.776	0.928	0.907	1.029	0.904
rho	0.805	0.805	0.762	0.132	0.889	0.812	0.749	0.786	0.742

注：*，**，*** 分别表示 10%，5%，1%的显著水平，括号中数据为各回归系数标准误。

具体来说，在 1997—2001 年，市场分割对农产品流通产业的影响力是最大的，为-1.718。这一时期，中国的经济从高速增长期迅速回落，城乡二元经济结构刚性仍明显，实际城乡收入从 1997 年的 2.5∶1发展为 2001 年的 2.9∶1，城乡差别进一步扩大；至 2001 年，第一产业、第二产业、第三产业的劳动力配置比为 50.0∶22.3∶27.7，第一产业的劳动力所占比重大，第三产业发展滞后，大量农村剩余劳动力滞留农村。在这些因素的共同作用下，市场分割严重制约了农产品流通产业的发展。2002—2005 年，国家采取积极的财政政策，自 2002 年财政赤字跃升 3 000 亿后，连续三年赤字率都逼近国际上公认的 3%的警戒线，以拉动国内经济。各省也在这一宏观调控下，采取多种方式加快本地区经济发展，这在一定程度上保护了本省的经济，农产品流通产业也因此而受益。因而，在此期间，市场分割对农产品流通产业的影响呈现倒“U”型特征。不过，2006 年以后的数据显示，分割的市场在长期不利于农产品流通产业的发展，并会随着国内经济发展的加速和统一市场的推进影响越来越小（见 2011—2015 年值）。总体上看，产品市场分割抑制了农产品流通产业增长是主要方面，这一结果与大多数研究市场分割与经济发展关系的文献结果相吻合。

由于采用城乡价格指数测算市场分割，因此分析一省的市场分割对农产品流通产业的影响就可以农产品区域流通中的一进一出两个方向进行比对。根据表 5.5 中(6)—(9)报告的结果，无论是从流入省份角度还是流出省份角度，市场分割的影响都是显著的，且都为负。相对而言，在没有控制变量条件下，市场分割对进入本省的农产品流通的抑制力（-0.264）小于本省农产品流通至相邻省份（-0.401）。因为能流入到本省的农产品一般是本省市场的互补品，起到改善本省农产品市场结构和满足本省农产品市场需求的作用。考虑影响农产品流通产业的其他因素时，我们发现，流入省份的市场分割指数要比流出省份对产业增长的影响要小。也就是说，市场分割对于那些从事农产品流通产业人员受教育程度高，人均国民生产总值也高的省份来说，农产品流通的比较优势明显，进入邻省贸易的难度就降低了许多。

根据第3章关于农产品流通产业概念的界定,这里将以农畜产品批发(2012年后为农、林、牧产品批发)和食品、饮料及烟草制品批发及农产品专门零售的总值作为农产品流通产业的2005—2015年产值指标(crvw)替代以孙剑等人使用乡镇企业交通运输以及仓储等指标作为农产品流通产业产值(crvl)进行稳定性检验;同时作为参照,在控制变量中,以流通速度(cirst)代替单位劳动的流通效率(cirsdv)检验模型的稳定性。

稳健性检验(表5.6)显示,无论是用乡镇企业中交通运输仓储与批发零售业作为流通产业产值,还是以农产品批发与零售营业收入作为产业产值,产品市场分割对产业增长的影响没有发生根本性变化(影响的方向一致,显著性水平都通过检验)。不过,系数的大小发生了变化,以乡镇企业交通运输与批发零售业计量的产值受到产品市场分割的影响力大于以农产品批零售业营业收入计量的产值。而且,回归结果显示产品市场分割的二次项系数也都为正,且都在1%的显著性水平上通过了检验,这说明两者之间的"U"型关系稳定。此外,以流通速度代替流通效率进行检验时发现,流通速度对产业增长的影响虽为正,但在统计显著性水平上并没有通过检验,而流通效率的显著性水平在1%以上通过了检验。

表5.6 产品市场分割对产业增长关系稳健性检验

变 量	(1) 乡镇指标	(2)批零指标	(3)乡镇指标	(4)批零指标
segm	-0.427^{***} (0.143)	-0.092^{**} (0.047)	-0.453^{***} (0.111)	-0.096^{**} (0.044)
segm2	0.050^{***} (0.015)	0.014^{***} (0.005)	0.057^{***} (0.014)	0.015^{***} (0.005)
tfxed	0.005 (0.013)	0.006 (0.005)	0.028^{***} (0.010)	0.007 (0.006)
cirst			0.094 (0.126)	0.058 (0.070)

续表

变　量	(1) 乡镇指标	(2)批零指标	(3)乡镇指标	(4)批零指标
cirsdv	0.026*** (0.005)	0.003*** (0.001)		
控制变量	YES	YES	YES	YES
常数项	4.365 (4.077)	3.324 (2.084)	3.217 (4.151)	2.988 (2.163)
观察值	300	300	300	300
R^2	0.414	0.578	0.560	0.581
rho	0.870 1	0.952 5	0.851 3	0.951 7

注：括号中为标准误，***，**，* 分别代表 1%，5%，10%水平上显著。

5.2　要素市场分割对产业发展的影响评估

产品市场分割对农产品流通产业影响分析结果表明，市场分割对产业发展的影响是显著的。因此，本节我们想知道的是，对于要素市场分割，它又会在多大程度上影响产业的发展。城市内部产业间的劳动力市场分割，还是城乡之间的劳动力市场分割，抑或是区域间的资本市场分割对农产品流通产业的发展产生作用。

为考察劳动力市场分割，本节起，农产品流通产业的产值回到采用农产品批发业与零售业的核算方式，以农畜产品批发（2012 年后为农、林、牧产品批发）和食品、饮料及烟草制品批发及农产品专门零售的总值作为农产品流通产业的 2005—2015 年的产值。要素市场分割指数、要素替代弹性和农产品流通产业效率等指标值则是运用前面两章测算的结果，不过数值范围仅只采用 2005—2015 年数据。

5.2.1 产业间劳动力市场分割对产业发展影响估计

要素市场分割用 3 个指标来表征，包括城市内产业间劳动力市场分割(inlbseg)、城乡间劳动力市场分割(belbseg)和资本市场分割(capseg)。这里由于资本的流动性远大于劳动力的流动性，无论是在城乡还是在产业间，资本流通所受到的阻碍主要来自政策约束方面，而非来自区域或产业间的差异。因此，这里资本分割不再区域分城乡和不同产业间分割。

表 5.7 要素市场分割与产业发展描述性统计

变 量	变量名	观察值	期望值	标准差	最小值	最大值
lncirval	产业产值取对数	300	-0.374	1.797	-6.074	3.605
inlbseg	产业间劳动力分割指数	300	0.072	0.056	0.016	0.311
belbseg	城乡间劳动力分割指数	300	1.644	0.533	0.52	3.188
capseg	资本分割指数	300	0.064	0.117	0.006	0.958
fixed	固定资产投资	300	92.859	6.317	68.181	99.957
t_{pl}	城镇人口占比	300	52.372	13.906	27.46	89.6
σ_{kl}	要素替代弹性	300	0.315	1.196	0.013	2.007
lnroad	县乡公路里程取对数	300	11.533	0.882	9.249	14.398
edu	农民受教育程度	300	8.191	0.736	6.15	10.456
lnincom	地区收入水平取对数	300	5.088	2.093	3.815	10.877
cirsv	流通效率	300	22.032	20.317	0.013	107.613

与前文探讨产品市场分割对农产品流通产业增长的影响时所考虑一样，要素市场分割的平方项也纳入到分析模型中(分别以 inseg2，beseg2，cseg2 表示)。在控制变量的选择方面，主要考虑(1)要素替代弹性(σ_{kl})。要素替代弹性是衡

量要素之间相互替代难易程度的关键参数（郝枫 等，2014），也是经济增长的重要动力这一假说已得到众多经验研究的支持（如 Irmena and Klump，2009；Palivos and Karagiannis，2010）。农民受教育程度（Edu）、社会产业结构水平（Sevp 由第三产业产值占全部产业产值比表示）、GDP 增长率（r）和流通效率（cirsv）等因素的影响。表5.8显示了采用固定效应和随机效应建立的共6种模型的结论。从 Hausmam 检验 *chi2* 值看，拒绝了没有个体效应的原假设，因此采用分析固定效应模型结论，随机效应模型作为参照。

表5.8 要素市场分割对农产品流通产业增长的影响

变　量	(1) 固定效应	(2) 随机效应	(3) 固定效应	(4) 随机效应	(5) 固定效应	(6) 随机效应
inlbseg	−10.115*** (3.130)	−11.43*** (3.262)				
belbseg			−2.982*** (0.868)	−2.851*** (0.788)		
capseg					4.108*** (1.026)	4.099*** (1.061)
inseg2	6.649** (8.844)	5.576*** (9.363)				
beseg2			0.307 (0.208)	0.281 (0.192)		
cseg2					−3.204*** (1.264)	−3.943*** (1.315)
σ_{kl}	−0.065* (0.042)	−0.077* (0.043)	−0.064* (0.038)	−0.074* (0.039)	−0.073* (0.041)	−0.082* (0.043)
edu	−0.676*** (0.232)	−0.287 (0.187)	−0.613** (0.239)	−0.390** (0.181)	−0.846*** (0.227)	−0.414** (0.187)
r	−0.130*** (0.026)	−0.153*** (0.026)	−0.070*** (0.027)	−0.076*** (0.026)	−0.186*** (0.025)	−0.209*** (0.025)

续表

变　量	(1) 固定效应	(2) 随机效应	(3) 固定效应	(4) 随机效应	(5) 固定效应	(6) 随机效应
sevp	0.052*** (0.020)	0.029 (0.018)	0.016 (0.019)	−0.002 (0.017)	0.065*** (0.020)	0.042** (0.018)
lnincom	0.236** (0.112)	0.149* (0.086)	0.202* (0.104)	0.093 (0.080)	0.102 (0.114)	0.087 (0.087)
cirsv	0.018*** (0.004)	0.018*** (0.004)	0.018*** (0.004)	0.018*** (0.003)	0.024*** (0.004)	0.023*** (0.004)
常数项	3.454 (2.235)	1.973 (1.606)	6.706*** (2.109)	6.793*** (1.579)	2.135** (2.207)	2.198 (1.617)
Rho	0.809 5	0.632 4	0.772 6	0.826 8	0.783 9	0.663 9
Hausman chi2	34.18 (0.001)		19.73 (0.002)		37.7 (0.000)	

注:括号中为标准误,***,**,*分别代表1%,5%,10%水平上显著。

劳动力市场分割的存在,表明不同产业间、城乡之间的劳动力流通是受约束的。表5.8模型(1)结果显示,产业间劳动力市场分割(lnlbseg)的系数为−10.115,且在1%的水平显著。这表明不同产业间的劳动力市场分割严重抑制了农产品流通产业的发展,其二次项系数值(lnseg)为正6.649则进一步表明,这种抑制力随着时间的推移只会越来越强,两者之间呈现显著的“U”型关系。与其他产业不同,农产品流通产业的这种发展趋势并不是因为别的产业劳动力的进入存在很大壁垒。事实上,由于农产品流通产业涉农生产及运输过程偏向重体力消耗的原因,加之劳动回报率不高等原因,使得高质量人才主动不流入。农产品流通产业极低的边际劳动生产力促成越来越多的素质较高的劳动力流向的其他产业。这一点可以从劳动力受教育水平这一影响因素的系数值得到进一步的证实。同时,社会分工的深化,不同产业之间,特别是低技术水平产业与高技术水平产业之间的鸿沟越来越大。农产品流通产业的从业人员或因个人受教育程度普遍不高，或因为技术水平有限，而难以跨越到其他服务业中去，使得从业人员固化，与其他产业间形成鸿沟。城乡间劳动力市场分割的回归系数为-2.322，且通过了显著性水平检验，表明其对农产品流通产业增长不利。与劳动力市场分割对产业增长的影响为负不同，资本市场分割一定程度上显著地促进了农产品流通产业的增长。根据其二次项为-4.474，且在 1%的显著性水平通过检验，可判断资本市场分割对农产品流通产业的影响呈倒“U”型结构特点。这一结构特点的内涵是资本市场分割最初实行时对农产品流通产业增长起到了促进作用。同样，可以测算出(1)，(3)，(5)模型中“U”型拐点出现时分割指数所需达到的值，分别为 10.078，3.113 及 44.238。就研究期各类市场分割不断趋向收窄的态势看，要使分割指数达到这些拐点值是很难实现的。据此，无论是劳动力市场分割的“U”型关系，还是资本市场分割的倒“U”型关系，都难以触及到“U”型关系结构拐点的后半部分，即劳动市场分割达到拐点值后，对农产品流通产业增长发挥出保护作用；而资本市场分割达到拐点会抑制农产品流通产业增长。结果，劳动力市场分割不利于农产品流通产业增长的作用和资本市场分割有利于产业增长的作用将长期稳定。

在其他影响因素中，劳动者受教育水平(Edu)对农产品流通产业增长的影响是负向的，为(-0.676)。也就是说，劳动者受教育水平越高，对农产品流通产业的增长越为不利。显而易见，在整个产业结构中，与农业生产密切相关的服务业也同农业生产一样，学历越高，越易逃离涉农产业。在我国仍处在较低的生产技术水平阶段，农产品流通产业对高技术人才的需求明显不足，仍是基础性的，较为落后的产业。进一步，在诸多其他产业发展规律中，随着劳动成本的不升，更多的产业要想获得持继增长，会选择用资本替代劳动的方式进行生产，即应出现资本劳动替代比(σ_{kl})会不断上升现象。然而，如表 5.8 所示，农产品流通产业的 σ_{kl}系数为-0.065，对农产品流通产业增长是起反作用的。即在农产品流通产业中，资本的替代劳动力的成本是高于劳动力成本的，劳动力成本在农产品流通产业中还是属于低成本生产要素。上述产业间劳动力市场分割、劳动者受教育程度和资本劳动替代比 3 个因素分别是从市场上产业技术门槛、素质水平和投入成本分析 3 个角度证实了农产品流通产业在供给侧方面的约束和瓶颈,并进一步间接地阐释了农产品流通产业要素配置效率低下,产业增长缓慢的重要原因。

而从需求角度引入的居民收入水平(lnincom)越高,越能拉动农产品流通产业的发展。居民收入水平每提高一个百分点,可以推动产业增长 0.23%。而整个第三产业产值占总产值的比重 1%水平上显著影响农产品流通产业的增长,即第三产业越是发达,越有利于农产品流通产业发展。此外,可促进农产品流通产业增长的显著性因素还有农产品的流通效率。不过,我们看到,国内经济增长速度(以国内生产总值增长 GDP 的增长率 *r* 表示)对农产品流通产业的增长在 1%的显著性水平上起抑制性作用(-0.130)。国内经济增长在 2005—2015 年为何对农产品流通产业发展不是利好因素? 乍看之下,颇感意外。但仔细分析这十年间国内经济的发展方式和产业发展进程则不难理解其症结所在。这期间,国内经济增长仍是以要素投入方式增长,且拉动经济增长的行业主要是房地产及相关行业。房地产及其相关行业对经济增长的贡献比占据 20%以上。其他制造业和服务业的发展也远高于农产品流通产业。在这种情境下,技术、人才到资本几乎都被吸纳进那些能带高收益或高回报的产业中,农产品流通产业能利用到的资源十分有限。这便能很好地解释为什么经济增长速度越快,农产品流通产业发展速度反而越慢的原因所在。

表 5.9 要素市场分割对产业增长稳健性检验

	固定效应			随机效应		
	(1)	(2)	(3)	(4)	(5)	(6)
inlbseg	-6.069*** (1.516)			-6.118*** (1.518)		
lnseg2	14.020** (6.221)			14.351** (6.220)		

续表

	固定效应			随机效应		
	(1)	(2)	(3)	(4)	(5)	(6)
belbseg		-1.344*** (0.453)			-1.242*** (0.415)	
beseg2		0.178** (0.108)			0.161** (0.101)	
capseg			0.401** (0.538)			0.430** (0.530)
cseg2			-0.400** (0.662)			-0.410 (0.655)
常数项	7.747*** (1.082)	8.742*** (1.101)	7.673*** (1.157)	7.568*** (0.835)	9.141*** (0.866)	7.616*** (0.876)
Obs.	300	300	300	300	300	300
控制变量	YES	YES	YES	YES	YES	YES
R-squared	0.369	0.374	0.285	/	/	/
Rho	0.780	0.782	0.764	0.774	0.742	0.746
Hausman chi2	26.18 (0.000)	24.73 (0.003)	27.7 (0.004)			

注：括号中为标准误，***，**，* 分别代表 1%，5%，10%水平上显著。

5.2.2　城乡劳动力市场分割对产业发展影响估计

在我国，劳动力市场不仅在不同产业间存在分割，二元经济的客观存在使得城乡间的分割成为必然。

表 5.8 中模型(3)给出了城乡劳动力市场分割与农产品流通产业间的回归结果。结果显示，城乡劳动力市场分割与产业发展间呈现负相关，影响系数达 -2.982，且在 1%水平上显著。城乡劳动力分割指数的一次项为负，二次项系数为正，也预示着其与农产品流通产业增长之间呈现“U”型特征。不过，此模型

中,二次项系的显著性统计水平未能通过检验,即"U"型关系并不明显。对比模型(1)与模型(5)可以发现,城乡间劳动力市场分割对产业发展的影响力度比之产业间劳动力市场分割要小一些。这传递两点信息:一是劳动力市场的城乡分割确实存在,且对产业发展形成障碍;二是城乡分割随着各种体制和机制改革正逐渐被弥合,劳动力市场的分工细化所致的产业间技术分割越来越成为劳动力分割的主要形式。

其他影响因素方面,GDP 增长率、资本劳动替代率与劳动者受教育程度都对农产品流通产业的增长产生抑制作用,结果与模型(1)相似。第三产业产值占比、居民收入水平促进农产品流通产业的增长。

5.2.3 资本市场分割对农产品流通产业增长的影响评估

在产业发展的过程中,资本是除劳动力外另一个主要的投入要素,在生产过程中扮演极为重要的角色。表 5.8 中模型(5)展示了资本市场分割与农品流通产业增长的关系。回归结果显示资本市场分割指数的一次项的回归系数为正 5.018,而二次项系数为负 4.474,且都通过了 1%显著性水平检验,表明与农产品流通产业的增长呈现倒"U"型特征关系。这一关系特征意味着伴随着资本市场分割加深,一开始会保护并促进农产品流通产业的增长。但在分割达到一定程度后,则会抑制农产品流通产业增长。对比劳动力市场分割与农产品流通产业增长的关系,资本市场分割对农产品流通产业的影响关系恰与之相反。根据陆铭(2009)等人的研究,市场分割在早期对保护本地产业的发展起积极作用,但在长期看则会损害经济发展。然而,具体到农产品流通产业,若只考虑资本市场分割的话,则本书研究发现与此结论一致,但产品市场分割和劳动力市场分割对产业的影响,显然与之相反。究其原因,一是因为农产品流通产业本质特征决定。流通是产业的本质要求,因此,无论是产品市场分割,还是要素市场分割都不可能有助于产业的良性发展。另一个可能的原因则更需要引起重视,即农产品流通产业本身在市场中还不具备竞争能力,属于弱小产业,在资本市场配置过程中,是最易被资本抛弃的产业,因此是需要保护产业。也只有这种原因才能解释资本市场分割在短期促进农产品流通产业增长的现象。

此外,模型(5)中其他影响因素对农产品流通产业增长的影响与模型(1)基本一致,要素替代弹性、劳动者受教育程度和GDP增长率在对农产品流通产业增长产生阻力,居民收入水平、农产品流通效率和第三产业占比的提升推动产业的发展。

5.3　本章小节

本章讨论的产品与要素市场分割对农产品流通产业的增长影响在直接路径上的效应,可归纳以下几点:

①区分城乡的产品市场分割显著地抑制了区域农产品流通产业的增长。一省的乡村相对本省及相邻省份城市的产品市场分割程度越深,则农产品流通产业的发展速度越慢,越不利于流通产业的发展。产品市场分割的这种抑制速度会随着市场分割程度的加深呈现"U"型特征。理论上,只要分割值超越拐点后,产品市场分割就可实现促进农产品流通产业增长的目标。城市偏向的制度设计从需求端创造了条件与空间,拉动了农产品流通产业的增长。其对产业增长的影响存在区域差异,对东西部地区的影响大,而中部地区影响较小,且不显著。市场开放一定程度上改善了产品市场分割对产业增长的不利处境。分区域情况下,这一积极作用没有发生改变。

②劳动力市场分割抑制了农产品流通产业的发展。产业间劳动力市场分割严重抑制了农产品流通产业的发展,这种抑制力随着时间的推移只会越来越强,两者之间呈现显著的负效应。仅当分割程度足够高时,劳动力市场分割才可能促进农产品流通产业增长,但在现有的发展态势下,这种可能性微乎其微。与产品市场分割一样,其促进作用仅在理论层面出现。进一步,农产品流通产业极低的边际劳动生产力促成越来越来多的素质较高的劳动力流向的其他产

业。城乡劳动力市场分割与产业发展间呈现负相关。不过,随着各种体制和机制改革,城乡间劳动力市场分割,正逐渐被弥合。因而,相比较而言,产业间劳动力市场分割比城乡间劳动力市场分割对农产品流通产业增长的负效应更大,即劳动力柔性市场分割对产业发展的影响更严重,但常被忽视。

③资本市场分割保护本地农产品流通产业的发展。随着分割加深到一定程度后,则会抑制产业增长。表现在影响轨迹上,与劳动力市场分割与农产品流通产业增长之间呈“U”型结构特征不同,资本市场分割对产业的影响为倒“U”型结构特征。其原因可能是农产品流通产业本身在市场中还不具备竞争能力,在资本市场配置过程中,是最易被资本冷落的产业所造成。因此,较深的资本市场分割,即采用专款专用的形式加大对农产品流通产业的投入是促进产业增长的有力保障。总之,无论是劳动力市场分割的“U”型关系,还是资本市场分割的倒“U”型关系,市场分割都难以触及到“U”型结构的后半部分,即劳动市场分割达到拐点值后,对农产品流通产业增长发挥出保护作用;而资本市场分割达到拐点会抑制农产品流通产业增长。结果,劳动力市场分割不利于农产品流通产业增长的作用和资本市场分割有利于农产品流通产业增长的作用将长期稳定。

此外,资本-劳动要素替代弹性系数值越高,越不利于农产品流通产业发展,资本劳动配置比严重扭曲。技术进步的资本偏向有利于克服城乡之间的劳动力市场分割对产业发展影响不利的不足,但产业间市场分割作用于产业增长的关系影响不显著。此外,劳动密集性的传统农产品流通产业受制于各种因素的制约,而没有享受到社会整体上的高经济增长的红利,反而因资源和技术偏向高回报产业而受累。随着服务业的崛起和农产品流通产业流通效率的提升,农产品流通产业的发展也将迎来利好局面。

第6章 市场分割影响农产品流通产业区域增长分析:中介路径

在第5章,我们论证了市场分割影响农产品流通产业增长第一条路径,即直接路径上的作用及效应。结果显示,无论是产品市场分割还是要素市场分割都显著地抑制了农产品流通产业产出的增长。根据第3章的机理分析,市场分割沿着3条路径对区域产业增长产生影响,第一条是市场分割直接作用于产业增长,第二条是通过要素配置效率进而影响农产品流通产业增长,即中介效应模型。本章研究的是在第二路径上,要素市场分割如何通过要素配置效率进而对农产品流通产业增长施加影响的。根据中介效应模型分析逻辑,本章首先验证市场分割对农产品流通产业增长的总效应(第5章的估计检验已证实过),其次要检验市场分割对要素配置效率的影响;最后估计要素配置效率对农产品流通产业的影响。这3个检验构成了一个完整的中介效应的估计过程。

过去40年,中国经济在向市场经济转型过程中,实现了经济的高速增长和生产率水平的快速提高(Fan, Zhang and Robinson,2003),但是渐近式的改革方式也造成了行业间和地区间要素配置的扭曲,减缓了改革过程中效率提高的速度(Brandt et al,2010)。第4章研究表明农产品流通产业要素配置过程由最初的资本替代劳动向劳动份额不断加大的转变,显示出技术进步与要素配置的不匹配,要素配置效率由正转负,表明其从促进农产品流通产业全要素生产率的增长向抑制其增长转变。另一方面,反映市场机制对要素配置作用深度的要素替代弹性并没有上升,暗示了市场化改革过程中,市场机制对这农产品流通产业的要素配置功能失灵。而且,在探讨农产品流通产业的全要素生产率、技术进步偏向和要素配置效率时发现产业生产率不断下滑,在依靠加大资本要素投入的增长模式下,资本的边际生产率已现下降趋势。从要素替代弹性看,劳动要素的替代并没有因为整个社会劳动成本上升而减少,相反,是增加了。根据易纲(2003)的研究,在改革开放前30年中,资源配置效率的改善对我国全要素生产率的提高做出了重要贡献。然而从农产品流通产业在2005—2015年生产过程中要素配置效率的情况看,资源配置不是优化了,而是恶化了。这究竟是产业发展成长期抑或退出期所表现的周期性原因导致的,还是该产业市场上要素流通性原因导致的呢?鉴于在城市化日益推进的现代社会发展趋势,以及现代基础建设的通达条件,市场对农产品流通产业发展的需求无论是在量上,还是在质上都将超越历史,形成富有朝气的现代产业。从这个意义上讲,农产品流通产业不可能是处在了产业发展的退出期,恰恰相反,它将迎来产业发展的机遇期。

就此分析,抑制农产品流通产业要素配置效率的因素只能从市场角度上探索。要素配置效率的优化主要通过两种途径实现:一是市场,二是政策干预。从短期看,政策干预优化要素配置的效用较为显著,但难于持久;而遵从市场规律,实现市场配置要素资源,优化要素配置效率则是长效机制。开放的市场实现要素配置优化的前提。现有的研究表明市场分割的存在是影响商品和要素自由流动及统一市场形成的重要制约因素(陆铭 等,2009)。市场分割主要造成了两个后果:第一,市场分割相当于设置了贸易壁垒,增大外地厂商的进入成本甚至直接阻碍外地厂商进入,并提高了本地商品市场的均衡价格,这些都会直接保护本地的落后企业,使其生存下来,甚至生存得很好(Anderson and Wincoop,2001)。第二,地方市场分割把全国统一的大市场切成许多块零碎的地方性市场,人为地划小了商品销售的市场半径和资源流动的市场半径,亦即市场规模变小。即便是经济相对发达,市场一体化程度相对较高的长三角,省际边界效应也是显著存在(黄新飞 等,2014)。此外,基础设施的大规模建设一定程度上有助于打破国内市场分割(陈宇峰 等,2015),然而最新的研究表明,市场分割存在空间聚集效应,"以邻为壑"现象在中国仍长期存在(范欣 等,2017)。上述的研究主要是从宏观角度探讨我国市场分割情况,具体到产业的研究不多。个别学者(行伟波 等,2010)分行业研究结果显示,地区间存在较大的边界效应,且服务贸易在地区间的流动性明显小于制造业产品在地区间的流动。农产品流通产业作为传统小弱产业,随着市场经济的快速推进和现代技术、服务和基础设施的完善,迎来了发展的契机。

6.1　市场分割影响产业要素配置效率的 SYS-GMM 分析

学术界对于要素配置效率的扭曲的原因探讨良多。有学者认为各种制度性障碍和要素价格扭曲使资源在区域各行业间配置不能达到最优效率状态(陈永伟 等,2011),可能诱发对低端要素的结构性依赖问题(金培振 等,2015)。也有学者从地方政府行为和经济竞赛的视角探讨政策扭曲对要素扭曲和资源错配置的影响(罗德明 等,2012)。事实上,区域间的劳动、资本和原材料等初级要素可以看作是近似同质的,若进一步假设各类要素可以跨区域自由流动而不受任何限制,则无论初始阶段的地区要素禀赋有何差异,各地区的要素价格终将依据市场的资源配置机制实现趋同。这就意味着地方政府的各种干预将会失败,区域和行业内的各类要素也将实现最有效的配置。然而,不同的类型的市场分割的存在,影响了商品和要素的正常流动,导致要素配置无效率,进而产业的全要素增长率等受限。

考虑到产业要素配置效率的继承性，我们将考察包含因变量二阶滞后项的动态关系，建立动态面板模型：

$$\Delta AE_{i,t} = c + \alpha_1 \Delta AE_{i,t-1} + \alpha_2 \Delta AE_{i,t-2} + \beta gdseg_{i,t} + \theta Z_{i,t} + \mu_{i,t} + \varepsilon_{i,t} \quad (6.1)$$

$$\Delta AE_{i,t} = c + \alpha_1 \Delta AE_{i,t-1} + \alpha_2 \Delta AE_{i,t-2} + \beta inlbseg_{i,t} + \theta Z_{i,t} + \mu_{i,t} + \varepsilon_{i,t} \quad (6.2)$$

$$\Delta AE_{i,t} = c + \alpha_1 \Delta AE_{i,t-1} + \alpha_2 \Delta AE_{i,t-2} + \beta belseg_{i,t} + \theta Z_{i,t} + \mu_{i,t} + \varepsilon_{i,t} \quad (6.3)$$

$$\Delta AE_{i,t} = c + \alpha_1 \Delta AE_{i,t-1} + \alpha_2 \Delta AE_{i,t-2} + \beta capseg_{i,t} + \theta Z_{i,t} + \mu_{i,t} + \varepsilon_{i,t} \quad (6.4)$$

其中，变量 ΔAE 为农产品流通产业要素配置效率，$gdseg$，$inblseg$，$belseg$，$capseg$ 分别为产品市场分割指数、产业间劳动力市场分割指数、城乡间劳动力市场分割指数和资本市场分割指数。Z 为一系列的控制变量；$\mu_{i,t}$代表个体效应；$\varepsilon_{i,t}$为残差项，下标 i 与 t 分别表示个体与时间；α，β 和 θ 分别为对应回归变量的系数值。

围绕市场分割与要素配置效率的关系研究，将以下指标作为控制变量：

①财政分权(Caize)。地方政府既可通过财政支出支持基础设施建设以吸引商品和要素的流入，从而改善要素配置效率；也可能参与经济竞赛从而加剧区域市场的分割和要素配置效率的扭曲(李坤望，2014)。这里，财政分权变量以地方政府预算内与预算外支出之和占地区 GDP 比重来表示。同时，模型中还引入市场分割与财政分权的交互相乘项来研究控制要素市场分割变量后的财政分权对区域要素配置效率的影响。

②产业结构优化程度。以经济服务化为发展趋势的产业结构升级将对包括劳动、资本等在内的诸多要素流通产生影响，以第三产业产值与 GDP 值之比作为衡量指标。若该指标值上升，则经济向服务化水平推进。

③交通基础设施水平(lnroad)。良好的交通基础设施作为区域要素流动与配置的实施载体，可大大节约区域间交通运输成本和时间成本，进而影响要素配置效率。采用各区域公路里程表示是常用的方法，它包括高速公路和乡镇无

等级公路的里程长度。我国公路建设在用途上的不同,采用的技术标准也不同,而与农产品流通最为密切的道路主要是分布在县乡之间和县与县,县与镇之间的三级和四级公路,以及还没有达到等级标准的等外公路。在高速公路发展迅速,一二级公路不断延伸的当下,这 3 种公路的通车里程数总量越长,表明该区域基础设施水平越低,越不利于农产品流通产业的发展。

④外商直接投资水平(fdi)。FDI 可能促使引入区域内部形成生产要素集聚并重新调整现有要素配置结构,其所引致的技术外溢也将通过提升各类要素的利用水平作用于区域的要素配置效率(金培振 等,2014)。这一指标选择外商直接投资额占该区域 GDP 的比重来刻画。

⑤此外,还考虑了产业人力资本水平(edu)。教育是人力资本水平积累的重要方式,本书采用 Barrot and Lee(1996)教育年限法来衡量。我国农产品流通业的劳动力呈现出以农民为主的特点,因而农民受教育程度直接影响农产品流通产业的增长。具体计算方法与第 5 章一致。

在进行回归分析前,需要先梳理一下主要变量的描述性统计分析。表 6.1 给出了主要变量的平均值、标准差、最小值、中分位数和最大值的基本统计量。

表 6.1　主要变量描述性统计①

变　量	变量名	均　值	标准差	最小值	中分位值	最大值
ΔTFP	全要素生产率	0.016	0.526	−7.606	0.034	1.283
ΔT	技术进步	0.085	0.039	−0.038	0.09	0.145
ΔTE	技术效率	0.006	0.009	−0.002	0.003	0.038
ΔSE	规模效率	0.003	0.211	−2.820	−0.006	0.927
ΔAE	要素配置效率	−0.078	0.338	−4.922	−0.058	0.533

① 数据说明:本章市场分割与生产效率各指标来源于前文第 4 章的测算,控制变量数据来源于《中国统计年鉴》《中国外经贸易年鉴》和《中国财政年鉴》。面板数据选取 2006—2015 年排除港澳台及西藏后,中国 30 个省份数据。

续表

变　量	变量名	均　值	标准差	最小值	中分位值	最大值
gdseg	产品市场分割（×1 000）	0.821	0.935	0.006	0.588	8.421
inlbseg	产业间劳动力市场分割	0.072	0.056	0.016	0.044	0.311
belbseg	城乡间劳动力市场分割	1.644	0.533	0.520	1.584	3.188
capseg	资本市场分割	0.064	0.117	0.006	0.021	0.958
segcz	财政分权×产品市场分割	0.896	1.017	0.007	0.649	9.249
isegcz	财政分权×产业间劳动力市场分割	0.078	0.061	0.017	0.049	0.333
bsegcz	财政分权×城乡间劳动力市场分割	1.804	0.573	0.600	1.741	3.413
csegcz	财政分权×资本市场分割	0.070	0.128	0.006	0.023	1.038
kn	资本劳动比	5.883	3.889	0.128	5.057	35.21
mpl	劳动力边际产出	68.20	69.64	-47.69	49.71	436.6
mpk	资本边际产出	49.79	54.03	0.998	33.85	688.6
fixed	城镇固定资本投资	92.86	6.317	68.18	95.36	99.96
edu	受教育程度	8.191	0.736	6.150	8.284	10.46
fdi	外商直接投资占比	0.066	0.099	0.008	0.03	0.75
lnroad	公路里程	11.56	0.882	9.249	11.838	14.398

以平均值看，全要素生产率及其分解的均值中仅要素配置效率为负值，技术进步、技术效率和规模效率的均值都为正值，且在这 3 个指标的共同作用下，

全要素生产率的均值也为正。这表明,农产品流通产业的增长率是在不断上升的,其技术效率和规模效率也是在小幅改善中,只有要素配置效率处于在恶化的过程。分解式中,对 TFP 增长贡献最大的是技术进步。从差异情况看,TFP 的变化率差异值最大,要素配置效率的差异值其次,而技术效率的差异值最小。在生产要素的 3 个分割指数中,城乡间的劳动力市场分割指数最大,为 1.644,其次是产业间劳动力市场分割,为 0.072,资本市场分割最小,为 0.064,但标准差却是产业间劳动力市场分割值最小。剩余的其他控制变量的均值都大于零,且中分位值也都大于零。需要提出的一点是,在劳动力边际产量测算过程中,发现有 9 个数据为负值,其中 2007—2011 年的云南省的 MPL 值都为负值,而湖南的 MPL 值有两年为负,其中,2012 年的-47.69 是全部考察样本中的最小值。可初步判定,云南省的劳动力边际产出是全国最低的。

由于建立的是动态面板模型,模型中纳入了解释变量的滞后项,故而必须解决由此带来的估计偏差问题。静态面板模型获得的估计结果尽管通过各类检验,但仍无法否认仍然可能存在偏差问题。此外,尽管在模型中尽可能多地加入相关控制变量,但还是无法否认所使用的省级面板数据中还存在一些模型难以捕获的其他特定因素,而这些因素会在影响农产品流通产业的要素配置效率的同时,也可能对产品和要素市场分割产业显著的影响。为克服这些严重的内生性问题,这里采用系统广义矩估计(SYS-GMM)方法对前述模型逐一进行估计。具体的估计结果如表 6.2。

动态面板系统 GMM 估计中,以回归方程随机误差项的一阶序列自相关,二阶序列相关为原假设。Arellano-Bond test for AR(2)检验结果显示未能拒绝原假设,工具变量过度识别检验 Sargan 的 P 值也均接受了无过度识别原假设,表明工具变量的选择为有效。据此,可以判断动态面板数据模型的设定在总体上是合理的。

表 6.2　市场分割与农产品流通产业要素配置效率的 SYS-GMM 估计结果

变　量	SYS-GMM 模型（动态）				FE 模型（静态）			
	（1）	（2）	（3）	（4）	（5）	（6）	（7）	（8）
L. ΔAE	−0.254*** （0.009）	−0.269*** （0.011）	−0.286*** （0.013）	−0.250*** （0.012）				
L2. ΔAE	−0.197*** （0.008）	−0.194*** （0.012）	−0.212*** （0.013）	−0.190*** （0.012）				
gdseg	5.900*** （1.695）				2.820** （1.333）			
inlbseg		12.186*** （12.749）				22.653** （10.972）		
belbseg			4.022*** （0.541）				3.045*** （0.996）	
capseg				6.586** （2.733）				4.917 （2.979）
segcz	−5.386*** （1.549）				−0.247** （0.096）			
isegcz		−9.694*** （11.625）				−17.617* （9.578）		
bsegcz			−3.586*** （0.501）				−2.658*** （0.689）	
csegcz				−6.069** （2.486）				−4.219 （2.680）

fdi	−0.000 (0.000)	0.001 (0.000)	0.001** (0.000)	−0.002*** (0.000)	−0.001 (0.000)	0.000 (0.000)	−0.001 (0.000)	0.000 (0.000)
lnroad	−0.286*** (0.028)	−0.322*** (0.033)	−0.293*** (0.037)	−0.301*** (0.022)	−0.063 (0.062)	−0.049 (0.041)	−0.044 (0.041)	−0.067 (0.051)
kn	0.112*** (0.002)	0.116*** (0.002)	0.110*** (0.002)	0.111*** (0.002)	−2.547** (1.231)	0.052*** (0.012)	0.046*** (0.011)	0.041*** (0.013)
Mpl/mpk	0.002*** (0.000)	0.003*** (0.000)	0.002*** (0.001)	0.002*** (0.000)	0.002*** (0.000)	0.001** (0.000)	0.002** (0.000)	0.001* (0.000)
fixed	−0.012*** (0.002)	−0.013*** (0.003)	−0.014*** (0.002)	−0.016*** (0.003)	0.045*** (0.009)	−0.004 (0.004)	−0.004 (0.004)	−0.011* (0.006)
edu	−0.126*** (0.016)	−0.112*** (0.024)	−0.162*** (0.027)	−0.146*** (0.018)	−0.007 (0.005)	−0.211** (0.099)	−0.193 (0.161)	−0.220* (0.124)
_cons	4.493*** (0.368)	4.749*** (0.470)	4.305*** (0.462)	5.302*** (0.457)	3.053*** (1.139)	2.056* (1.075)	1.935* (1.104)	3.238* (1.672)
AR(2)test	0.380	0.330	0.334	0.340	/	/	/	/
Sargan	25.402	25.100	25.497	23.433	/	/	/	/
p 值	(0.186)	(0.197)	(0.183)	(0.268)	/	/	/	/

注:括号中为标准误,***,**,*分别代表1%,5%,10%水平上显著。

从表6.2可知,使用动态面板系统GMM估计后,首先表现为产品和要素市场分割对农产品流通产业的要素配置效率影响显著性水平明显提高。回归结果显示,产品市场分割与产业间要素市场分割对要素配置的影响由原来的5%水平提高至1%水平,资本要素市场分割则由原来的不显著提升至5%水平上显著。这说明,由于SYS-GMM加入了要素配置效率的一阶序列相关和二阶序列相关因素,使得模型中各要素的显著性得到明显的提高。其次,要素配置效率优化受到其自身的过去变化趋的影响是显著的。通过观察要素配置效率滞后项的系数可以发现,要素配置效率对其前期走势具有明显的继承性,但随着时间的推移,前期走势的影响将逐渐衰减。产品市场分割模型中,要素配置效率的一阶滞后项回归系数绝对值为0.254,二阶滞后项的回归系数绝对值为0.197,一阶滞后项系数绝对值大于二阶滞后项系数,且都在1%水平上显著。柔性劳动力市场分割对要素配置效率的影响系数绝对值的滞后一阶(0.269)也大于滞后二阶系数(0.194),刚性劳动力市场分割和资本市场分割也都是一阶滞后回归系数大于二阶滞后回归系数。

这一系列的结果分析说明要素配置效率的变动受到其前期变动的影响较大,且远期影响力小于近期影响力,存在显著的路径依赖。最后,四类市场分割对农产品流通产业的要素配置效率的回归系数都为正,进一步证实在农产品流通产业发展过程中,分割的产品与要素市场起到了保护和促进农产品流通产业要素配置效率提升的作用。此外,财政分权作为地方政府保护管辖内经济发展的措施,由于重点保护的产业不是农产品流通产业而形成对该产业要素配置效率的负效应。与之财政分权作用类似的城镇化建设和外商直接投资都未能有效促进农产品流通产业要素配置效率的优化。

当然,为探讨区域的异质性,本节先将全样本分成东、中、西3个部分,再进行SYS-GMM回归,以捕获不同区域四种不同的市场分割对区域农产品流通产业要素配置效率的影响。回归结果见表6.3。

表 6.3　分区域市场分割与农产品流通产业要素配置效率的 SYS-GMM 估计结果

变量	东部				中部				西部			
	(1)	(2)	(3)	(4)	(5)	(6)	(7)	(8)	(9)	(10)	(11)	(12)
L.ΔAE	−0.920** (0.392)	−1.007** (0.472)	−0.901* (0.511)	−0.568 (0.353)	0.013 (0.000)	0.020 9 (0.000)	−0.767 (0.956)	0.010 6 (0.038)	−0.777** (0.304)	−0.526 (0.454)	−0.617** (0.273)	−0.302 (0.246)
L2.ΔAE	−1.053** (0.515)	−2.157** (0.866)	−1.590*** (0.599)	0.042 (0.933)	0.051 (0.005)	−0.038 (0.155)	−0.274 (2.402)	−0.039 (0.159)	−1.254** (0.545)	−0.546 (0.525)	−0.738* (0.381)	−0.723 (0.444)
gdseg	27.932* (25.113)				−4.124 (5.700)				39.814* (21.135)			
segcz	−25.321 (22.766)				0.143 (0.232)				−36.377* (19.319)			
inlbseg		−3.281** (1.746)				0.626 (0.604)				−7.759* (3.920)		
isegcz		7.382 (9.368)				0.854 (0.774)				5.324 (2.514)		
belbseg			10.568** (5.245)				0.045 (0.027)				8.054** (3.671)	
bsegcz			−10.340* (5.323)				0.091 (0.088)				−7.348** (3.298)	

续表

变量	东部				中部				西部			
	(1)	(2)	(3)	(4)	(5)	(6)	(7)	(8)	(9)	(10)	(11)	(12)
capseg				5.171* (1.639)				-0.048 (0.121)				8.580* (1.361)
csegcz				-15.123 (17.999)				-0.003 (0.432)				-7.573* (3.034)
控制变量	YES	YES	YES	YES	YES	YES	YES	YES	YES	YES	YES	YES
常数项	3.228 (4.738)	-0.301 (2.330)	-0.069 (1.377)	5.193 (8.770)	1.004 (1.060)	2.050 (1.803)	1.045 (0.970)	4.061 (3.035)	-0.402 (2.031)	3.090 (3.103)	0.700 (1.651)	-1.892 (3.032)
AR(2) test	0.156	0.173	0.179	0.598	0.556	0.289	0. 705	0.669	0.306	0.129	0.375	0.549

注:括号中为标准误,***,**,*分别代表1%,5%,10%水平上显著。

我们发现,要素配置效率具有较强继承性。表 6.3 显示,在动态影响过程中,东部和西部地区的农产品流通产业的要素配置效率也更明显地受到各自前期要素配置效率惯性的影响。市场分割对东部、中部和西部地区的要素配置效率的影响差别显著。东部和西部地区产品市场分割、城乡间市场分割和资本市场分割显著提升了农产品流通产业要素配置效率,产业间劳动力市场分割则起到显著抑制作用。但在中部地区,这 4 类市场分割对要素配置效率的影响与东西部影响方向相反,但并未通过显著性水平检验。具体情况是:

①东部与西部地区产品市场分割极好地保护了当地的要素配置效率的优化。在东部地区,产品市场分割对农产品流通产业要素配置效率的影响系数高达 27.932,但仍低于西部地区的影响系数(39.814)。也就是说,在东部地区和西部地区,产品要素市场分割有力地保护地了当地的农产品流通产业的要素配置效率的提升,且西部地区的保护作用更甚于东部地区。

②产业间的柔性劳动力市场分割损害了东部和西部地区的要素配置效率的提升。回归显示,东部地区的产业间柔性劳动力市场分割对要素配置效率影响系数为-3.281,西部地区的影响系数为-7.759,且都通过了显著性水平的检验(分别为 5%,10%水平上的统一)。这表明产业间的劳动力要素的柔性分割,形成了一道无形的幕墙,阻隔了不同产业间的劳动力流动。这样先进制造业或其他服务业的技术与知识溢出效应受限。其后果,农产品流通产业中低技术的产业从业人员无法进入到高技术产业学习提升自己,而滞留在产业中,拖累要素的配置效率;而高技术人才因为难以实现价值,又难以进入到低技术从业人员集中的农产品流通产业中去,无法带动产业要素配置效率的提升。

③城乡间的劳动力市场分割促进了农产品流通产业要素配置效率的优化。无论是东部地区,还是西部地区,城乡间劳动力市场分割对农产品流通产业要素配置效率的影响系数都为正(分别为 10.568,8.054),且都通过 5%水平统计显著性检验。这预示着,城乡间的劳动力市场分割保证了农产品流通产业的劳动力的有效供应,有利于产业的要素配置效率优化。这与产业间劳动力市场分

割的作用方向相反,似乎显示出劳动力市场分割的冲突与矛盾。不过,深入思考后,这两者之间的反应其实并不冲突。研究期,正是中国大规模的劳动力转移期。这十几年中,中国基本维持了每年 2 亿左右的流动人口,以乡村向城市转移为主,且主要是省际人口流动。据国家统计局数据显示,2016 年我国城镇常住人口 7.929 8 亿人,城镇人口占总人口比重攀升至 57.35%①。按 2030 年城镇化水平到 70%计算,还将有接近 2 亿人口从农村流动至城镇。这部分流动人口,由于城乡劳动力的各种制度性因素障碍,不能进入城市中体制内或其他事业单位或大型国有企业就业,促成他们转向熟悉的农产品生产的农产品流通产业。这样便容易解释为什么城乡劳动力市场分割在过去的十几年中有利于农产品流通产业要素配置效率的优化与提升。

④资本市场分割也显著促进了东部和西部地区的农产品要素配置效率的改善,中部地区的情况恰好与东西部地区相反。

经济增长方式转换的市场规律与经济政策引导的供给侧改革的要求,使得无论是制造业还是服务业,无论传统产业还是新兴产业都不得不慎重考虑生产过程中的全要素生产率的问题,尤其是全要素生产率中的要素配置效率问题。农产品流通产业在发展的过程中,要素配置效率低,产业增长放缓与产业发展过程中所面临的市场分割密不可分。在 SYS-GMM 模型中,除研究了产品市场分割、产业间的劳动力市场分割、城乡间劳动力市场分割和资本市场分割四大类分割对农产品流通产业的要素配置效率的影响外,还考虑了其他因素对要素配置效率的影响。研究发现,要素边际产出和产业资本深化促进了农产品流通产业的要素配置效率和要素规模效率的改善。这也就意味着,农产品流通产业中单位劳动力占有的资本量越大,对产业的规模改进和要素配置优化十分有利。产业劳动力边际产出的提高,促进了全要素生产率的增长。这进一步证明了前文关于劳动力节约型的技术进步促进了产业增长的研究结论。此外还应

① 数据来源:《中国统计年鉴》。

关注到,随着农民受教育程度的提高,农产品流通产业的全要素生产率及其分解却是恶化的。这一结果似乎是有悖于常识。细思之下,可以理解为农产品流通产业仍处在较落后的生产方式中,对劳动力的技术要求低,因而,受教育程度更高的从业人员流出该产业,而留下的则是受教育程度较低的劳动力,这显然不利于产业的发展。在等级公路和高速公路高速发展的今天,以县乡三级及以下的道路衡量的道路长度越长,表明该区域的基础设施水平越差,经济发展也越落后,反映到对农产品流通产业要素配置效率优化影响上则为不利。

6.2　要素配置效率影响农产品流通产业增长估计

要素配置效率的优化是提高产业增长质量的关键,也是农产品流通产业供给侧改革的核心。现有文献研究关于要素配置效率是否显著促进了经济增长还存在较大分歧。理论上,要素配置效率的改善能有效提高 TFP 的增长,推动经济健康积极发展。经验研究的结果是,过去 40 年,大多数产业行业都是以大投入、大产出的发展模式快速扩张。因而,有理由相信,要素配置效率或 TFP 对产业增长的促进作用可能会不那么显著。

据第 4 章研究结果,2006—2015 年,农产品流通产业的要素配置效率为负,处于很低水平,可以猜想要素配置效率对产业的增长作用至少在这期间年是相当微弱的。为证实这一猜想,我们对要素配置效率与产业增长的关系进行检验。估计所采用的数据与前一节保持一致,控制变量不变,结果见表 6.4。结果显示,要素配置效率对农产品流通产业增长的影响确实不显著。

在此,我们暂不考虑市场分割影响。根据前文分析 ,市场分割通过影响要素配置效率进而对农产品流通产业的产出发挥作用。这一节将分析要素配置效率是否在市场分割约束下传递出对产业的影响力,即检验是否存在受不同类型市场分割的调节(即约束),要素配置效率对农产品流通产业增长的作用表现不同。

表 6.4　要素配置效率对农产品流通产业增长影响估计结果

变　量	（1）	（2）	（3）	（4）	（5）	东	中	西
ΔAE	0.054 （0.064）					0.191 （0.158）	0.042 （0.052）	0.171 （0.222）
ΔSE		0.136 （0.113）						
ΔTE			38.542*** （10.267）					
ΔT				13.345*** （1.678）				
ΔTFP					0.037 （0.043）			
r	−0.007 （0.012）	−0.028** （0.012）	−0.029** （0.012）	−0.026** （0.012）	−0.026** （0.012）	0.033 （0.098）	−0.014 （0.074）	0.103 （0.167）
tpl	0.063*** （0.010）	0.023*** （0.007）	0.013* （0.007）	0.018*** （0.005）	0.026*** （0.007）	0.003* （0.002）	0.005* （0.003）	0.001* （0.001）
fixed	0.010* （0.007）	0.016*** （0.006）	0.020*** （0.006）	0.016*** （0.005）	0.016*** （0.006）	0.007*** （0.024）	0.007* （0.016）	0.008* （0.015）

lnroad	0.049** (0.068)	0.225*** (0.062)	0.231*** (0.060)	0.134** (0.060)	0.194*** (0.062)	0.079*** (0.015)	0.030** (0.010)	0.070*** (0.013)
fdi	0.011** (0.000)	0.008*** (0.000)	0.009** (0.000)	0.000 (0.000)	0.010*** (0.000)	0.013** (0.008)	1.317** (0.430)	0.018** (0.015)
常数项	4.958*** (1.263)	2.727** (1.200)	2.453** (1.155)	3.979*** (1.084)	3.093** (1.206)	0.007 (0.015)	3.631*** (0.776)	5.577*** (1.380)
Obs	300	300	300	300	300	110	70	120
R^2	0.651	0.605	0.640	0.748	0.689	0.648	0.633	0.449

注：括号中为标准误，***，**，* 分别代表 1%，5%，10%水平上显著。

为此,构建要素市场三类不同的市场分类分析模型,剖析要素市场分割对农产品流通产业的影响。模型中,除引入要素市场分割与要素配置效率交互项外,要素市场分割的二次项也纳入进来。通过混合回归,固定效应模型和随机效应模型估计,并经 Hausman 检验,最终选择固定模型作为分析模型。表 6.5 中,第一组给出了在城市中,体现为不同产业间劳动力市场分割约束下的作为参照的不考虑分割指数平方项模型(1)和给出加入分割指数平方项的模型(2),以及市场分割与要素配置效率交互相乘项模型(3)。第二组是考虑城乡间劳动力要素市场分割的上述 3 种模型回归结果;第三组给出的资本市场分割的分析模型的结果。inlbseg、belbseg、capseg 与前表相同,分别代表城市内劳动力市场分割指数、城乡间劳动力市场分割和资本市场分割;inseg2,beseg2,cseg2 则是上述 3 个指数的平方项;*AEINSEG*、*AEBESEG*、*AECPSEG* 分别代表产业间劳动力市场×*AE*、城乡间劳动力市场分割×*AE* 与资本市场分割×*AE*。σ_{kl} 为资本与劳动要素替代弹性,其他的变量与前文同。模型(1)、模型(4)、模型(7)为参照模型,模型(2)、模型(5)、模型(8)为考虑市场分割平方项模型,模型(3)、模型(6)、模型(9)为在前一组模型基础上,进一步加入要素配置效率与分割指数交互项。

从回归结果看,无论是在城市内各产业间的劳动力市场分割、城乡间劳动力市场分割,还是资本市场分割的约束下,要素配置效率对农产品流通产业的增长都没有显著的影响。尽管市场分割约束下,要素配置效率对农产品流通产业增长的影响并不显著,但模型的估计还是反应出一些有价值的信息。第一,进一步验证了市场分割对农产品流通产业的抑制作用。城市内部各产业间的劳动力市场分割对农产品流通产业发展产生显著的负向影响即不同产业间的劳动力流动的各种限制约束了农产品流通产业的发展。城市内产业间的劳动力市场分割与农产品流通产业增长间的关系呈“U”型结构特征。城乡间的劳动力市场分割对产业发展的抑制力是要小于不同产业间的市场分割的,也存在类似的“U”型结构特征,但未通过显著性检验。市场分割约束下要素配置效率加剧拖累了农产品流通产业的发展。要素配置效率与城乡间劳动力市场分割指数交互项为正,意味着农产品流通产业的要素配置效率的提高在城乡间的劳动力市场分割情形下,也加深了对产业增长的抑制,但这一作用在统计水平上并不显著。资本市场分割对农产品流通产业的影响呈现倒“U”型特征,在资本市场分割的作用下,而农产品流通产业要素配置效率有益于农产品流通产业的增长。

模型还观察了包括其他要素特征和产业特点的变量对产业发展的影响。表 6.5 中,仅列出了不同的模型中通过变量显著性检验的部分。体现要素特征的指标包括要素替代弹性 σ_{kl} 和技术进步的要素偏向(dbiask)。研究结果发现,要素替代弹性对农产品流通产业作用为负,且在模型(1)—模型(9)的所有模型中都通过 10%以上的显著性水平检验。进一步,由于农产品流通产业的资本劳动替代弹性系数小于 1,在农产品流通产业生产中,增长一单位的劳动所需减少的资本投入量是小于 1 的,因而会偏向使用更多的劳动,而不是资本。然而,按照世界经济发展的经验和基本规律,随着经济的发展,劳动力成本越来越高,生产过程中,企业将会不断增加对资本使用以替代对劳动的使用,从而使资本劳动替代弹性朝向持续增长的方向发展,但资本使用的效应会持续下降。相比之下,农产品流通产业发展还没有达到其他产业发展的成熟度,对资本和劳动的投入需要的缺口都很大。替代弹性越高,产业增长越慢的原因可能在于要素配置效率低下所致。在城乡劳动力市场分割的模型中,技术进步偏向与农产品流通产业增长之间为正向的促进关系。换言之,技术进步的资本偏向有利于克服城乡之间的劳动力市场分割对产业发展影响不利的不足。而这一点在城市内产业间的劳动力市场分割中则表现不明显。在资本分割市场上,技术进步偏向的影响也不显著。资本的边际产出在产业间劳动力市场分割的分组中影响中最为显著,而在其他两组中,则不显著。这就表明,农产品流通产业的资本边际产出的增长,会缩减由于产业间劳动力市场分割对产业增长带来的冲击,从而有利于产业增长。其内在的机理在于,农产品流通产业的资本边际产出提高,那么资本在不同产业间选择时,一定会选择那些有利可图的产业进行配置,吸引资本进入该产业,从而使得该产业多使用资本,从而节约劳动。

表 6.5　市场分割约束下要素配置效率对农产品流通产业的回归结果

变　量	产业间劳动力市场分割			城乡间劳动力市场分割			资本市场分割		
	(1)	(2)	(3)	(4)	(5)	(6)	(7)	(8)	(9)
ΔAE	−0.393 (0.268)	−0.104 (0.068)	−0.106** (0.152)	−0.266 (0.490)	−0.133 (0.060)	−0.124 (0.140)	−0.209 (0.164)	−0.016 (0.061)	−0.020 (0.156)
AEINSEG			4.692* (−2.793)						
AEBESEG						0.101 (−0.098 9)			
AECPSEG									6.428*** (−2.249)
inlbseg	−3.823*** (−1.093)	−10.50*** (−3.147)	−11.13*** (−3.159)						
belbseg				−1.694*** (−0.194)	−2.416*** (−0.853)	−2.445*** (−0.853)			
capseg							1.580*** (−0.422)	4.751*** (−0.967)	5.606*** (−1.000)
inseg2		28.99** (−12.82)	32.19** (−12.92)						

beseg2					0.179 (−0.205)	0.181 (−0.205)			
cseg2								−4.328*** (−1.194)	−5.108*** (−1.209)
σ_{kl}	−0.077* (−0.042)	−0.079* (−0.041)	−0.080 1* (−0.041)	−0.064 9* (−0.038)	−0.066* (−0.031)	−0.068* (−0.038 1)	−0.077** (−0.039)	−0.090** (−0.038)	−0.092** (−0.038)
edu	−0.711*** (−0.232)	−0.644*** (−0.232)	−0.627*** (−0.231)	−0.714*** (−0.208)	−0.616*** (−0.237)	−0.596** (−0.237)	−1.041*** (−0.216)	−1.136*** (−0.213)	−1.070*** (−0.211)
sevp	0.059*** (−0.020)	0.059*** (−0.021)	0.060*** (−0.02)	0.038** (0.016)	0.019 (0.019)	0.038** (0.016)	0.024*** (0.004)	0.024*** (0.004)	0.024*** (0.004)
cirsv	0.018*** (−0.003)	0.017*** (−0.003)	0.017*** (−0.003)	0.018*** (−0.003)	0.018*** (−0.003)	0.018*** (−0.003 4)	0.017*** (−0.003 6)	0.018*** (−0.003)	0.018*** (−0.003)
r	−0.137*** (−0.026)	−0.132*** (−0.025)	−0.129*** (−0.025)	−0.083*** (−0.024)	−0.074*** (−0.026)	−0.073*** (−0.026)	−0.114*** (−0.026)	−0.123*** (−0.025)	−0.125*** (−0.025)
常数项	0.902 (−2.774)	0.878 (−2.752)	0.698 (−2.745)	7.736*** (−1.748)	7.487*** (−1.772)	7.358*** (−1.776)	2.24 (−1.98)	3.321* (−1.958)	2.617 (−1.948)
R-squared	0.557	0.566	0.57	0.627	0.628	0.63	0.601	0.62	0.631

此外,模型中还考察了其他几个重要的影响因素,其中有两个因素值得关注,一是 GDP 的增长率,模型中用 r 表示;二是农民受教育程度,模型中以 edu 表示。从回归结果看,9 个模型结果都显示 GDP 增长率对农产品流通产业的增长率影响是负向的,而且全部都通过了 1%水平上的显著性检验。这一发现,令人着实惊讶。理论上,GDP 的增速应是拉动各产业增长的重要力量,为何对农产品流通产业却产生了阻力呢?细细分析,也不难发现其原因。研究期的这十年,虽然政府一再强调要改变粗放式增长模式,进行供给侧改革。然而,各行运行机制的惯性和粗放式增长在某些领域的高回报率,以及对粗放式增长所带来的后果的低约束和低惩戒成本,中国 GDP 增长仍主要以要素投入为主的增长方式。因此,在制造业、建筑业、石油化工等主要拉动经济增长的产业中,吸纳了诸多的资本和劳动力资源,造成流入农产品流通产业的资本与劳动力要素不足,遏制了产业的发展。农民受教育程度是衡量劳动力者掌握知识与技术的能力与素质的标准。表 6.5 结果显示,受教育程度与产业增长之间呈现显著的负向关系模型(1)—模型(9)中变量 edu 的估计系数都为负,且仅有一个模型是在 5%水平上显著,而其他模型都是在 1%水平上显著)。产业发展与劳动者素质的关系在诸多的研究中都展示出重要的积极的作用,然而,在农产品流通产业中,却出现相反的情形,农民受教育程度越高,越不利于产业的发展。可以解释的原因是,在农产品流通产业中,仍是以劳动密集型的方式生产。且传统上,从事农产品流通产业的人员以低学历的农民和城镇低技能人员为主。加之农产品流通产业的低增长,少利润和高辛苦度等原因,使得受教育程度高的人更偏向于寻找机会离开。

6.3 规模效率调节的要素配置效率中介模型构建

6.2 经验估计结果显示,农产品流通产业要素配置效率对产出增长的影响在统计意义上未通过显著性检验,且即便是在市场分割约束条件下也未能改变这一结果。这与诸多研究文献经验研究发现基本一致,也与当下粗放式经济增长中,要素配置效率推动经济增长的作用式微的现实一致。不过,这一研究结果却是与理论推导相左的。理论上,要素配置效率的提升,必然推动经济高质量的增长。而 6.2 以自变量为调节变量的模型估计结果表明,要素配置效率低下拖累了农产品流通产业的增长。那么,在现有经验数据条件下,如何才能在统计意义上更显著地刻画出要素配置效率对产出的影响机理,是值得深入探讨的问题。从历史发展的角度分析,要素配置效率之于产业增长的影响可能需要借助调节变量的才会变得使之作用变得显著起来。冯贞柏(2019)在以行业为生产单位,采用随机前沿生产函数模型,测算得到要素配置效率会随着规模效报酬而发生变动的结论。可以预设,在以要素投入推动产业增长的发展模式下,要素配置效率一定时,产业规模效应的提高将有利于产业产出增长;相反,在规模效应小的情形下,则要素配置效率再高也不能提高产业产出的增长。此时,规模效应对要素配置效率与产业之间的调节效应如图 6.1 所示。

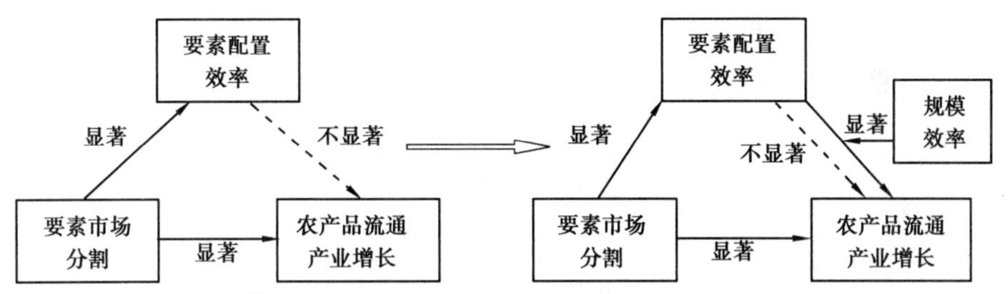

图 6.1　带调节的中介效应模型

为检验规模效应的调节作用,需要对要素配置效率在规模效应调节下对农产品流通产业增长的显著性进行估计。模型中 ΔSE 为第 4 章通过变前沿模型测算得到,其他变量的涵义同样与前文保持一致。回归过程分别采用随机效应和固定效应两种模型进行估计,并通过 Hausman 检验最终选择以固定效应模型(见表 6.6)。

表 6.6　模型(1)—模型(5) Hausman 检验结果

模　型	模型(1)	模型(2)	模型(3)	模型(4)	模型(5)
chi2	55.47	58.29	41.86	49.39	57.93
Prob>chi2	0.000	0.000	0.000	0.000	0.000

从回归结果表 6.7 看,经过调节的中介变量对因变量的影响由原来的不显著变得显著起来,即要素配置效率对农产品流通产业产出的影响力为 1.098,且在 1%水平上显著,见模型(2)。因此,要素配置效率的变动需要具备一定的规模效应才可能对农产品流通产业的增长有积极而显著的影响。为证实这一猜想,先进行规模效应调节中介变量与因变量之间的关系模型进行估计,以初步判断模型合理性,及下一步构建条件中介效应模型做准备。

表 6.7　规模效率调节下要素配置效率对产业增长的影响估计结果

变　量	(1)	(2)	(3)	(4)	(5)
ΔAE	0.112 (0.086)	1.098** (0.411)	1.274** (0.470)	0.736* (0.372)	1.131** (0.428)
ΔSE		−1.745*** (0.507)	−2.035*** (0.611)	−0.801* (0.440)	−1.807*** (0.529)
ASEE		0.020* (0.087)	0.016* (0.101)	0.067* (0.071)	0.023* (0.089)
inlbseg			−6.842*** (0.862)		
belbseg				−2.109*** (0.224)	
capseg					0.996** (0.411)
σ_{kl}	−0.098*** (0.034)	−0.091*** (0.031)	−0.099*** (0.033)	−0.075*** (0.020)	−0.095*** (0.028)

续表

变　量	(1)	(2)	(3)	(4)	(5)
fixed	0.103*** (0.017)	0.099*** (0.016)	0.068*** (0.013)	0.036*** (0.009)	0.099*** (0.016)
edu	-0.895*** (0.275)	-0.872*** (0.265)	-1.006*** (0.247)	-0.584** (0.235)	-0.895*** (0.267)
fdi	-0.000 (0.000)	0.000 (0.000)	-0.000 (0.000)	0.000 (0.000)	0.000 (0.000)
lnroad	0.528*** (0.176)	0.453*** (0.155)	0.271** (0.107)	0.122 (0.080)	0.448*** (0.157)
常数项	-8.612** (3.313)	-7.559** (3.022)	-0.851 (2.729)	3.133 (2.539)	-7.413** (2.990)
Obs.	300	300	300	300	300
R-squared	0.364	0.384	0.450	0.558	0.392

注:括号中为标准误,***,**,* 分别代表 1%,5%,10%水平上显著。

6.4　条件中介效应模型实证分析

根据前文的机理分析,市场分割对农产品流通产业增长的影响除了直接效应外,还可能通过影响要素配置效率进而间接影响产业的增长。上两节考察中介变量与因变量关系时发现,中介变量需要经过调节变量的作用才对因变量产生影响。因此,是带调节的中介效应,也称为调节中介效应(Moderated Mediation)。具体而言,调节中介效应是指调节变量的取值大小影响中介变量所能解释的间接效应的幅度,被称为条件间接效应。它通过对调节变量取特定值,评估间接效应的影响效果。Preacher(2007)和 Hayes(2013)发展了 Muller(2005)等人的理论,详细阐述了调节中介效应产生的理论背景和框架,并提供了 5 种调节中介模型的调节中介效应检验和计算间接效应大小的方法。从上节的分析可知，带调节的要素配置效率中介效应模型正是 Preacher(2007)构建的模型中的第 3 种模型——调节中介变量与自变量模型。

要素配置效率的提升只是优化不同投入要素的配比，调整了产业内部各要素的配置结构，在规模受限条件下，其直接推动产业产出的增长的贡献有限。现有文献也主要是从要素配置份额变动和要素价格扭曲这两方面来探讨其影响经济增长机制与影响，而不是要素配置效率变动(ΔAE)本身。事实上，较高要素配置效率需要在一定规模经济条件下，通过扩大的生产规模才能发挥提高产业产出的效用。以规模效率(ΔSE)为调节变量，要素配置效率为中介变量，产业增长为因变量，市场分割($segm$)为自变量的调节中介效应模型构建如下：

$$\Delta AE = a_0 + a_1 segm \tag{6.5}$$

$$crvil = b_0 + b_1 \Delta AE + b_2 segm + b_3 \Delta SE + b_4 \Delta AE \times \Delta SE \tag{6.6}$$

$$\text{条件间接效应} = a_1(b_1 + b_4 \Delta SE) \tag{6.7}$$

Preacher(2007)和 Hayes(2013)提出检验调节中介效应方法有两种：第一种方法是基于正态分布假定的。不过基于正态分布方法的置信区间和假设检验通常不够准确。第二种方法采用自举法 (Bootstrapping) 方式，以获得标准误和置信区间，检验条件间接效应。由于自举过程至少抽取 500 次，运算量大大增加，因此计算速度减缓，但这样可以获得的置信区间的是修正偏误且非对称的，可以更好地反映条件间接效应。为了计算条件间接效应大小，在具体运算过程中，将计算调节变量取低值(均值减一个标准差)、中值(均值)、高值(均值加一个标准差)时，分别对应的条件间接效应值的大小。

根据式(6.5)和式(6.6)，条件过程分析分别就城乡间劳动力市场分割、产业间劳动力市场分割、资本市场分割对农产品流通产业增长进行估计，具体结果如表 6.8 所示。在 SEM 方程的 ΔAE-$segm$ 关系估计中，农产品流通产业要素市场分割有利于农产品流通产业要素配置效率的优化，这与 6.1 的结论一致。其中，产业间柔性劳动力市场分割和城乡间刚性劳动力市场的影响都通过了

10%水平的显著性水平检验。我们重点关注的是调节项系数显著性及大小。显然,无论是产业间劳动力市场分割市场、城乡间劳动力市场分割市场还是资本市场分割市场,规模效率的变动对要素配置效率变动与农产品流通产业间关系的调节作用在 95%以上的水平上显著。

表 6.8　调节中介效应模型及其间接效应估计

SEM 方程	变　量	(1)产业间劳动力市场分割	(2)城乡间劳动力市场分割	(3)资本市场分割
ΔAE-segm	segm	0.529* (0.347)	0.064* (0.036)	0.030 (0.166)
	常数项	-0.115*** (0.031)	-0.184*** (0.063)	-0.079*** (0.022)
Crivl-segm-ΔAE-ΔSE	ΔAE	1.823 *** (0.671)	1.486 *** (0.590)	1.544** (0.731)
	segm	-1.588*** (1.730)	-1.905*** (0.150)	0.539 (0.826)
	ΔSE	-6.748*** (0.933)	-4.583 *** (0.837)	-6.676*** (1.017)
	ΔAE×ΔSE	0.290*** (0.092)	0.161 ** (0.081)	0.301 *** (0.104)
	常数项	0.721*** (0.152)	2.933*** (0.258)	-0.183 (0.120)
	Var(e. ΔAE)	0.113 (0.009)	0.112 (0.009)	0.114 (0.009)
	Var(e. *Crivl*)	2.344 (0.191)	1.814 (0.148)	2.781 (0.227)
条件间接效应	ΔSE 取低值	-0.418	0.117	0.066
	ΔSE 取中值	0.003	0.157	0.102
	ΔSE 取高值	0.425	0.198	0.138
LR 值		563.29***	561.74***	565.62***

注:括号中为标准误,***,**,* 分别代表 1%,5%,10%水平上显著。

对比表 6.5，ΔAE 对产业增长的影响都不显著。表 6.8 中，ΔAE 对促进农产品流通产业增长的影响都变得十分显著，也就是说，要素配置效率对产业增长的影响是受到产业的规模效应的影响。条件间接效应的大小即规模效应变动的大小对要素市场分割通过要素配置效率变动引起产业增长变动的间接效应的幅度在模型（1）（2）（3）中都呈现出随着调节变量的取值加大而增大。其中，模型（1）规模效率变动幅度对要素配置效率所起到的中介效应的调节作用引起的变动幅度最大，当 ΔAE 取低值时，要素配置效率的中介效应为负值（-0.418）；而当其取均值时，要素配置效率的中介效应很弱仅为 0.003；当其取高值时，要素配置效率的中介效应为正值，达到 0.425。在产业的规模效率低时，产业间劳动力市场分割通过要素配置效率引起农产品流通产业增长的间接效应为负值；而当规模效率达到高值时，产业间劳动力市场分割通过要素配置效率对农产品流通产业增长的间接效应转为正值。换而言之，农产品流通产业中，企业规模越大，规模效应越明显。那么，农产品流通产业与制造业或其他服务业间的劳动力市场分割对产业的影响通过优化农产品流通产业的要素配置效率的积极效应就越大。进一步，相较于模型（2）和模型（3）中的条件中介效应而言，模型（1）中调节变动幅度较大。这一结果的经济含义是，劳动力产业间分割市场中，通过要素配置效率从而影响到产业增长的路径与产业规模效应的大小关系最为密切。

模型（2）回归结果显示，经过规模效率调节，要素配置效率对农产品流通产业的影响系数达到 1.486，且在 1%水平上通过检验，城乡劳动力市场分割对农产品流通产业的抑制效应为-1.905，亦在 1%的显著性水平上通过检验。此时，条件过程所产生的间接效应平均为 0.157，影响系数最高达 0.198，最低为0.117。这表明当规模效率越高时，城乡劳动力市场分割通过保护要素配置效率从而促进农产品流通产业增长的间接效应就越大。模型（3）资本市场分割的条件过程结果也表明规模效率的越高，其间接效应越大。即资本要素市场分割通过保护农产品流通产业的要素配置效率从而促进产业增长的效用是建立在较高的产业规模效率的基础上，规模效率越高，促进作用越大。然而，从总的效应看，间接效应的促进作用还不能抵消市场分割农产品流通产业的抑制效应。农产品流通产业的要素市场分割对产业的影响仍以遏制产业增长为主。

进一步，为检验上述调节中介效应显著性，获得标准误和置信区间，下面将使用 Bootstrap 获得自举估计。经运算，数据结果由表 6.9 给出：在 95%置信区间下，模型（1）和模型（2）中调节变量规模效应的确影响了以要素配置效率为中介变量的劳动力市场分割对农产品流通产业增长的影响。在模型（1）和模型（2）中，规模效率无论是取低值、中值，还是高值，百分比置信区间（*P*）和偏差修正区间（*BP*）在 95%置信区域都不包含 0，表明以规模效应为调节的中介效应模型显著。但是，模型（3）中，Bootstrap 检验的偏差修正置信区间分别为（−0.276，0.738），（−0.490，1.064）和（−0.681，1.627），95%置信区域都包含了 0 值，即接受调节效应为零的原假设。这代表规模效率并不能发挥调节中介变量与因变量关系的作用。检验结果表明，产业间劳动力市场分割和城乡间的劳动力市场分割通过要素配置效率对农产品流通产业的抑制作用，会随着规模效率的变化而发生变化，而且规模效应越大，调节效用越大（估计值随着 ΔSE 取低值、中值和高值越来越大）。但在资本市场分割中，调节中介效应未能通过检验，即其调节中介效应不显著。

表 6.9　调节中介效率的 Bootstrap 检验结果

模　型	调节变量	估计值	Bootstrap-Bias	标准误	95%置信区间		区域类型
模型（1）	ΔSE 低值	1.273	−0.180	0.729	0.036 0.295	2.728 3.908	（P） （BC）
	ΔSE 中值	1.872	0.040	1.083	0.124 0.147	4.336 4.408	（P） （BC）
	ΔSE 高值	2.470	0.260	1.671	0.153 0.153	6.616 6.616	（P） （BC）

续表

模　型	调节变量	估计值	Bootstrap-Bias	标准误	95%置信区间		区域类型
模型(2)	ΔSE 低值	0.117	0.000	0.087	0.005 0.020	0.352 0.415	(P) (BC)
	ΔSE 中值	0.158	0.013	0.114	0.018 0.021	0.451 0.464	(P) (BC)
	ΔSE 高值	0.198	0.027	0.161	0.020 0.021	0.586 0.598	(P) (BC)
模型(3)	ΔSE 低值	0.066	−0.020	0.217	−0.401 −0.276	0.510 0.738	(P) (BC)
	ΔSE 中值	0.102	−0.008	0.371	−0.590 −0.490	0.864 1.064	(P) (BC)
	ΔSE 低值	0.138	0.004	0.550	−0.806 −0.681	1.379 1.627	(P) (BC)

注:(*P*)表示百分比置信区间;(*BC*)表示偏差修正置信区间。

6.5　本章小结

本章从要素配置效率的视角,根据 2005—2015 年数据,通过有调节的中介效应模型研究了要素市场分割对农产品流通产业增长的影响。在此过程中,首先采用 SYS-GMM 模型就要素市场分割对农产品流通产业要素配置效率进行估计;其次就要素配置效率对农产品流通产业影响进行固定面板和市场分割约束下的影响分析,最后对规模效应调节下的中介效应模型进行深入分析。研究结果可总结为以下几点:

①系统 GMM 估计表明农产品流通产业要素配置效率的变化有明显的继承性特点,随着时间的推移,前期走势的影响会逐渐衰减。产品市场分割和要素

市场分割对农产品流通产业的要素配置效率提升发挥了一定的保护和促进作用。产品和要素市场分割对各区域要素配置效率的影响差别显著。东部和西部地区产品市场分割、城乡间市场分割和资本市场分割显著提升了农产品流通产业要素配置效率，且西部地区的保护作用更甚于东部地区。产业间劳动力市场分割则农产品流通产业要素配置效率则起到显著抑制作用，中部地区则影响都不显著。要素边际产出和产业资本深化促进了农产品流通产业的要素配置效率和要素规模效率的改善。

②无论是否有条件约束，要素配置效率在产业间柔性劳动力市场分割、城乡间刚性劳动力市场分割，以及资本市场分割的模型检验中，对农产品流通产业的增长都没有产生显著的影响。农产品流通产业要素配置效率是否对农产品流通产业的影响可能取决于其他变量的影响。

③经产业规模效应调节，以要素配置配效率为中介的条件中介效率模型显示，要素市场分割影响农产品流通产业增长的间接效应随着规模效应的增大而增大。通过规模效率调节，以要素配置效率为中介时要素市场分割对产业的间接影响会随着规模效率取值的变化而变化，规模效率值越高，市场分割通过要素配置效率影响农产品流通产业增长的间接效应就大。劳动力产业间的柔性分割市场通过要素配置效率从而影响到产业增长的路径与产业规模效应的大小关系最为密切。其次是城乡劳动力市场分割和资本市场分割。然而，从总的效应看，经过条件中介过程获得的间接效应的促进作用还不能抵消市场分割对农产品流通产业的抑制效应。农产品流通产业要素市场分割对产业的影响仍以遏制产业增长为主。

第7章　市场分割、要素配置效率影响农产品流通产业增长的空间效应解析

第5章和第6章详细地分析了市场分割对农产品流通产业增长的影响，从结果来看，市场分割保护了弱小产业的要素配置效率增长，但却无法改变其抑制整个产业发展的现实。然而市场分割的抑制能完全阻隔区域之间经济的互动吗？现有大量的研究强调区域之间空间相互关系的重要性，在一个国家内部，区域间总是存在这样或那样的要素流动和知识、信息的交流（M. Daumal, S. Ozyutr, 2013）。流通产业本身具有空间的内涵，受到空间经济规律的制约（卢太平，1999）。商品流通过程也就是商品的跨区域流转，因此其地理空间上产生的互动和关联必然对流通产业发展及区域间的关系产生直接的影响。传统面板计量分析方法，没有考虑空间计量的运用，而忽视空间依赖性可能会产生有偏的估计系数和统计量（M. Abreu, H. De Groot, R., 2005）。因此，研究中需要将地区之间的空间互动纳入模型进行分析。基于此，本节利用空间计量方法分析区域之间的相互影响。农产品流通产业自带的流通性质，会在空间属性上表现出哪些特性呢？

7.1　空间自相关检验

运用空间计量分析之前,需要测算区域间农产品流通产业的空间依赖程度。空间自相关检验是检验一个区域观察值与其邻近区域是否相似,以判断是否存在空间关系的有效方法。计量经济学一般使用空间自相关 Moran I 指数来计算,即:

$$I = \frac{n\sum_{i=1}^{n}\sum_{j=1}^{n} w_{ij}(x_i - \bar{x})(x_j - \bar{x})}{\sum_{i=1}^{n}\sum_{j=1}^{n} w_{ij}\sum_{i=1}^{n}(x_i - \bar{x})^2} = \frac{\sum_{i=1}^{n}\sum_{j\neq i}^{n} wi_j(x_i - \bar{x})(x_j - \bar{x})}{S^2\sum_{i=1}^{n}\sum_{j=1}^{n} w_{ij}} \tag{7.1}$$

式中,n 代表研究区内地区的总数;w_{ij}为空间权重;x_i和 x_j分别是区域 i 和区域 j 的属性值;$\bar{x} = \frac{1}{n}\sum_{i=1}^{n} x_i$ 是平均值,$S^2 = \frac{\sum_{i=1}^{n}(x_i - \bar{x})^2}{n}$ 是方差值。Moran I 指数的取值范围[-1,1]。其中大于 0 表示正相关,值接近 1 时表明具有相似的属性聚集在一起。小于 0 表示负相关,值接近-1 时表明具有相异的属性聚集在一起。如果指数接近于 0,表示属性是随机分布的,或者不存在空间自相关性。

对于空间权重矩阵的设定,考虑到各省市农产品流通产业在地理空间上的密切联系及不同省份的联系性存在差异等现实,w_{ij}采用经典的 0-1 设定模式。即:当 i 地区和 j 地区相邻时取值为 1,否则为 0。由于在自然地理上,海南不与任何省份相邻,但从农产品流通与地理距离的紧密相关,在此设定其与广东和广西两省份为相邻区域。

根据式(7.1)测算农产品流通产业 2006—2016 年共 10 年的 Moran I 指数的结果如图 7.1 所示。

Moran I 指数的统计量都在 5%以上显著,且通过了空间自相关的 Wald 检验,说明全国各区域的农产品流通产业的增长率在空间上表现出依赖性,农产品流通产业增长率不仅受到本地区经济因素的影响,而且受到相邻地区的影响。

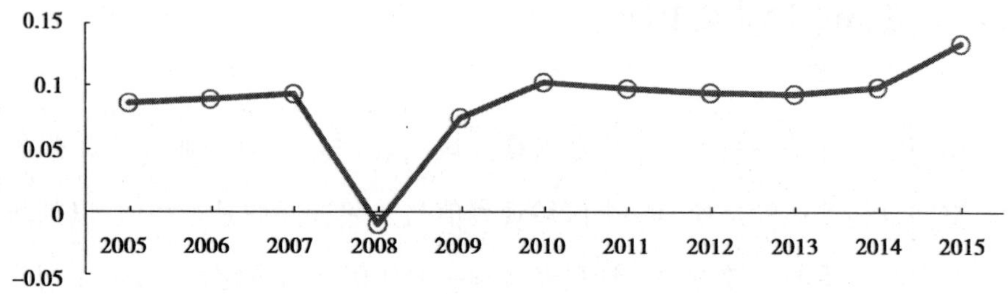

图 7.1　2005—2015 年农产品流通产业增长 Moran I 指数变化趋势图

数据来源:《中国对外经贸统计年鉴》。

7.2　考虑要素配置效率影响的空间模型构建

处理空间自相关数据的计量模型有许多,目前常用的主要有空间滞后模型(SAR)、空间误差模型(SEM)和空间杜宾模型(SDM)。前两类模型分别考虑了解释变量和被解释变量的空间自相关情况,而空间杜宾模型则同时考虑了变量和被解释变量的空间相关性,更具有代表性。因此,本书重点对 SDM 模型进行分析。SDM 模型包括两种类型的依赖性:被解释变量的依赖性(相邻区域的农产品流通产业增长率对 i 地区农产品流通产业增长率的影响)和解释变量的依赖性。SDM 模型的优势在于即使真实的数据生成过程是空间滞后或空间误差模型,仍然可以得到无偏估计。此外,该模型没有对空间溢出效率值的大小作出限定,既可以是全局的,也可以是局部的,还可以因解释变量的不同而不同。

SDM 模型考虑了自变量和因变量的空间滞后项,其表达形式为:

$$Y = \rho WY + \alpha \tau_n + X\beta + WX\theta + \varepsilon_i \tag{7.2}$$

式中,W 代表空间权重矩阵,WY 是因变量的空间滞后项;WX 代表自变量的空间滞后项,θ 为相系的系数向量;τ_n代表元素为 1 的列向量。

为检验结果的稳健性,引入区域开放度($open$)、产业结构水平($sevp$)、农产品流通速度(*crist*)作为控制变量。实证公式如下所示：

$$\ln y_i = \tau_n\alpha + \beta_{1,j}seg_j + \beta_2\Delta AE + \beta_3 open + \beta_4 sevp + \beta_5 cirst + \rho W\ln y + \gamma_{1,j}Wseg_j + \gamma_2 W\Delta AE + \gamma_3 Wopen + \gamma_4 Wsevp + \gamma_5 Wcrist + \varepsilon_i \quad (7.3)$$

式(7.3)中，seg_j为市场分割指数，j分别代表产品市场分割指数和要素市场分割指数；区域开放度(*open*)指贸易开放程度，以区域i进出口额占GDP的比重来表示。产业结构水平(*sevp*)以区域第三产业产值与第二产业的产值之比表示。农产品流通速度(*crist*)与前文同。控制变量的数据来源《中国统计年鉴》。*Wsevp*表示区域i相邻的区域的结构水平的均值。空间滞后变量$W\ln y$代表地区i相邻区域的增长率均值。

由于SDM模型同时考虑了解释变量和被解释变量的空间滞后项，其解释变量的变化不仅影响到本地区被解释变量，而且也会影响到其相邻地区被解释变量，因此，不能简单地用回归得到的结果解释两者之间的关系。本书参照Lesage(2009)的空间回归模型，借鉴张廷海(2018)的做法以偏微分方法对SDM模型的总效应进行分解，其中直接效应衡量了解释变量对本地区被解释变量的平均影响，间接效应衡量的是对其他地区的平均影响。具体计算过程如下：

$$Y = (1-\rho W)^{-1}\alpha I_n + (1-\rho W)^{-1}(X_i\beta + WX_i\theta) + (1-\rho W)^{-1}\varepsilon \quad (7.4)$$

整理可得：

$$Y = \sum_{r=1}^{k} S_r(W)xr + V(W)l_n\alpha + V(W)\varepsilon \quad (7.5)$$

其中，$S_r(W)=V(W)(I_n\beta+W\theta_r)$，$V(W)=(I_n-\rho W)^{-1}$，$I_n$是$n$阶单位矩阵。将上式转换成矩阵形式，得到：

$$\begin{bmatrix} y_1 \\ y_2 \\ \vdots \\ \vdots \\ y_n \end{bmatrix} = \sum_{r1=}^{k} \begin{bmatrix} S_r(W)_{11} & S_r(W)_{12} & \cdots & S_r(W)_{1n} \\ S_r(W)_{21} & S_r(W)_{22} & \cdots & S_r(W)_{2n} \\ \vdots & \vdots & \ddots & \vdots \\ \vdots & \vdots & \ddots & \vdots \\ S_r(W)_{n1} & \cdots & \cdots & S_r(W)_{nn} \end{bmatrix} + \begin{bmatrix} x_{1r} \\ x_{2r} \\ \vdots \\ \vdots \\ x_{nr} \end{bmatrix} + V(W)\varepsilon \quad (7.6)$$

这样,可得到总效应(*ATI*)、直接效应(*ADI*)和间接效应(*AII*)的计算式分别等于:

$$ATI = n^{-1} I_n S_r (W)_{I_n} \tag{7.7}$$

$$ADI = n^{-1} t_r((W)) \tag{7.8}$$

$$AII = ATI - ADI \tag{7.9}$$

7.3 空间杜宾模型(SDM)估计结果与效应分解

对式(7.3)的估计采用最大似然估计方法,估计结果如表 7.1 所示。回归结果显示,第一,无论是固定效应模型还是随机效应模型回归结果,空间杜宾模型的空间自相关系数(Spatial:rho)均大于 0,且都通过了 1%的显著性检验。这说明我国省域农产品流通产业经济增长存在明显的空间依赖性,即一个地区的农产品流通产业发展在一定程度上会受到和它具有相似特征的地区农产品流通产业增长的影响。从 Huasman 检验的结果可以看出,未能通过检验,因此,本书选用随机效应形式。第二,由于空间杜宾模型将变量的滞后因子纳入研究范围,所以解释变量的系数不能直接拿来反映对被解释变量的影响。不过,从模型的回归结果中可以很清楚地看出产品市场分割和劳动力市场分割的估计系数显著为负,表明这两大类市场分割对农产品流通产业增长起阻碍作用。资本市场分割的估计系数为正,但系数值很小(0.037),且未能通过显著性检验,表明资本市场分割一定程度上保护了农产品流通产业的发展,只是作用还不显著。当然,我们并不能把这些系数解释为计量模型的空间回归系数,因此,只有利用直接效应、间接效应和总效应才能解释空间系数的影响。

表 7.1　空间杜宾模型(SDM)回归结果

变　量	随机效应				固定效应			
	(1)	(2)	(3)	(4)	(5)	(6)	(7)	(8)
gdseg	−0.065*** (0.024)				−0.064** (0.026)			
inlbseg		−0.870 (0.700)				−0.819 (0.686)		
belbseg			−0.348*** (0.117)				−0.275** (0.124)	
capseg				0.005 (0.111)				0.001 (0.107)
open	0.146 (0.135)	0.218* (0.123)	0.216 (0.155)	0.164 (0.140)	0.137 (0.127)	0.196 (0.136)	0.224* (0.134)	0.155 (0.130)
sevp	0.019*** (0.007)	0.017** (0.007)	0.014* (0.007)	0.019*** (0.007)	0.017** (0.008)	0.015* (0.008)	0.012 (0.009)	0.017** (0.008)
cirst	−0.001 (0.001)	−0.001 (0.001)	−0.001 (0.001)	−0.001* (0.001)	−0.001 (0.001)	−0.001 (0.001)	−0.001 (0.001)	−0.001* (0.001)
ΔAE	−0.387** (0.159)	−0.257 (0.165)	−0.316* (0.162)	−0.339** (0.159)	−0.411** (0.162)	−0.288* (0.166)	−0.340** (0.164)	−0.365** (0.162)

续表

变　量	随机效应				固定效应			
	(1)	(2)	(3)	(4)	(5)	(6)	(7)	(8)
ΔSE	0.737** (0.301)	0.505 (0.324)	0.616* (0.317)	0.622** (0.305)	0.793*** (0.307)	0.573* (0.327)	0.670** (0.323)	0.681** (0.311)
_cons	2.260*** (0.538)	3.270*** (1.023)	4.495*** (1.358)	1.649*** (0.596)				
Wx:sevp	0.033*** (0.009)	0.026*** (0.007)	0.008 (0.008)	0.038*** (0.008)	0.034*** (0.009)	0.028*** (0.007)	0.008 (0.007)	0.039*** (0.008)
Spatial:ρ	0.515*** (0.075)	0.444*** (0.112)	0.469*** (0.098)	0.544*** (0.071)	0.531*** (0.076)	0.465*** (0.114)	0.484*** (0.103)	0.560*** (0.072)
σ^2	0.110*** (0.025)	0.111*** (0.025)	0.110*** (0.025)	0.112*** (0.025)	0.099*** (0.022)	0.100*** (0.023)	0.099*** (0.022)	0.100*** (0.022)
Hausman	-0.35	-0.054	3.90	0.86				
Obs.	300	300	300	300	300	300	300	300

注:括号中为标准误,***,**,*分别代表1%,5%,10%水平上显著。

将总效应分解为直接效应和间接效应后,得到表 7.2 估算结果。首先,产品市场分割(gdseg)对农产品流通产业的增长的总效应、直接效应和间接效应都显著为负。这说明了市场分割不仅明显地抑制了本区域农产品流通产业的发展,而且由于存在显著的负向空间溢出效应,产品和劳动力市场分割对相邻区域的农产品流通产业发展也明显的不利。空间分析的这一结论也证实了本书第 3 章的理论假设。市场分割中,若区域厂商进行的是产量竞争时,对本地区的影响可能有利也可能不利,作用并不确定,但对总的经济影响是确定的、不利的。当然,如果在农产品流通产业市场进行价格竞争,那么,根据理论假设应是有分割地区的产业发展有利。然而,从实证结果看,即便采取市场分割措施,还是没能对本地区的产业发展形成有利局面。这进一步说明,农产品流通产业的采用价格竞争模式基本不可行,产业本身的特点决定了其人力资本占用大,利润薄的特点,不可能通过价格竞争模式获得收益,而只能是通过数量竞争,扩大市场规模竞得收益。从回归系数的绝对值看,产品市场分割系数间接效应(0.058)大于直接效应(0.051),即说明产品市场分割对周边地区农产品流通产业发展的抑制作用比对本地区的抑制作用更大。这也意味着,市场分割对区域经济的损害不只限于实施地区,也损害其周边区域的经济发展。因此,农产品流通产业的产品市场分割导致分割区域和被分割区域厂商都遭受到损失。

其次,要素市场分割也对农产品流通产业增长也起到了抑制作用。从直接效应看,产业间劳动力市场分割(柔性市场分割)和城乡间劳动力市场分割(刚性市场分割)对本地区农产品流通产业增长的影响系数分别为-1.685 和-0.406,且通过了 5%和 1%的显著性检验,说明劳动力市场分割对本地区的农产品流通产业的增长具有明显的抑制作用。从间接效应来看,劳动力市场分割的空间溢出效应显著为负,说明一个地区的劳动力市场分割对其他地区农产品流通产业增长也十分不利。而且劳动力柔性市场分割与刚性市场分割系数的绝对值间接效应(分别为 1.197,0.342)小于直接效应(分别为 1.685,0.406),说明无论是劳动力柔性市场分割还是刚性市场分割都对本地区农产品流通产业发展抑制作用较周边地区更为严重。这是因为,市场分割不仅使本地区的产品区域流动受限,还使劳动力要素受限。无论是刚性分割还是柔性分割,都会影响到本区域和其他区域的产业要素配置效率的优化,从而抑制了产业的增长。与产品市场分割和劳动力市场分割对产业影响的抑制作用不同,资本市场分割的直接效应和间接效应都为正。换句话说,资本市场分割对本地区和其他地区的农产品流通产业增长都起到积极的促进作用。与商品市场和劳动力市场分割不同,资本市场分割的空间溢出效应在无论是直接效应、间接效应还是总效应,都在10%的显著性水平上对本地区及周边地区产生积极影响,这与第4章通过传统回归分析所获得的结论一致。

显然,在劳动密集型特点的农产品流通产业,在其发展过程中,发生了不是以资本代替劳动,而是恰恰相反的以劳动代替资本的逆态势。这进一步证实农产品流通产业发展过程中资本的稀缺,使用成本高的特点,也道出产业发展缓慢的一个重要原因所在。

再次,本书特别考察了要素配置效率的空间溢出效应情况。从实证分析结果看,要素配置效率的总效应为负值,表明其对农产品流通产业增长的不利,但这一结果未能在统计上通过显著性水平检验,这与传统面板分析的结果一致。这意味着,农产品流通产业的要素配置效率本身对于产业增长的直接影响相当微弱。将总效应分解为直接效应和间接效应后发现,无论是直接效应,还是间接效应,要素配置效率的估计系数都为负值,即在农产品流通产业中,产业的要素配置效率低下,无论是对本地区产业的增长,还是对相邻地区的产业增长都是起着负作用,而且,这种负作用对本地农产品流通产业增长的影响效应十分显著。与要素配置效率一起,共同构成产业全要素增长动力的还有一个重要指标,即要素配置效率。表7.2中模型(1)—模型(4)还同时考虑了农产品产业规模效率的空间溢出效应的基本情况。与要素配置效率总体上抑制了农产品流通产业增长不同,规模效率显然对产业的增长起到了积极的促进作用。同样,尽管在总效应上结果并不显著,但对于本地区的农产品流通产业的增长的促进作用是显著的。总之,农产品流通产业的要素配置效率和规模效率对产业增长的推动作用都还十分有限,未能在产业增长的质量提升上发挥其作用。

表 7.2　总效应分解:直接效应与间接效应测度

变　量	随机效应				固定效应			
	(1)	(2)	(3)	(4)	(5)	(6)	(7)	(8)
直接效应:gdseg	−0.084*** (0.028)				−0.082*** (0.030)			
lbseg		−1.001 (0.675)				−0.943 (0.676)		
belbseg			−0.372*** (0.111)				−0.304*** (0.117)	
capseg				0.060 (0.147)				(0.152)
open	0.154 (0.188)	0.287* (0.153)	0.267 (0.192)	0.190 (0.215)	0.130 (0.182)	0.258 (0.176)	0.259 (0.176)	0.174 (0.229)
sevp	0.026*** (0.007)	0.022*** (0.007)	0.016** (0.008)	0.028*** (0.007)	0.025*** (0.008)	0.021** (0.008)	0.015 (0.009)	0.027*** (0.008)
cirst	−0.001 (0.001)	−0.001 (0.001)	−0.001 (0.001)	−0.001 (0.001)	−0.001 (0.001)	−0.001 (0.001)	−0.001 (0.001)	−0.001 (0.001)
ΔAE	−0.465*** (0.155)	−0.272* (0.160)	−0.353** (0.155)	−0.412*** (0.153)	−0.499*** (0.160)	−0.310* (0.162)	−0.383** (0.160)	−0.443*** (0.160)

续表

变　量	随机效应				固定效应			
	(1)	(2)	(3)	(4)	(5)	(6)	(7)	(8)
ΔSE	0.850*** (0.296)	0.516 (0.315)	0.661** (0.307)	0.706** (0.302)	0.925*** (0.315)	0.597* (0.328)	0.728** (0.326)	0.776** (0.326)
间接效应:gdseg	−0.253** (0.126)				−0.245* (0.125)			
inlb~g		−2.229** (0.919)				−2.094* (1.122)		
belb~g			−0.397** (0.198)				−0.474* (0.247)	
capseg				0.609 (0.577)				0.646 (0.672)
open	0.139 (1.633)	0.987 (1.330)	0.668 (1.600)	0.358 (1.805)	−0.048 (1.635)	0.858 (1.559)	0.454 (1.579)	0.254 (2.069)
sevp	0.082*** (0.011)	0.059*** (0.016)	0.029 (0.019)	0.100*** (0.016)	0.087*** (0.012)	0.066** (0.026)	0.030 (0.023)	0.106*** (0.018)
cirst	−0.001 (0.005)	−0.001 (0.004)	−0.001 (0.004)	−0.002 (0.005)	−0.000 (0.005)	−0.001 (0.005)	−0.001 (0.005)	−0.001 (0.005)

ΔAE	−0.964 (0.827)	−0.157 (0.769)	−0.509 (0.750)	−0.850 (0.836)	−1.067 (0.788)	−0.249 (0.749)	−0.568 (0.728)	−0.917 (0.800)
ΔSE	1.282 (1.438)	−0.095 (1.296)	0.485 (1.310)	0.862 (1.453)	1.485 (1.412)	0.072 (1.306)	0.629 (1.315)	0.969 (1.438)
总效应:gdseg	−0.337** (0.142)				−0.327** (0.143)			
inlbseg		−3.229*** (0.818)				−3.036** (1.199)		
belbseg			−0.769*** (0.163)				−0.778*** (0.210)	
capseg				0.669 (0.696)				0.705 (0.801)
open	0.293 (1.773)	1.274 (1.428)	0.935 (1.724)	0.548 (1.977)	0.082 (1.774)	1.116 (1.679)	0.713 (1.702)	0.428 (2.266)
sevp	0.108*** (0.014)	0.081*** (0.019)	0.045* (0.024)	0.128*** (0.020)	0.112*** (0.016)	0.087*** (0.031)	0.046 (0.030)	0.133*** (0.023)

续表

变　量	随机效应				固定效应			
	(1)	(2)	(3)	(4)	(5)	(6)	(7)	(8)
cirst	−0.002 (0.005)	−0.003 (0.005)	−0.002 (0.005)	−0.003 (0.006)	−0.001 (0.005)	−0.002 (0.006)	−0.001 (0.006)	−0.003 (0.006)
ΔAE	−1.429 (0.869)	−0.430 (0.797)	−0.862 (0.768)	−1.262 (0.875)	−1.566* (0.837)	−0.559 (0.777)	−0.951 (0.760)	−1.361 (0.850)
ΔSE	2.132 (1.514)	0.421 (1.344)	1.145 (1.354)	1.568 (1.535)	2.411 (1.522)	0.670 (1.388)	1.358 (1.407)	1.744 (1.568)
Obs.	300	300	300	300	300	300	300	300

注:括号中为标准误,***,**,*分别代表1%,5%,10%水平上显著。

此外,从控制变量看,无论是在产品市场分割、劳动力市场分割还是资本市场分割下,贸易开放度直接效应和间接效应都显著为正,这说明开放的经济无论是对本区域还是其他区域的农产品流通产业的增长都具有积极的促进作用。而且,贸易开放度对本地区经济的促进与对周边区域的促进力度基本一样。在总体上,经济开放每增长一个百分点,将促进整个农产品流通产业总体达 0.780 到 0.914 年百分点的增长,提升力度相当大。因此,发展开放型经济对每一个省来说,对促进农产品流通产业发展既利己,又利人。产业结构水平的直接效应显著为正,间接效应也都显著为正,说明第三产业越发达对区域内农产品流通产业增长越有利,并对其他地区产生正的空间溢出效应。而农产品流通产业的流通速度无论是对本地区还是其他区域的产业增长都起到负作用(影响力较弱),但显著性水平未能通过检验,与传统面板计量分析的结果基本一致。

7.4　分区域空间溢出效应分析

市场分割对农产品流通产业空间效应的影响,区域不同,结果呈现各异。为研究中国东部、中部和西部三大区域农产品流通产业在各自区域中的特点,考察区域内产业的空间互动效应,本节分别就各区域进行空间效应估计与检验。研究方法与 7.2 保持一致,同时考虑解释变量和被解释变量的空间滞后项,使用空间杜宾模型进行。但有一点需要单独指出,那就是关于地理权重的设置问题。对全国样本研究时,各省之间的相邻以自然地理为界就可以,但以东中西划分区域进行研究时,各区域单位不仅与本区域内单位自然相连,还会与相邻区域自然相连,但为了研究的需要,现在规定区域内各单位只与本区域内单位自然相连时,地理权重取值为 1,否则取值为 0。例如,浙江省虽与安徽省相连,但不属同一区域内,因此不予考虑两者相邻情况。这样,东部区域的地理权重矩阵为 11×11,中部地区地理权重矩阵为 8×8,西部地区因西藏数据缺失,权重矩阵也为 11×11。据上述条件,东中西部三大区域的空间效应估计结果如表

7.3 和表 7.4 所示。同样,表 7.3 前半部分回归结果并不能直接判定各变量的空间效应,而是需要依据效应分解式中的直接效应、间接效应和总效应来阐述各变量的空间效应。

东部地区空间溢出分析。在三大区域中,东部地区的产品市场分割的总效应为-0.165,且在 5%水平上通过显著性检验。具体情况是,直接效应为-0.100,且在 1%水平上通过显著性检验;间接效应为-0.065,未通过显著性水平检验。这说明东部地区各省市的产品市场分割对本省的产业增长抑制作用比对外省的抑制作用要大且更显著。劳动力市场上,城乡之间劳动力的刚性市场分割对农产品流通产业增长的影响总体不显著。而产业间的劳动力市场柔性市场分割使得本地区的产业增长受阻。在这种情况下,由于本地区劳动力跨产业流动阻力大,导致流动到周边地区后实现跨产业就业,从而促进了相邻地区农产品产业增长。在东部地区,资本要素市场分割对农产品流通产业的影响,无论是直接效应、间接效应,还是总效应都十分微弱,且都没有通过显著性检验。从溢出效应角度看,本省市的资本市场分割有利于本地农产品流通产业发展易于理解,但其空间溢出为正却需做进一步的思考。可能解释是,促进相邻地区也采取资本分割措施以保证农产品流通产业专项资本的使用,周边省市的效仿措施反而是促进产业的发展。不过,资本市场的分割与产业增长的空间溢出效应在统计上未能通过显著性检验。

中部地区空间溢出。从总效应上看,中部地区的产品市场分割和劳动力市场分割的对本省内与周边省份的影响最为突出。其中,产品市场分割对产业增长的抑制作用的溢出效应(0.137)要大于对本地区产业的抑制效应(0.041)。出现这一结果的原因与中部地区主要是农业大省有关。中部各省的农产品都相当丰富,对外输出的是本省产品输出的重要组成部分。但中部区域各省间的市场分割,极大伤害了省域间的农产品贸易,抑制了农产品流通产业的发展。正如第 3 章中理论分析所指出的,两地区产业同构情况下,又在同一分工水平上时,市场分割严重损害本地区与周边地区产业增长,尤其是周边地区的产业增长。在劳动力市场,中部地区刚性市场分割和柔性市场分割都显著的抑制了农产品流通产业的增长(分别为-4.483,-1.021,且在 1%的水平上显著),其中,对本地区农产品流通产业的增长影响十分显著,但间接效应的都不显著。此情形,可能与此 8 省既是农业大省,同时也是劳动力市场输出大省有关。横向比较看,中部地区的柔性劳动力市场分割(-3.225)比东部地区(-1.830)和西部地区(-1.665)是对本地区影响更为严重,排列第一。导致这一的结果出现的原因,显然与中部地区体制性和政策性因素密切相关。在东部开放与西部大开发的国家战略推进下,东西部地区的各种阻碍经济发展的旧体制被打破,体制内外的劳动力流动性加快,有利于各产业协调快速发展。而中部地区,在过去十几年成为区域经济制度设计的洼地,区域体制性优势仍十分明显,劳动力更愿在体制内等待机会而不是主动走出去寻求发展。因此,劳动力在产业间的流通动力不足,严重困扰中部地区经济活力的释放。农产品流通产业在急需人才支持的转型期,不但得不到更多优秀劳动力支持,反而因内部的低技能劳动力又无法顺利转移出去,进一步降低了产业劳动力的配置效率。

西部地区空间溢出。西部地区的产品市场分割对农产品流通产业影响的空间效应不显著。与东部和中部的市场分割特征不同,西部地区产劳动力市场分割的空间溢出效应显著。从系数的绝对值看,西部地区的柔性劳动力市场分割对周边地区的抑制作用(-3.304)比对本地区的抑制作用(-1.665)要更为严重。而且,西部地区的劳动力柔性市场分割对农产品流通产业的抑制其总效应达-4.969,与东中部地区柔性市场分割的影响力相比,是三大地区中影响最为深刻的。换句话说,西部地区产业间劳动力流动的阻力最大。其原因,一方面是传统的体制性分割限制了劳动力在产业间流动;另一方面是现代产业与西部传统农牧产业劳动力之间巨大的专业隔阂。西部农牧业劳动力的受教育程度相对较低,在产业之间转换身份的难度大,流动性就差。西部地区的刚性劳动力市场分割的空间溢出效应也相当显著,且其抑制周边省市农产品流通产业增长的作用(-0.496)也大于对本地区的抑制作用(-0.230)。

表 7.3　东、中、西三大区域市场分割影响、要素配效率与农产品流通产业增长的空间外溢差异分析

变　量	东　部				中　部				西　部			
	(1)	(2)	(3)	(4)	(5)	(6)	(7)	(8)	(9)	(10)	(11)	(12)
gdseg	−0.092*** (0.024)				−0.051 (0.069)				−0.098* (0.057)			
inlbseg		−1.874* (0.971)				−3.568*** (0.728)				−1.558 (0.991)		
belbseg			−0.250 (0.346)				−0.787* (0.445)				−0.211 (0.131)	
capseg				−0.066 (0.227)				−0.101 (0.100)				−0.275 (0.649)
open	0.366* (0.220)	0.482* (0.288)	0.426* (0.239)	0.434* (0.228)	−18.253*** (3.295)	−15.652*** (2.035)	−11.115*** (2.545)	−21.438*** (3.266)	0.345 (0.802)	−1.235 (0.771)	0.001 (0.487)	0.422 (0.632)
sevp	0.013 (0.012)	0.006 (0.010)	0.004 (0.009)	0.012 (0.011)	0.012 (0.015)	0.015** (0.008)	−0.002 (0.006)	0.018 (0.016)	0.042*** (0.010)	0.029*** (0.006)	0.018** (0.009)	0.044*** (0.009)
cirst	0.000 (0.001)	0.000 (0.001)	0.000 (0.001)	0.000 (0.001)	−0.004*** (0.002)	−0.004*** (0.002)	−0.000 (0.002)	−0.004*** (0.002)	0.004* (0.003)	0.007*** (0.002)	0.006*** (0.002)	0.005* (0.003)
ΔAE	−0.533*** (0.185)	−0.460*** (0.155)	−0.518*** (0.184)	−0.499*** (0.193)	−0.744 (0.475)	−0.366 (0.363)	−0.719 (0.559)	−0.810* (0.441)	0.069 (0.360)	0.193 (0.397)	0.119 (0.410)	−0.010 (0.429)

ΔSE	1.208** (0.589)	1.005 (0.635)	0.985* (0.592)	0.999* (0.592)	1.259 (0.818)	0.632 (0.623)	1.237 (0.952)	1.375* (0.758)	−0.430 (1.032)	−0.685 (1.197)	−0.456 (1.254)	−0.203 (1.236)
_cons	3.475*** (1.008)	4.211*** (1.578)	5.401*** (1.891)	3.296*** (1.070)	7.965*** (1.354)	11.185*** (1.007)	15.103*** (1.383)	7.156*** (1.207)	−0.040 (0.985)	4.480*** (1.720)	6.221*** (2.345)	0.192 (0.944)
Wx: gdseg	−0.013 (0.034)				−0.145*** (0.049)				0.141 (0.110)			
Wx: inbseg		0.712 (1.443)				−2.592** (1.040)				−2.460** (1.045)		
Wx: belbseg			−0.273 (0.337)				−0.701 (0.541)				−0.365** (0.162)	
Wx: capseg				0.054 (0.283)				0.402 (0.247)				−0.682 (1.035)
Wx: open	0.537 (0.418)	0.262 (0.481)	0.382 (0.460)	0.423 (0.450)	−22.411* (11.749)	−13.006** (6.254)	−9.602* (5.518)	−24.484** (10.097)	3.940*** (0.876)	0.534 (0.850)	2.931*** (0.465)	4.187*** (0.637)
Wx: sevp	0.050*** (0.019)	0.043** (0.021)	0.034* (0.018)	0.051*** (0.020)	0.072*** (0.014)	0.050*** (0.008)	0.023** (0.009)	0.080*** (0.015)	0.074*** (0.019)	0.041* (0.025)	0.021 (0.030)	0.082*** (0.023)

续表

变量	东部				中部				西部			
	(1)	(2)	(3)	(4)	(5)	(6)	(7)	(8)	(9)	(10)	(11)	(12)
Wx：cirst	0.000 (0.001)	0.001 (0.001)	0.001 (0.001)	0.000 (0.001)	−0.007*** (0.002)	−0.005*** (0.001)	−0.002 (0.002)	−0.007*** (0.002)	−0.001 (0.008)	0.003 (0.009)	0.000 (0.008)	−0.003 (0.009)
Wx：ΔAE	1.083** (0.542)	1.207** (0.495)	1.085** (0.514)	1.064* (0.547)	−0.103 (0.568)	0.468 (0.473)	−0.430 (0.557)	−0.134 (0.538)	−1.523*** (0.540)	−1.029 (0.657)	−1.200* (0.616)	−1.629*** (0.565)
Wx：ΔSE	−2.383** (0.986)	−2.821*** (1.003)	−2.640*** (0.972)	−2.519** (0.983)	0.074 (0.992)	−0.846 (0.847)	0.665 (0.966)	0.117 (0.959)	2.253** (1.066)	1.676 (1.240)	2.231** (1.086)	2.415** (1.186)
ρ	0.321** (0.159)	0.314* (0.169)	0.300* (0.167)	0.335** (0.155)	−0.100 (0.134)	−0.378*** (0.099)	−0.458*** (0.121)	−0.072 (0.119)	0.428*** (0.123)	0.179 (0.133)	0.213* (0.125)	0.365*** (0.102)
σ^2	0.099*** (0.024)	0.103*** (0.023)	0.106*** (0.024)	0.106*** (0.024)	0.075*** (0.014)	0.045*** (0.007)	0.044*** (0.009)	0.080*** (0.015)	0.086*** (0.021)	0.081*** (0.023)	0.084*** (0.023)	0.091*** (0.022)
直接效应												
gdseg	−0.100*** (0.034)				−0.041 (0.075)				−0.085 (0.061)			
inlbseg		−1.830** (0.893)				−3.225*** (1.046)				−1.665* (0.952)		
belbseg			−0.293 (0.325)				−0.642 (0.690)				−0.230* (0.125)	

capseg				−0.051 (0.218)				−0.110 (0.116)				−0.338 (0.722)
open	0.486** (0.236)	0.591* (0.328)	0.545* (0.299)	0.567* (0.308)	−16.792*** (4.085)	−13.936*** (2.245)	−9.622*** (3.299)	−20.369*** (3.860)	0.930 (0.876)	−1.184 (0.799)	0.176 (0.493)	0.911 (0.695)
sevp	0.022* (0.013)	0.017 (0.033)	0.012 (0.031)	0.024 (0.030)	0.011 (0.029)	0.008 (0.030)	−0.005 (0.036)	0.019 (0.050)	0.056*** (0.011)	0.034 (0.026)	0.022 (0.023)	0.057** (0.027)
cirst	0.001 (0.024)	−0.000 (0.010)	0.001 (0.017)	−0.001 (0.011)	−0.003 (0.011)	−0.003 (0.010)	0.002 (0.029)	−0.004 (0.004)	0.004 (0.007)	0.005 (0.020)	0.008 (0.017)	0.005 (0.014)
ΔAE	−0.407* (0.212)	−0.296 (0.211)	−0.382 (0.262)	−0.351 (0.257)	−0.715 (0.508)	−0.490 (0.403)	−0.691 (0.731)	−0.793* (0.444)	−0.147 (0.396)	0.141 (0.403)	0.026 (0.410)	−0.188 (0.443)
ΔSE	0.986 (0.654)	0.667 (0.740)	0.710 (0.693)	0.698 (0.709)	1.220 (0.864)	0.855 (0.691)	1.213 (1.238)	1.355* (0.755)	−0.077 (1.060)	−0.596 (1.205)	−0.257 (1.239)	0.073 (1.230)
间接效应												
gdseg	−0.065 (0.061)				−0.137** (0.057)				0.139 (0.186)			
inlb～g		0.185 (1.780)				−1.258 (1.119)				−3.304*** (1.171)		

续表

变量	东部				中部				西部			
	(1)	(2)	(3)	(4)	(5)	(6)	(7)	(8)	(9)	(10)	(11)	(12)
belb~g			-0.450 (0.397)				-0.380 (0.736)				-0.496^{***} (0.173)	
capseg				0.051 (0.337)				0.411^{*} (0.236)				-1.171 (1.459)
open	0.935 (0.668)	0.760 (0.979)	0.869 (1.056)	0.956 (0.993)	-20.062^{**} (10.011)	-6.815 (4.587)	-4.528 (4.662)	-22.204^{***} (6.767)	6.962^{***} (2.367)	0.484 (0.956)	3.715^{***} (0.837)	6.606^{***} (1.963)
sevp	0.072^{***} (0.018)	0.062 (0.049)	0.048 (0.037)	0.078 (0.048)	0.069^{***} (0.018)	0.042^{***} (0.014)	0.022 (0.020)	0.076^{***} (0.024)	0.154^{***} (0.055)	0.057 (0.044)	0.036 (0.053)	0.147^{***} (0.041)
cirst	0.001 (0.013)	-0.001 (0.045)	0.001 (0.010)	-0.001 (0.043)	-0.007^{**} (0.003)	-0.003 (0.029)	-0.003 (0.012)	-0.007 (0.031)	-0.003 (0.056)	0.004 (0.023)	0.003 (0.022)	-0.003 (0.047)
ΔAE	1.201^{*} (0.683)	1.455^{**} (0.645)	1.263^{*} (0.685)	1.267^{*} (0.764)	-0.067 (0.551)	0.550 (0.452)	-0.113 (0.741)	-0.069 (0.518)	-2.452^{**} (0.981)	-1.168 (0.789)	-1.477^{*} (0.846)	-2.401^{**} (0.937)
ΔSE	-2.547^{**} (1.278)	-3.344^{**} (1.351)	-3.017^{**} (1.344)	-2.978^{**} (1.373)	0.013 (0.963)	-0.988 (0.803)	0.120 (1.268)	0.005 (0.922)	3.507^{*} (1.947)	1.850 (1.399)	2.641^{*} (1.353)	3.442^{*} (1.859)
总效应												
gdseg	-0.165^{*} (0.085)				-0.178^{***} (0.050)				-0.054^{*} (0.212)			

inlbseg		−1.644 (1.554)				-4.483^{***} (0.478)				-4.969^{***} (0.935)		
belbseg			−0.742 (0.383)				-1.021^{***} (0.081)				-0.727^{***} (0.185)	
capseg				0.000 (0.332)				0.301 (0.245)				−1.509 (1.881)
Open	1.421^{*} (0.816)	1.351 (1.177)	1.414 (1.264)	1.523 (1.234)	-36.854^{***} (8.079)	-20.751^{***} (4.537)	-14.150^{***} (3.858)	-42.573^{***} (5.521)	7.892^{***} (3.017)	−0.700 (1.398)	3.891^{***} (1.099)	7.517^{***} (2.468)
sevp	0.094^{***} (0.020)	0.079 (0.072)	0.060 (0.063)	0.101 (0.074)	0.080^{**} (0.038)	0.049^{***} (0.019)	0.017 (0.023)	0.095^{**} (0.046)	0.210^{***} (0.062)	0.091 (0.055)	0.058 (0.068)	0.204^{***} (0.055)
cirst	0.003 (0.036)	−0.001 (0.051)	0.002 (0.026)	−0.002 (0.050)	−0.009 (0.010)	−0.007 (0.022)	−0.000 (0.020)	−0.011 (0.030)	0.000 (0.060)	0.009 (0.028)	0.011 (0.033)	0.002 (0.056)
ΔAE	0.794 (0.743)	1.159 (0.728)	0.881 (0.822)	0.916 (0.891)	−0.782 (0.597)	0.061 (0.355)	-0.803^{**} (0.387)	−0.863 (0.586)	-2.598^{**} (1.192)	−1.028 (0.812)	−1.452 (0.916)	-2.588^{**} (1.147)
ΔSE	−1.561 (1.583)	−2.677 (1.744)	−2.307 (1.740)	−2.280 (1.797)	1.233 (1.078)	−0.133 (0.637)	1.332^{*} (0.681)	1.360 (1.062)	3.431 (2.426)	1.254 (1.403)	2.384 (1.510)	3.515 (1.548)

注:括号中为标准误,***,**,*分别代表 1%,5%,10%水平上显著。

表 7.4　中东西部市场分割对分割区域影响的空间差异性分布

	市场分割类型	分割区	被分割区	总体	假　说
东部	产品市场分割	不利	不利	不利	假说 2,3
	劳动力柔性市场分割	不利	有利	不利	少见型
	劳动力刚性市场分割	有利	不利	不利	假说 1
	资本市场分割	有利	有利	有利	假说 1
中部	产品市场分割	不利	不利	不利	假说 2,3
	劳动力柔性市场分割	不利	不利	不利	假说 2,3
	劳动力刚性市场分割	不利	不利	不利	假说 2,3
	资本市场分割	不利	有利	有利	少见型
西部	产品市场分割	不利	有利	不利	少见型
	劳动力柔性市场分割	不利	不利	不利	假说 2,3
	劳动力刚性市场分割	不利	不利	不利	假说 2,3
	资本市场分割	有利	不利	不利	假说 1

分区域研究要素配置效率的角度对农产品流通产业的影响时发现,东中西部区域的差异大,东部地区的空间自相关系显著,而中西部地区的空间自相关特征不明显。在东部地区,农产品流通产业的要素配置效率呈现一定的空间集聚特征。从其效应分解后的效果后,总体上东部地区的要素配置效率对农产品流通产业的产生积极的推动作用,只是这一效用还不够显著。且令人惊异的是,农产品流通产业要素配置效率不利于本地产业的增长,却对本区域内邻近省份的产业增长有积极作用。东部地区出现这种现象可以解释为,在发达经济区域,一省的要素配置效率之所以对本省农产品流通产业的不利,是因为相邻省份吸引走了本省的优质生产要素所导致的。相较之下,中部地区在控制产业间劳动力市场分割条件下,要素配置效率对农产品流通产业增长的负效应通过5%显著性水平检验。西部地区则是在控制产品市场分割和资本市场分割的条件下,要素配置效率对农产品流通产业增长的抑制作用通过了显著性检验。

7.5　本章小结

本章依据全国样本和分区域样本,分别就四大不同类型的市场分割对产业增长的空间溢出效应进行估计。基于 2006—2015 年相关数据进行空间杜宾模型空间计量分析的结果表明:农产品流通产业增长存在显著的空间自相关的特点,具有空间依赖性。农产品流通产业发展不仅受到本地区经济发展条件的影响,还受到其他地区农产品流通产业发展及经济因素的影响。从农产品流通产业增长的空间溢出系数看,区域产业增长会促进其他地区产业的增长。产品和劳动力市场分割的空间溢出效应显著为负,表明其不仅抑制了本地区农产品流通产业的增长,也不利于其他地区产业的发展。资本市场分割一定程度上保护了区域产业的发展。要素配置效率的空间溢出总效应不显著,但对分割区域农产品流通产业的抑制效应十分显著。

分区域研究结果表明,市场分割与农产品流通产业增长的区域差别明显,空间溢出效应各异。东部和西部地区农产品流通产业呈现出空间正相关特点,且较显著;中部地区的农产品流通产业增长呈现空间负相关特点。劳动力市场分割对农产品流通产业的抑制效应,中西部地区要明显地大于东部地区,西部最大;其中,劳动力柔性市场分割的影响以西部最大,中部次之,东部最末;劳动力刚性市场分割对农产品流通产业的影响,中部居第一,西部次之,东部位末。从空间外溢情况看,在东中部地区,产品市场分割对被分割地区产业增长的抑制作用显著地大于本地区,分割策略对两地对不利。西部地区的产品市场分割不利于本区产业发展却促进周边地区的发展,但在统计显著性水平上未能通过检验,属较少见类型。东部地区的劳动力柔性市场分割对本区域农产品流通产业增长不利,而利于周边地区;刚性市场分割则正好与之相反。中部地区劳动力市场分割抑制产业发展既不利于自己也不利于周边区域;西部则对所有地区不利。在资本分割市场,西部地区能较好促进本地区农产品流通产业发展,而东中部地区不仅利于本地区产业增长,还对周边地区的产业发展有利。总体效应上,中西部地区资本市场分割抑制了产业发展,东部地区资本市场分割能促进区域产业发展,但作用并不显著。此外,要素配置效率的空间效应不明显。要素配置效率对农产品流通产业增长影响方面,无论是东部地区的促进效应,还是中西部地区的抑制效应,显著性水平都未能通过检验。

第8章　农产品流通产业区域增长路径选择与政策取向

在要素配置效率与空间溢出效应的双重视角下，市场分割主要通过直接路径、条件中介过程和空间溢出3种路径影响农产品流通产业增长。而区分城乡的产品市场分割、产业间劳动力柔性市场分割、城乡间劳动力的刚性市场分割，以及资本市场分割对农产品流通产业的影响主要表现出强抑制性特点。东部、中部和西部地区的表现略有差异。在空间特征上农产品流通产业增长具有空间聚集的特征，市场分割、产业要素配置效率的空间溢出区域效应差异较大。农产品流通产业的其他影响因素中，城市偏向政策和区域开放程度等区域制度环境与区域要素流动密切相关。

8.1　农产品流通产业区域增长的路径

①产品市场和城乡劳动力市场坚持市场配置资源是必由路径，城市内部的劳动力市场资源配置需要有作为的引导和帮助。首先，产品市场分割对农产品流通产业的负效应正是Solow和Swan认为的区域问题产生的关键是市场机制失灵。农产品流通过程中，地方政府由于对本地民生工程的保护，采取一些定

向限制或选择性隐性补贴等方式制造出的产品市场分割损害了农产品流通产业的发展。因此,打破地方局部利益,放开地方农产品流通市场,有利于农产品流通产业长期健康发展。在劳动力市场,城乡间劳动力市场分割是由传统的二元经济结构所决定的机制和体制因素造成的,因此,进一步强化市场配置资源作用的发挥,可大大优化农产品流通产业的发展。在统一市场,市场趋近完全竞争,依市场规律农产品流通产业劳动边际产出等于实际工资。生产函数条件相同时,资本劳动比较高的区域,实际工资较高,则资本边际产出就较低;资本劳动比较低的区域将出现较低的实际工资及较高的资本边际产出。此时,由于资本为了追求更大收益,资本将从高工资区域流向低工资区域,而劳动力的流向正好相反,这个过程一直持续到区域要素收益均等才结束。前文研究结果显示,农产品流通产业劳动边际产出远小于资本边际产出,资本劳动比较低,若由市场来配置资源,那么应有更多的资本进入到农产品流通产业,而一部分富余的劳动力将流出农产品流通产业。然而,由于农产品流通产业资本劳动弹性较小,由劳动力流出所引起的资本投入的增加较少,因此,在资本投入小幅增加的情境下,可以实现农产品流通产业资本劳动比的提高和边际劳动产出的进一步提高。其次,由于产业分工的深化,产业间劳动力市场分割成为影响农产品流通产业最为严重市场分割。这种分割尽管受到二元经济结构的历史原因的影响,但其进一步深化则是市场配置资源的必然结果,并非是体制机制性因素造成。对于传统积习的产业劳动力受教育程度和技术素养上与其他先进制造业和服务业之间的鸿沟的弥合,仅靠农产品流通产业从业人员自身是难以解决的。政府应在引导农产品流通产业劳动力技术培养及产业间劳动力交流平台上有所作为。最后,资本市场分割一定程度上保护了农产品流通产业增长。

②加快技术转移和技术扩散的速度是最短路径。实证研究显示,农产品流通产业全要素增长率主要来自于技术进步和技术效率的贡献,且技术进步和技术效率显著地促进了产业的发展。根据 Barro and Sala-i-Matin(1992)的研究成果,产业及区域间技术转移和技术扩散是产业间劳动力市场分割趋于收敛的重

要力量。因此,要实现区域农产品流通产业协调发展,加大对农产品流通产业的技术转移和技术扩散的力度,推动区域间产业技术共同进步是关键。地区之间、行业内部或行业之间的技术输入和输出,可以通过技术许可,设备和软件购置、技术帮助和企业孵化等方式实现。农产品流通产业的技术转移以技术许可及设备和软件购置等方式实现技术的转移。技术扩散是通过技术的外溢效产生的外部性,使技术创新在更大范围内产生经济效益,推动产业技术进步和产业结构的优化,从而促进经济增长。技术扩散的外部性主要通过技术领导企业的示范效应和技术落后企业的模范效应,以及人力资本的流通而实现。开放的区域经济为技术扩散提供了良好的条件,加大 FDI 引入,促进人力资本的有效率流动以获得技术外部性是农产品流通产业获得先进技术和高技术人才的重要路径。因而产业的技术效率的改进是首选方案。无论是技术转移和技术扩散,开放合作的区域经济更具可行性。

③优化要素配置效率是关键路径。要素投入数量、质量和配置是经济转向高质量发展的关键。要素的投入数量和质量决定行业的生产效率,其部门及行业间的流动与配置形成结构效率,两者共同促进经济增长。要素的配置过程是一个不断调整和优化的过程,市场配置机制条件下,生产要素通过追求其边际收益最大化过程,实现在收益存在差异的产业与区域间的流动,促成各产业、各区域的生产要素的边际收益达到均衡,最终实现资源的优化配置,从而推动整个产业发展和区域协调发展。农产品流通产业全要素生产率及其分解结果显示,要素配置效率低下是制约产业全要素生产率增长的主要因素。条件中介模型实证结果还表明市场分割还会通过要素配置效率的中介作用对农产品流通产业施加影响。因此,从根本上提高农产品流通产业的发展质量,优化产业的要素配置效率是关键。

④提高规模效率是快捷路径。提高企业规模效率,其实质是缩小企业实际规模与最优生产规模的差距。就具体的农产品流通产业现实情况来说,其生产规模效应不足,离达到产业的最优规模的要求还很远。以经济发展的规律及目

标实现的难易程度衡量，规模效应通过增加要素投入，扩大产业固定投资，较易实现。目前，通过扩大生产，扩张规模就成为农产品流通产业实现快速增长的快捷路径。与此同时，要素配置效率的中介效应也是建立在有规模效率调节的基础上才显著地促进了对农产品流通产业增长的影响。故而，提高农产品流通产业的规模效率，既是调整要素配置效率中介效应发挥要求，也是农产品流通产业当前最易实现的目标。

8.2 农产品流通产业区域增长的政策取向

新时期，优化农产品流通产业的要素配置效率是当前产业发展的主攻方向，而克服和解决当前影响要素配置效率的体制和机制性因素是促成产业健康良性发展的前提和保障。根据上述农产品流通产业要素配置效率测度结果及市场分割对产业要素配置效率的动态计量结果，以及对农产品流通产业增长传统计量和空间计量结果的研究结论，围绕如何提高农产品流通产业增长率，促进区域间农产品流通产业的协调发展，本章将就如何利用或消除市场分割，促成城乡间、产业间和区域间的要素自由流动，以及偏向性政策的调整方向等提出建议。

第一，破除区域间各种阻碍农产品流通的无形和有形障碍，强化区域产业发展的互动，发展有区域特色农产品流通产业。尽管研究结论显示出农产品流通产业发展区域分化明显，而且区域内分化大于区域间分化，但农产品流通产业的空间自相关属性表明区域间的协调合作，有利于推动产业的整体发展和长远谋划。因此，①各地方政府要主动破除区域间属地和非属地政策性差别对待，消除排异性的狭隘思想，建立区域间农产品流通平台共享、流通信息互换和流通市场开放的协作机制，实现区域之间农产品流通的协调联动发展，逐步形成区域性甚至是全国性的农产品流通网络。②因势利导，发挥优势，逐步形成具有区域特色的农产品流通格局。东部地区，要利用其良好的经济发展环境和经济实力，重点拓展高附加值的农产品流通领域，加快对外开放，促进内外贸易互动发展，建设农产品流通拉动城乡经济协调发展的先行区。中部地区，发挥其良好的区位优势和农产品生产大省区的传统优势，进一步加强商品集散流通功能，打造成全国的商品流通枢纽。对于西部地区，要充分利用其特殊资源和特色优势，大力发展特色农副产品流通产业；二是充分利用海陆边境线，积极开展边境贸易，使其成为西部地区农产品流通产业和区域经济新的增长点。

第二，加大对农产品流通产业的技术引入，优化要素配置效率，推进产业发展的现代化。财政分权体制下的地方政府需要将更多的注意力转移到农产品流通产业发展上来，从资金到人才、从政策引导到市场建设，构建立体支持体系。①加大适用于农产品流通产业生产需要的技术引入。技术进步和技术效率的改进是当前农产品流通产业增长主要推动力，因此要加大对农产品流通产业的科技投入，在分拣、净化、包装、运输、贮存和销售环节采用现代控制系统，标准化加工程序和运输流程，在增加农产品附加值同时通过扩大规模进而获得规模效应。而且，农产品流通产业技术水平的提升，一方面可以提高产业内从业人员的对新知识和新技术的适应能力，跟上技术进步的变化；另一方面，现代化的农产品流通产业会吸引素质更高的劳动力的加入，提高产业劳动力的整体素质，填平产业间劳动力市场的柔性分割的鸿沟，优化产业发展的要素配置效率。②加大对农产品流通产业资金支持力度。一是，可加大财政支持力度，直接增加农产品流通产业资金流。农产品流通产业资本弹性系远大于劳动力弹性系数，因此，加大资本投入能更好地促进产业增长。而且由于发生了资本节约型技术进步，表明农产品流通产业中资本稀缺，使用成本高，导致了资本—劳动替代弹性下滑。二是，引导社会资本的进入。通过招商引资、股权式融资等多种方式吸引社会资本注入农产品流通产业，帮助建立起新型的现代化大流通体系。三是，保障小微农产品流通企业专项资金贷款，盘活多层次流通主体的积极性。③加大对农产品从业人员的培训投入。一是建立农产品流通产业从业人员的职业规范，提高从业人员素质。从市场分割保护了农产品流通产业要素配置效率的结论说明产业极其缺乏市场竞争力,需要政府、社会力量和运营者的共同努力,助力发展。因此,在产业发展的现阶段,要通过强化农产品流通产业劳动者职业培训,特别是受教育程度较低的从业人员的专业训练,提高从业者的素质。农产品流通产业劳动力素质的提高,能加快吸收产业间技术和知识外溢速度,加速缩小产业间的劳动力市场分割,这不仅在产业技术进步和技术效率上得到改观,而且能更有效地配置产业资源,提高全要素生产率。二是,要建立职业规范和设计职业晋升通道。要促成行业制定一定的规范和标准,以及定期的职业培训和职级晋升制度,构建明确的职业发展通道,吸引优秀人才的加入,以优化从业人员结构,扭转农产品流通产业要素配置扭曲趋势。

第三,调整产业偏向性政策,协调城乡产业发展。①要调整现有城市偏向性政策,向城乡结合部的县乡镇一级倾斜。政策设计应向落实城市支持农村的发展战略,加快农村经济的发展,缩小城乡之间的差距,促进城乡市场融倾斜。②加快农村中心城镇的建设,使经济活动和生产要素迅速向中小城镇聚集,有效地降低商品的交易费用和流通成本。③改善城乡农产品流通基础设施条件,促成农产品流通产业与城市规模之间良性互动,使区域市场形成需求旺,流通顺畅的局面,拉动产业的纵深快速发展。分区域看,相较于东部地区,西部地区关键还在于提升各省经济综合实力和高等级公路建设,东部地区的农产品流通产业的发展要提高农产品产量和流通产业的人力资本水平。中部地区要抓住中部崛起战略和农业现代化战略,把握好农产品流通产业综合试点 8 个中有 4 个(安徽、江西、河南、湖南)集中在中部省份的机遇,构建起市镇乡级配套网点,推动农产品流通产业的快速发展。

第四,加大力度保障农产品流通产业的资金使用。以资本替代劳动力的使用是产业现代化发展的必然趋势,也是农产品流通产业获得规模经济、优化产业要素配置效率的必然选择。农产品流通产业资本要素市场分割于区域产业发展的对东中部利好研究发现证明了农产品产业发展中资本保障的重要意义。农产品流通产业发展中出现的劳动加强型的发展势头,是由要素市场价格扭曲,产业发展使用资本的价格高,而产业劳动力使用成本较低使然。由于农产品流通产业市场大、主体多、规模小,使得资本使用成本高,获得性也较低。鉴于此,①在市场大的区域划拨专项资金,建立规模性现代化农产品流通中转和交易平台,扩大产业规模,加速农产品流通产业代化进程。流通中转和交易平台既可为产业现代化奠定基础,又可促进贸易交易效率。现代化平台建设还在一定程度上倒逼农产品流通产业劳动力技术水平和能力的提升,有效消弱产业间柔性劳动力市场分割的不利影响。加快产业间劳动力流动,扩大知识溢出,反过来会推动农产品流通产业的技术进步,提高产业的生产率,促进农产品流通产业高质量发展。②设立一次性专项用于产业新建或改造各类农产品流通工具的统一标识,统一流通规范和标准。提高农产品流通产业中重要的流通工具的识别度和专业特性,既有产业辨识度,又可增加产业知名度,还便于管理与监督,同时迫使产业规范化、专业化和标准化,为产品市场的统一奠定基础。③东部可加大自有资金投入保障产业发展;中部应积极吸引外来资金进入,打破自身的农产品流通产业资金不足的局限;西部地区在保障本区域资金投入的前提下,进一步扩大向外界资本流动,盘活产业资本。

主要结论与展望

本书从产业要素配置效率及空间溢出效应的双重视角研究了产品和要素市场分割对农产品流通产业增长的影响。本书的研究思路是:在借鉴已有研究理论基础上,结合农产品流通产业实际情况,构建了市场分割、产业要素配置效率和产业增长之相互作用的理论框架;并以此为基础对我国产品与要素市场分割、农产品流通产业的要素配置效率进行测度,刻画了2005—2016年产品与要素市场分割和农产品流通产业要素配置效率的客观实际与现实问题;继而就市场分割、产业要素配置效率和产业增长区域差异分别进行静态模型与动态模型、传统模型与空间模型等多角度、多方法的实证分析与检验。

主要结论与观点

本研究基本实现了绪论中提出的3个基本研究目标:一是在理论框架上对农产品流通产业的概念及范围进行界定。研究中首先从投入产出的角度将市场分割划分为产品和要素市场分割。再从城乡差异和产业间差异角度划分市场分割类型,赋予产品市场分割和城乡市场分割这种由制度性因素导致的分割为刚性分割,而将由知识和技术门槛所致的产业间劳动力市场分割界定为柔性分割。市场分割类型的多层次界定方法,清晰地展示了农产品流通产业中存在市场分割的立体而复杂态势,也为后文的研究奠定了基础。二是系统梳理了市场分割、要素配置效率与农产品流通产业增长之间的互动机理，厘清市场分割作用于农产品流通产业区域增长的路径，以及不同作用路径上需要具备的发生条件、受制约因素等。通过机理分析，模型构建，估计并检验各类市场分割对农产品流通产业区域增长的影响。研究中采用了静态计量模型、动态计量模型、条件中介模型及空间计量模型等多手段、多样式的计量方法研究问题，实现了系统研究要素配置效率与空间溢出双重视角下市场分割对农产品流通产业增长的影响的研究目标。据现有研究成果看，这应是对农产品流通产业效率最为专注而深入的研究。三是基于机理与实证分析，提出了消除市场分割、优化产业要素配置效率，提高农产品流通产业区域增长的可行性方案。本书研究基本结论如下：

①我国农产品流通产业产值基本保持增长趋势，东中西三大区域产业增幅的差异越来越大，区域内发展不平衡大于区域间不平衡。农产品流通产业要素配置效率在过去的十年间一直在下滑，东中西部三大区域的要素配置效率变化都处于不断恶化的状态，尤以中部最为严重。要素配置效率的低水平是影响农产品流通产业全要素生产率变动的最大因素。农产品流通产业增速区域差异显著，降速最快的是东部地区，中部次之，西部最后。农产品流通产业的技术效率水平较低，省域间差距很大。是西部技术进步增速最快，东部次之，中部最末。

②我国农产品流通产业的全要素生产率不断提升，但增速趋缓，要素配置效率的恶化则严重拖累了产业全要素增长率的提升。2006—2015 年的 10 年间，农产品流通产业配置效率变动拖累了 TFP 增长的 7.79%，相较于技术效率变化和规模效率变化而言，是影响力最大的因素。农产品流通产业技术进步为资本偏向型，但要素配置过程由最初的资本替代劳动向劳动份额不断加大的转变，显示出技术进步与要素配置的不匹配，要素配置效率值由正转负，抑制了农产品流通产业全要素生产率的增长。从 2014 年和 2015 年的数据来看，配置效率恶化程度在渐趋减弱，意味着我国农产品流通产业正在努力扭转配置效率变

化的方向。

③区域产品和要素市场存在程度深浅不一的市场分割。从时间维度上看，市场分割的情况有很大的改善，在波动中向统一市场迈进；从时空维度分析，城乡市场分割程度西部明显高于东中部，且有由西南向西北方向转移的鲜明特点；以流入与流出视角看，由进入本省和向邻省输出所受到的阻力不同看出各省的市场统一进度快慢有别。要素市场上，城市内部各行业间的劳动力要素市场分割程度远大于产品市场。相对于城市内部劳动务要素的市场分割相对稳定性，城乡劳动力市场分割总体下降的趋势更为明显。在资本市场，经济平稳期，各区域市场分割程度差异小，但在经济波动期，东部地区和中部地区的反应较大，市场分割程度明显加深。

④市场分割通过 3 条路径影响农产品流通产业发展。一是市场分割直接抑制产业发展；二是市场分割通过规模效率调节要素配置效率的中介过程，进一步抑制产业的增长；三是空间溢出方式。不同类型的市场分割对农产品流通产业增长的影响存在差异。产品市场分割和劳动力市场分割对农产品流通产业增长的影响呈现“U”形特征，资本市场分割的影响特征为倒“U”形。当然，产生市场分割的原因不同，其蕴育的政策含义也不同。出于维护本地经济稳定及民生工程目的产品市场分割政策和二元经济体制下所致的劳动力城乡市场分割都损害了农产品流通产业的发展，需要破除相关的体制机制。由产业分工深化形成的产业间劳动力市场的市场分割，是市场化结果，且对农产品流通产业增长的扼制作用最大。改善产业间柔性劳动力市场分割的现状需要政府的有为之举，引导、协调和帮助提高农产品流通产业劳动者的专业素养与技术水平。此外，农产品流通产业技术门槛、劳动者素质水平和资本劳动替代弹性都是农产品流通产业在供给侧的约束和瓶颈。城乡劳动力分割对产业发展的影响力比产业间劳动力市场分割较轻，说明城乡间劳动力市场分割的刚性分割因素由于加大了改革力度正逐渐被弥合。而且，无论是劳动力市场分割的“U”形关系，还是资本市场分割的倒“U”形关系，分割指数都难以到达关系结构的后半

部分,即促进或抑制产业增长。结果,劳动力市场分割不利于农产品流通产业增长的作用和资本市场分割有利于产业增长的作用将长期稳定。

在条件中介路上,市场分割有利于农产品流通产业的规模效率和要素配置效率的改善,并进而提升了产业的全要素生产率水平,但却带来了产业技术进步和技术效率改善的损失。经产业规模效率调节,在要素配置效率的中介作用下,农产品流通产业要素市场分割对农产品流通产业的增长影响显著。由于要素配置效率对农产品流通产业的促进作用随着规模效率值的增长而提高,相应的,要素市场分割对农产品流通产业的间接影响会也随着规模效率取值的变化而变化。规模效应越大,条件过程的间接效应就越大。然而,从总的效应看,间接效应的促进作用还不能抵消市场分割农产品流通产业的抑制效应。农产品流通产业的要素市场分割对产业的影响仍以遏制产业增长为主。

农产品流通产业增长具有显著的空间自相关的特点。农产品不仅受到本地区经济发展条件的影响,还受到其他地区产业发展及经济因素的影响。农产品流通产业增长的空间溢出系数为正说明区域产业增长会带动其他地区产业的增长;产品和劳动力市场分割的空间溢出效应显著为负,表明其不仅抑制了本地区农产品流通产业的增长,也不利于其他地区产业的发展。在直接效应上,产品市场分割和劳动力市场分割对本地区的农产品流通产业的增长具有明显的抑制作用。从间接效应来看,市场分割的空间溢出效应显著为负,意味着一个地区的市场分割对其他地区农产品流通产业增长也十分不利。

此外,根据控制变量的回归结果,基于激励发展地方经济积极性的财政分权进一步抑制了农产品流通产业要素配置效率的优化,在一定程度上损害了农产品流通产业发展。贸易开放和产业结构高级化的直接效应和间接效应都显著为正说明开放的经济无论是对本区域还是其他区域的农产品流通产业的增长都具有积极的促进作用;第三产业越发达对区域内农产品流通产业增长越有利;流通速度的加速本身并不能促成农产品流通产业产值的增长,但流通效益的提高则可以。其他影响要素配置效率优化的因素中,偏向性制度设计恶化了农产品流通产业要素配置效率提升环境;要素边际产出和产业资本深化促进了农产品流通产业的要素配置效率和要素规模效率的改善;随着农民受教育程度的提高,流出农产品流通产业人越多,反而是不利于产业要素配置效率的优化。

可能存在的问题与不足

本书在理论、方法及数据质量上可能还存在一些问题和不足。理论推导上还不能将要素市场分割像产品市场分割那样建立完整的模型推导区域间要素市场分割对竞争厂商的产出的影响。同时,在研究市场分割对要素配置效率和产业发展间的内在机理时还略显简单。无论是市场本身,还是要素配置过程,其运行都是一个复杂的系统,抽象出其中几个要素用以分析它们之间的关系,只能反映出基本的作用机理,而非全部。方法上仅是对要素市场分割影响产出模型上探讨了一个带调节的中介模型效应。事实上,调节变量可能还有许多,且可能在不同的环节对市场分割与产业增长的影响路产生作用。又或者,中间变量不仅只有要素配置效率,要素市场分割对产业增长的影响还有可能通过知识溢出或技术创新等方式发挥作用。而这些,在本书的研究中都还没有展开探索,故而显得还有些单薄。在数据处理上,市场分割的数据来源稳定而充分,故测算了 1997—2015 年的数据。然而农产品流通产业的投入与产出数据,因公开数据的统计口径不一致、农产品流通产业本身发展的变化及学界关于产业界定的不统一,为充分利用数据,并检验模型的稳定性,研究中采用了不同的时间段的数据进行模型估计。这样一来,造成了部分阅读者的困扰。此外,农产品流通产业正遇上整个社会技术大变革历史时期,智能装备和电子商务都已极大改变社会生产方式。对农产品流通产业而言,电子商务的兴起,将极大改变产业增长的方式,因而将电子商务这一因素纳入农产品流通产业增长分析模型中本是应考虑的内容。然而,鉴于数据可获得性低,且电子商务在农产品流通产业中运用时间短等问题,本书并未就此展开研究,留有一点小遗憾。

进一步说明与展望

尽管论文主体已完成，但对于农产品流通产业研究中几个大家特别关注的问题，经再次认真反复地思考，觉得有必要在此做一些交待。

人们之所以用怀疑眼光打量农产品市场分割问题在于现代生活给了身边这些身处城市的人们无数便利，只要想，就没有买不到的东西。从分析结果看，与其他文献研究结果一样，产品市场分割指数确实是非常小的，小到研究时要对其扩大 1 000 倍才能使系数能以小位数后一位表示。然而，影响产业发展最严重的不是产品市场分割而是产业间的柔性劳动力市场分割。随着专业化分工和发展，技术差异所致的不同产业间的柔性劳动力市场分割日益严重，高技术人才不愿意流入农产品流通产业；整体以低学历和低技术为主的农产品流通产业从业人员又难以进入到其他更先进的产业中去，进而形成产业间难以逾越的劳动力市场分割。这严重地拖累了农产品流通产业的发展，但又恰恰是许多人所忽视的。经济增长过程中，分割总是以不同的形态存在并发展，显性分割易解，隐性分割难析。此外，城乡间的劳动力市场分割明显削弱，但相较于产品市场分割仍然很严重。据此，担心市场分割是否存在的问题不言而明了。

互联网技术和电子商务对现代生产和消费都产生了巨大而深刻的影响，于传统生产方式和产业都形成了可见的冲击。那么，它是否击败并完全替代了传统农产品流通方式呢？根据中国商网 2019 年最新报道，在 4 000 多家入局生鲜的电商中，只有 1%的电商能盈利，4%营收持平，88%的平台陷入亏损。从农户个人通过网络销售这一渠道看，能建立起长期稳定的网络运营的商户到目前为止还是少数，农产品流通仍然以批发和零售为主渠道。农产品电子商务将来是否完全取代批发零售模式不仅仅取决于是网络技术，而是还要依市场规律发展。当平台竞争形成垄断竞争，或寡头竞争后，消费市场是否继续买单还要另当别论。可以预见的是，电子商务与传统的农产品流通方式将会长期共存于市场经济中,并会通过资源不断的优化,提高产业要素配置效率,加速推进产业增长。因此,推进市场由外及里的统一建设,不可能在较短时间内就能实现。新技术的产生也还需要时间去推动生产发展,而解析经济运行的理论也会因不断地推进和深化而历久弥新。

当然,今后研究电子商务对传统产业的影响将是产业研究的新方向。

附　录

参考文献

[1] 白永秀.城乡二元结构的中国视角:形成、拓展、路径[J].学术月刊,2012(5):67-76.

[2] 白重恩,杜颖娟,陶志刚,等.地方保护主义及产业地区集中度的决定因素和变动趋势[J].经济研究,2004(4):29-40.

[3] 蔡昉.城乡收入差距与制度变革的临界点[J].中国社会科学,2003,05:16-25,205.

[4] 蔡荣,刘婷.合作社内源性资本供给的成员合作意愿及影响因素:以鲁陕 2 省 320 户果农社员为例[J].财贸研究,2019(1):74-86.

[5] 蔡荣.合作社农产品质量供给:影响因素及政策启示[J].财贸研究,2017(1):37-47.

[6] 曾先峰,李国平.资源再配置与中国工业增长:1985—2007 年[J].数量经济技术经济研究,2011(9):3-18.

[7] 柴志贤,何伟财.城市功能、专业化分工与产业效率[J].财经论丛,2016(11):11-19.

[8] 陈敏,桂琦寒,陆铭,等.中国经济增长如何持续发挥规模效应?——经济开

放与国内产品市场分割的实证研究[J].经济学(季刊),2007,7(1):125-150.

[9] 陈耀庭,戴俊玉,管曦.不同流通模式下农产品流通效率比较研究[J].农业经济问题,2015(3):68-74,111.

[10] 陈永伟,胡伟民.价格扭曲、要素错配和效率损失:理论和应用[J].经济学(季刊),2011(4):1401-1422.

[11] 陈钊,陆铭.从分割到融合:城乡经济增长与社会和谐的政治经济学[J].经济研究,2008(1):21-32.

[12] 池仁勇,金陈飞.中小企业发展对城乡收入差距的影响机制研究:基于劳动力市场分割的视角[J].经济社会体制比较,2014(2):221-229.

[13] 丛颖睿.流通业发展与城镇化:基于面板数据模型的实证研究[J].中国流通经济,2014(7):31-38.

[14] 单丹,庞毅.中国农村零售业的发展与农村流通体系建设[J]. 北京工商大学学报(社会科学版),2007(6):1-5.

[15] 邓峰,丁小浩.人力资本、劳动力市场分割与性别收入差距[J].社会学研究,2012(5):24-46,243.

[16] 邓宏亮.财政支农增长的空间外溢性及门槛效应分析[J].财贸研究,2013(5):62-69.

[17] 董誉文,徐从才.中国商贸流通业增长方式转型问题研究:全要素生产率视角[J].北京工商大学学报(社会科学版),2017(1):31-41.

[18] 董誉文.中国商贸流通业增长方式转换及效率评价:来自1993—2014年省际面板数据的实证研究.中国流通经济,2016(10):22-29.

[19] 董直庆,赵星.要素流动方向、空间集聚与经济增长异地效应检验[J].东南大学学报(哲学社会科学版),2018(6):57-67,147.

[20] 樊纲,王小鲁,张立文,等.中国各地区市场化相对进程报告[J].经济研究,2003(3):9-18,89.

[21] 方军雄.市场化进程与资本配置效率的改善[J].经济研究,2006(5):50-61.

[22] 付文林,赵永辉.价值链分工、劳动力市场分割与国民收入分配结构[J].财经研究,2014(1):50-61.

[23] 盖尔·约翰逊.经济发展中的农业、农村、农民问题[M].林毅夫,赵耀辉,译.北京:商务印书馆,2004.

[24] 桂琦寒,陈敏,陆铭,等.中国国内商品市场趋于分割还是整合:基于相对价格法的分析[J].世界经济,2006(2):20-30.

[25] 郭翠荣.区域视野下资本形成机制与效率[M].北京:冶金工业出版社,2015.

[26] 韩保江,窦勇.当前中国经济的基本走势与政策选择[J].中共珠海市委党校珠海市行政学院学报,2010(1):29-32,57.

[27] 行伟波,李善同.引力模型、边界效应与中国区域间贸易:基于投入产出数据的实证分析[J].国际贸易问题,2010(10):32-41.

[28] 郝枫,赵慧卿. 中国市场价格扭曲测度:1952—2005[J].统计研究,2010(6):33-39.

[29] 何大安.跨国公司投资与流通产业管制[J].财贸经济,2006(8):66-71,97.

[30] 何德旭,姚战琪.中国产业结构调整的效应、优化升级目标和政策措施[J].中国工业经济,2008(5):46-56.

[31] 贺京同,何蕾.要素配置、生产率与经济增长:基于全行业视角的实证研究[J].产业经济研究,2016(3):11-20.

[32] 侯新烁.经济结构转变与增长实现:基于中国省份经济结构动态空间模型的分析[J].经济评论,2017(4):3-14,148.

[33] 胡历芳,曾寅初.我国农产品批发市场集团化发展的多维特征及对策建议[J].中州学刊,2018(2):53-59.

[34] 胡育蓉,齐结斌.对外开放、空间溢出和包容性增长[J].国际贸易问题,

2016(4):3-14.

[35] 黄国雄.论流通产业是基础产业[J].财贸经济,2005(4):61-65,97.

[36] 黄新飞,陈珊珊,李腾.价格差异、市场分割与边界效应:基于长三角 15 个城市的实证研究[J].经济研究,2014(12):18-32.

[37] 蒋协新,申硕,欧阳海洪.建立农贷保护机制增加农贷资金投入[J].金融研究,1993(9):8-11.

[38] 金培振,张亚斌,邓孟平.区域要素市场分割与要素配置效率的时空演变及关系[J].地理研究,2015(5):953-966.

[39] 晋利珍.劳动力市场行业分割在中国的验证[J].人口与经济,2009(5):35-40,45.

[40] 靳淑平,王济民.非正规借贷对我国农业产业发展的支持规模估算[J].农业现代化研究,2016(2):277-283.

[41] 寇荣,谭向勇.论农产品流通效率的分析框架[J].中国流通经济,2008(5):12-15.

[42] 李辉华,何曙.我国当前买方市场下的商品流通效率分析[J].山西财经大学学报,2001(1):44-46,49.

[43] 李建民.中国劳动力市场多重分隔及其对劳动力供求的影响[J].中国人口科学,2002(2):1-7.

[44] 李尽法,吴育华. 河南省农业全要素生产率变动实证分析:基于 Malmquist 指数方法[J].农业技术经济,2008(2):96-102.

[45] 李京文,龚飞鸿,明安书.生产率与中国经济增长[J].数量经济技术经济研究,1996(12):27-40.

[46] 李京文.生产率与中国经济增长的研究(1953—1990 年)[J].数量经济技术经济研究,1992(1):66-70.

[47] 李静,彭飞,毛德凤.资源错配与中国工业企业全要素生产率[J].财贸研究,2012(5):46-53.

[48] 李骏阳,余鹏.对我国流通效率的实证分析[J].商业经济与管理,2009(11):14-20.

[49] 李萍,刘灿.论中国劳动力市场的体制性分割[J].经济学家,1999(6):18-22.

[50] 李善同,侯永志,刘云中,等.中国国内地方保护问题的调查与分析[J].经济研究,2004(11):78-84,95.

[51] 李铁立,姜怀宇.次区域经济合作机制研究:一个边界效应的分析框架[J].东北亚论坛,2005(3):90-94.

[52] 李芝倩.劳动力市场分割下的中国农村劳动力流动模型[J].南开经济研究,2007(1):93-106.

[53] 李言,高波,雷红.中国地区要素生产率的变迁:1978—2016[J].数量经济技术经济研究,2018(10):21-39.

[54] 栗树和,李少民."关系为本"是亚洲奇迹和危机的根本原因[J].国际经济评论,2000,Z4:30-31.

[55] 廖斌.农产品流通市场微观结构研究[M].北京:经济科学出版社,2015.

[56] 林毅夫,刘培林.中国的经济发展战略与地区收入差距[J].经济研究,2003(3):19-25,89.

[57] 凌六一,郭晓龙,胡中菊,等.基于随机产出与随机需求的农产品供应链风险共担合同[J].中国管理科学,2013(2):50-57.

[58] 刘刚,谢贵勇.交通基础设施、流通组织规模与农产品流通市场分割[J].北京工商大学学报(社会科学版),2019(3):28-40.

[59] 刘国光.推进流通改革加快流通业从末端行业向先导性行业转化[J].商业经济研究,1999(1):9-11.

[60] 刘帅.中国经济增长质量的地区差异与随机收敛[J].数量经济技术经济研究,2019(9):24-41.

[61] 刘小勇,李真.财政分权与地区市场分割实证研究[J].财经研究,2008(2):

88-98.

[62] 刘运,余东华.地方保护和市场分割的测度方法与指标体系研究[J].东岳论丛,2009(1):87-91.

[63] 楼东玮.资源错配视角下的产业结构失衡研究:关于错配指数的测度与分解[J].云南财经大学学报,2013(4):52-60.

[64] 卢凌霄,周德,吕超,等.中国蔬菜产地集中的影响因素分析:基于山东寿光批发商数据的结构方程模型研究[J].财贸经济,2010(6):113-120,133.

[65] 陆铭,陈钊.分割市场的经济增长:为什么经济开放可能加剧地方保护[J].经济研究,2009(3):42-53.

[66] 陆燕春.论收入分配中的劳动力产权[J].当代经济研究,1999(7):24-27,40.

[67] 逯进,翟倩倩,周惠民.人力资本、经济增长与空间溢出效应:基于中国省域面板数据的实证分析[J].人口与发展,2014(2):2-16.

[68] 罗必良,刘成香,吴小立.资产专用性、专业化生产与农户的市场风险[J].农业经济问题,2008(7):10-15,110.

[69] 罗伟,吕越.金融市场分割、信贷失衡与中国制造业出口:基于效率和融资能力双重异质性视角的研究[J].经济研究,2015(10):49-63,133.

[70] 吕建兴,叶祥松.中国农产品流通效率及其演变特征:基于流通环节的视角[J].世界农业,2019(6):46-57.

[71] 马克思,恩格斯.马克思恩格斯全集:第23卷[M].中共中央马克思恩格斯列宁斯大林著作编译局,译.北京:人民出版社,2007.

[72] 马忠玉,肖宏伟.空间效应视角下城镇化发展对中国经济增长的影响[J].经济与管理研究,2017(9):26-35.

[73] 宁凡. 近代欧洲殖民贸易中的商品流通趋势[J]. 史学理论研究,2013(4):12-15.

[74] 牛刚.现代农业企业经营要素配置的优化组合机理研究[J].经济纵横,

2005(6):66-68.

[75] 欧阳小迅,黄福华.我国农产品流通效率的度量及其决定因素:2000—2009[J].农业技术经济,2011(2):76-84.

[76] 齐明珠.中国农村劳动力转移对经济增长贡献的量化研究[J].中国人口·资源与环境,2014(4):127-135.

[77] 钱运春.试论跨国公司与区域经济一体化的互动关系[J].世界经济研究,2000(5):33-37.

[78] 曲玥.中国工业企业的生产率差异和配置效率损失[J].世界经济,2016(12):121-142.

[79] 盛广耀.区域经济增长的多重关联效应及其实证检验[J].经济学家,2018(4):34-41.

[80] 师博,任保平.策略性竞争、空间效应与中国经济增长收敛性[J].经济学动态,2019(2):47-62.

[81] 石明明,张小军.流通产业在国民经济发展中的角色转换:基于灰色关联分析[J].财贸经济,2009(2):115-120,137.

[82] 石明明.流通机制研究[M].北京:经济科学出版社,2015.

[83] 史宇鹏,和昂达,陈永伟.产权保护与企业存续:来自制造业的证据[J].管理世界,2013(8):118,125,135,188.

[84] 宋丽颖,张伟亮.财政支出对经济增长空间溢出效应研究[J].财政研究,2018(3):31-41.

[85] 宋丕丞.劳动投入、人力资本与流通产业产出分析[J].北京工商大学学报(社会科学版),2011(5):33-39.

[86] 宋则,常东亮,丁宁.流通业影响力与制造业结构调整[J].中国工业经济,2010(8):5-14.

[87] 宋则.稳定农产品市场的现实选择与思路创新[J].中国党政干部论坛,2013(10):68-71.

[88] 苏启林,赵永亮,杨子晖.市场冲击、要素扭曲配置与生产率损失:基于出口企业订单波动的经验研究[J].经济研究,2016(8):101-115,158.

[89] 隋博文.关系稳定性对跨境农产品供应链联盟绩效的影响:基于广西—东盟的实证分析[J].中国流通经济,2017(1):65-75.

[90] 孙剑.我国农产品流通效率测评与演进趋势:基于1998—2009年面板数据的实证分析[J].中国流通经济,2011(5):21-25.

[91] 孙敬水,章迪平.浙江省流通产业集群与流通经济增长的实证研究——基于人力资本视角[J].中国流通经济,2009(1):18-21.

[92] 孙巍,盖国凤.生产资源配置效率及其测度理论研究[J].当代经济研究,1998(3):27-29.

[93] 孙伟仁,张平,赵德海.农产品流通产业供给侧结构性改革困境及对策[J].经济纵横,2018(6):99-104.

[94] 孙向伟,陈斐.中国区域经济增长的空间视角:来自空间扩展的新古典索洛增长模型的证据[J].河南大学学报(社会科学版),2017(2):31-38.

[95] 唐建荣,徐媛媛,杜聪.区域物流效率评价及其空间效应研究[J].哈尔滨商业大学学报(社会科学版),2016(2):3-14.

[96] 藤田昌久,保罗·克鲁格曼,安东尼·J.维纳布尔斯.空间经济学:城市、区域与国际贸易[M].梁琦,译.北京:中国人民大学出版社,2011.

[97] 田村正纪.流通原理[M].吴小丁,王丽,译.北京:机械工业出版社,2007.

[98] 涂正革,肖耿.中国的工业生产力革命:用随机前沿生产模型对中国大中型工业企业全要素生产率增长的分解及分析[J].经济研究,2005(3):4-15.

[99] 王家旭,岑磊,仲深.黑龙江省农产品流通效率测度与影响因素分析[J].商业研究,2015(3):46-50.

[100] 王宋涛,温思美,朱腾腾.市场分割、资源错配与劳动收入份额[J].经济评论,2016(1):13-25,79.

[101] 王晓东,张昊.中国国内市场分割的非政府因素探析:流通的渠道、组织与

统一市场构建[J].财贸经济,2012(11):85-92.

[102] 王心良,郑书莉.交易方式变革视角下流通业现代化发展问题探讨[J].商业时代,2013(16):28-29.

[103] 王原雪,张二震.全球价值链视角下的区域经济一体化及中国的策略[J].南京社会科学,2016(8):10-17.

[104] 威廉·配第.政治算术[M].陈冬野,译.北京:商务印书馆,2014.

[105] 吴建新,钟玲.要素配置非效率与生产率增长:来自中国省际面板数据的证据[J].当代财经,2013(4):14-26.

[106] 吴舒,穆月英.基于时空特征的我国蔬菜流通及影响因素分析[J].商业经济与管理,2016(2):18-25.

[107] 吴学品,李骏阳. 流通业发展对农村经济增长的影响:基于传导途径及其效应的检验[J]. 海南大学学报(人文社会科学版),2014(2):104-111.

[108] 武拉平.农产品地区差价和地区间价格波动规律研究:以小麦、玉米和生猪市场为例[J].农业经济问题,2000(10):54-58.

[109] 徐林清.劳动力市场分割对农村劳动供给行为的影响分析[J].经济体制改革,2008(3):36-39.

[110] 徐秋艳,房胜飞,马琳琳.新型城镇化、产业结构升级与中国经济增长:基于空间溢出及门槛效应的实证研究[J].系统工程理论与实践,2019(6):1407-1418.

[111] 徐伟,郭为.民间金融与省际经济增长[J].上海经济研究,2004(5):14-19.

[112] 亚当·斯密.国富论[M]. 唐日松,译.北京:华夏出版社,2012.

[113] 晏维龙,韩耀,杨益民.城市化与商品流通的关系研究:理论与实证[J].经济研究,2004(2):75-83.

[114] 杨冬梅,万道侠,王琳.制度要素、空间溢出与区域经济增长:基于空间面板数据模型分析[J].山东社会科学,2016(12):114-120.

[115] 杨龙志. 流通产业影响力演变的"倒 U 型"理论假说及实证检验[J]. 财贸经济,2015(8):119-131.

[116] 杨汝岱.中国制造业企业全要素生产率研究[J].经济研究,2015(2):61-74.

[117] 杨宜苗,肖庆功.不同流通渠道下农产品流通成本和效率比较研究:基于锦州市葡萄流通的案例分析[J].农业经济问题,2011(2):79-88.

[118] 姚战琪.生产率增长与要素再配置效应:中国的经验研究[J].经济研究,2009(11):130-143.

[119] 易纲,樊纲,李岩.关于中国经济增长与全要素生产率的理论思考[J].经济研究,2003(8):13-20,90.

[120] 银温泉,才婉茹.我国地方市场分割的成因和治理[J].经济研究,2001(6):3-12,95.

[121] 俞超,任阳军.我国商贸流通业效率的空间溢出效应研究[J].商业经济研究,2017(14):9-11.

[122] 喻闻,黄季琨.从大米市场整合程度看我国粮食市场改革[J].经济研究,1998(3):52-59.

[123] 袁志刚,解栋栋.中国劳动力错配对 TFP 的影响分析[J].经济研究,2011(7):4-17.

[124] 袁志刚.跳出产业政策:回到提高要素配置效率的改革思路[J].探索与争鸣,2017(1):41-43.

[125] 臧跃茹.资产重组中的市场分割问题[J].宏观经济研究,2001(8):22-25.

[126] 张杰,周晓艳,李勇. 要素市场扭曲抑制了中国企业 R&D? [J]. 经济研究,2011(8):78-91.

[127] 张乐,曹静.中国农业全要素生产率增长:配置效率变化的引入:基于随机前沿生产函数法的实证分析[J].中国农村经济,2013(3):4-15.

[128] 张学海. 我国城乡商品流通一体化研究[J]. 中国流通经济,2012(7):

21-25.

[129] 张颖熙.区域金融发展与金融一体化问题研究:基于中国的实证与分析[J].中央财经大学学报,2007(5):33-37.

[130] 张永强,张晓飞,刘慧宇.我国农产品流通效率的测度指标及实证分析[J].农村经济,2017(4):93-99.

[131] 张宇.地方保护与经济增长的囚徒困境[J].世界经济,2018(3):147-169.

[132] 赵春燕.人口结构的区域经济增长效应比较研究:基于空间杜宾模型的实证分析[J].人口与发展,2019(1):12-23.

[133] 赵春雨,朱承亮,安树伟.生产率增长、要素重置与中国经济增长:基于分行业的经验研究[J].中国工业经济,2011(8):79-88.

[134] 赵红军.电子商务条件下的商品流通理论探索[J].上海大学学报(社会科学版),2002(1):80-84.

[135] 赵伟光,敬莉.区域经济关联与经济增长的空间溢出效应——以新疆为例[J].财经科学,2015(3):131-140.

[136] 赵晓飞,李崇光.农产品流通渠道变革:演进规律、动力机制与发展趋势[J].管理世界,2012(3):81-95.

[137] 赵永亮,才国伟.市场潜力的边界效应与内外部市场一体化[J].经济研究,2009(7):119-130.

[138] 郑小三,李小克.产业结构、固定资产投资与城乡收入差距:基于中部地区省级面板数据的实证分析[J]. 经济与管理,2012(7):71-79.

[139] 周华.渠道沟通对农产品流通效率的影响[J].中国流通经济,2013(12):70-75.

[140] 周利国.论构建适应新农村建设要求的农村商品流通渠道体系[J].中央财经大学学报,2008(7):82-85.

[141] 周明.区域市场化制度与西部经济发展效率[J].社会科学研究,2002(3):34-38.

[142] 周应恒,卢凌霄,耿献辉.生鲜食品购买渠道的变迁及其发展趋势:南京市消费者为什么选择超市的调查分析[J].中国流通经济,2003(4):15-18.

[143] 祝合良.中国流通发展与改革前沿(2009—2014)[M].北京:中国经济出版社,2016.

[144] 庄岩.外商直接投资对中国流通业影响的实证分析[J].中国软科学,2010,S2:24-27,61.

[145] 保罗·A.萨缪尔森,威廉·D.诺德豪斯.经济学[M].高鸿业,等,译.12版.北京:中国发展出版社,1992.

[146] 约瑟夫·E.斯蒂格利茨.经济学[M].张帆,等,译.3 版.北京:中国人民大学出版社,2005.

[147] Aparicio J, Pastor J T, Zofio J L. Can Farrell's Allocative Efficiency Be Generalized By the Directional Distance Function Approach? [J]. European Journal of Operational Research, 2017, 257(1): 345.

[148] Alexander A, Cryer D, Wood S. Location Planning in Charity Retailing[J]. International Journal of Retail and Distribution Management, 2008, 36(7): 536-550.

[149] Abernathy F H, Dunlop J T, Hammond J H, et al. A Stitch in Time: Lean Retailing and the Transformation of Manufacturing—Lessons from the Apparel and Textile Industries[M]. Oxford: Oxford University Press, 1999.

[150] Aichia Chuang, Timothy A. Judge, Yuann Jun Liaw. Transformational Leadership and Customer Service: A Moderated Mediation Model of Negative Affectivity and Emotion Regulation[J]. European Journal of Work and Organizational Psychology, 2012, 21(1): 112-124.

[151] A S Polyakova, L V Lipinskiy, E S Semenkin. Investigation of Resource Allocation Efficiency in Optimization of Fuzzy Control System[J]. Iop Conference Series: Materials Science and Engineering, 2019, 537(5): 213-227.

[152] Aparicio J, Pastor J T, Zofio J L. Can Farrell's Allocative Efficiency Be Generalized By the Directional Distance Function Approach? [J].European Journal of Operational Research, 2017, 257(1): 345.

[153] Akeem U O, Moses F. An Empirical Analysis of Allocative Efficiency of Nigerian Commercial Banks: A Dea Approach[J]. International Journal of Economics and Financial Issues, 2014, 4(3): 465-475.

[154] Ahmad S, Burki A A. Banking Deregulation and Allocative Efficiency in Pakistan[J]. Applied Economics, 2016, 48(13): 1182.

[155] Barror R J, Sala-I-Martin X. Convregence[J]. Journal of Political Economy, 1992,100(2): 223-251.

[156] Bosworth Barry, Susan M. Collins. Accounting For Growth: Comparing China and India [J]. Journal of Economic Perspectives, 2008, 22(1): 44-51.

[157] Bellone F. Comment-Productivity Slowdown and Loss of Allocative Efficiency: A French Disease? [J]. Economie Statistique 2017, 37: 494-495.

[158] Haltiwanger J, Jarmin R S, Miranda J. Declining Dynamism, Allocative Efficiency, and the Productivity Slowdown[J].The American Economic Review, 2017,107(5): 322-326.

[159] Briec W, Mussard S. Efficient Firm Groups: Allocative Efficiency in Cooperative Games [J]. European Journal of Operational Research, 2014, 239 (1): 286.

[160] Brissimis S N, Delis M D, Tsionas E G. Technical and Allocative Efficiency in European Banking[J]. European Journal of Operational Research, 2010, 204(1): 153.

[161] Badunenko O, Fritsch M, Stephan A. Allocative Efficiency Measurement Revisited-Do We Really Need Input Prices? Economic Modelling, 2008, 25

(5): 1093.

[162] Bogetoft P, Fare R, Obel B. Allocative Efficiency of Technically Inefficient Production Units [J]. European Journal of Operational Research, 2006,168 (2): 450-462.

[163] Bruwer J, Li E. Domain-Specific Market Segmentation Using A Latent Class Mixture Modelling Approach and Wine-Related Lifestyle (Wrl) Algorithm[J]. European Journal of Marketing, 2017, 51(9): 1552-1576.

[164] Briec W, Mussard S. Efficient Firm Groups: Allocative Efficiency in Cooperative Games [J]. European Journal of Operational Research, 2014. 239 (1), 286.

[165] Badunenko O, Fritsch M, Stephan A. Allocative Efficiency Measurement Revisited-Do We Really Need Input Prices? [J].Economic Modelling, 2008, 25(5): 1093.

[166] Bogetoft P, Fare R B. Allocative Efficiency of Technically Inefficient Production Units[J]. European Journal of Operational Research, 2006,168(2): 450-462.

[167] Burki A A, Khan M A, Bratsberg B. Parametric Tests of Allocative Efficiency in the Manufacturing Sectors of India and Pakistan[J]. Applied Economics, 1997, 29(1): 11-22.

[168] Budeva D G, Mullen M R. International Market Segmentation[J]. European Journal of Marketing, 2014, 48(7):1209-1238.

[169] Berardino C D, D'ingiullo D, Sarra A. Distributive Trade and Regional Productivity Growth [J].The Service Industries Journal, 2017, 37 (13-14): 833-857.

[170] Bellone F. Comment-Productivity Slowdown and Loss of Allocative Efficiency: A French Disease? [J].Economie Statistique 2017, 494-495: 37-43.

[171] Cuadrado-Roura J R. The Location of Service Industries [M]. Service Industries and Regions.Berlin, Heidelberg:Springer, 2013: 253-284.

[172] Battese G E, Coelli T J. Frontier Production Functions, Technical Efficiency and Panel Data: With Applicaton To Paddy Farmers in India[J]. Journal of Productivity Analysis, 1992(3): 153-169.

[173] Brandt L, J Van Biesebroeck, Y Zhang. Creative Accounting Or Creative Destruction? Firm-Level Productivity Growth in Chinese Manufacturing [J]. Journal of Development Economics,1997(2): 339-351.

[174] Barro R L, J W Lee. International Measure of Schooling Years and Schooling Quality[J]. American Economic Review, 1996, 86(2): 218-223.

[175] Brandt L, J Van Biesebroeck, L Wang, Y Zhang. Wto Accession and Performance of Chinese Manufacturing Firm, Cepr Discussion Paper 2012, (9): 166-179.

[176] Chahal S S, Singh S, Sandhu J S. Price Spreads and Marketing Efficiency of Inland Fish in Punjab: A Temmporal Analysis[J]. Indian of Agricultural Economics, 2004, 59(3): 487-498.

[177] C C Au, J V Henderson. Are Chinese Cities Too Small? [J]. Economic Studies, 2006(3): 549-576.

[178] Chow G C, Li K. China's Economic Growth: 1952—2010[J]. Economic Development and Cultural Change, 2002(51): 247-256.

[179] Castaldi C. The Relative Weight of Manufacturing and Services in Europe:An Innovation Perspective [J]. Technological Forecasting and Social Change, 2009, 76(6): 709-722.

[180] Cant M C, Wiid J A, Meyer A. Smes: Do the y Follow A Shotgun Or Rifle Approach When It Comes To Target Marketing? [J].Problems and Perspectives in Management, 2016, 14(3): 504-511.

[181] Cai W P, Pan Y, Zhang S M, et al. Relationship Between Cognitive Emotion Regulation, Social Support, Resilience and Acute Stress Responses in Chinese Soldiers: Exploring Multiple Mediation Model [J]. Psychiatry Research, 2017(2): 256.

[182] Chang G H, Brada J C. The Paradox of China's Growing Under-Urbanization [J]. Economic Systems, 2006, 21(30): 24-40.

[183] Chung, Y H R. Fare S. Grosskopf. Productivity and Undesirable Outputs: A Directional Distance Function Approach [J]. Journal of Environmental Management, 1997(51): 229-238.

[184] Chiara Ravetti, Mare Sarr, Daniel Munene, Tim Swanson. Discrimination and Favouritism Among South African Workers: Ethnic Identity and Union Membership[J]. World Development, 2019(11): 123.

[185] Claxton, R. P. Birth Order As A Market Segmentation Variable[J].The Journal of Consumer Marketing, 1995, 12(3): 22.

[186] Dibb, S. Market Segmentation: Strategies For Success.[J]. Marketing Intelligence Planning, 1998, 16(7): 394-406.

[187] Dekle, R. Industrial Concentration and Regional Growth: Evidence From the Prefectures[J].Review of Economics and Statistics, 2002, 84(2): 310-315.

[188] Dowrick S, Gemmell N. Industrialization, Catching-Up, and Economic Growth: A Comparative Study Across the World's Capitalist Economies[J]. Economic Journal, 1991(101): 263-275.

[189] Durnev A, Li K, Mork R Yeung. Capital Markets and Capital Allocation: Implications For Economies in Transition [J]. Economics of Transition, 2004, 12(4): 75-88.

[190] Fioramanti M. Estimation and Decomposition of Total Factor Productivity Growth in the Eu Manufacturing Sector: A Long Run Perspective[J]. Journal

of Applied Economics, 2008, 40(1): 137-149.

[191] Fan S. Technological Change, Technical and Allocative Efficiency in Chinese Agriculture: The Case of Rice Production in Jiangsu[J]. Journal of International Development, 2000, 12(1): 1.

[192] Fan Shenggen, Xiaobo Zhang, Sherman Robinson. Structural Change and Economic Growth in China [J].Review of Development Economics, 2003, 7 (3): 112-125.

[193] Fernάndez-Blanco V, Rodrı́guez-Álvarez A. Measuring Allocative Efficiency in Cultural Economics: The Case of "Fundación Princesa De Asturias" (The Princess of Asturias Foundation) [J]. Journal of Cultural Economics, 2018, 42(1): 91-110.

[194] Färe R, Primont D. Dual Allocative Efficiency Parameters[J]. Journal of Productivity Analysis, 2012, 37(3): 233-238.

[195] Fan S. Technological Change, Technical and Allocative Efficiency in Chinese Agriculture: The Case of Rice Production in Jiangsu[J]. Journal of International Development, 2000, 12(1): 1.

[196] Foster L J, C Haltiwanger, C Syverson. Reallocaton, Firm Turnover and Efficiency: Selection on Productivity Or Portability? [J]. American Economic Review, 2008(1): 394-425.

[197] Foster L, Haltiwanger J, Krizan C J. Market Selection, Reallocation, and Restructuring in the Us Retail Trade Sector in the 1990s[J].The Review of Economics and Statistics, 2006, 88 (4): 748-758.

[198] Francisco J Sarabia. Model For Market Segments Evaluation and Selection[J]. European Journal of Marketing,1996, 30(4).

[199] Farrell M J. The Measurement of Productive Efficiency[J].Journal of the Royal Statistical Society, 1957,120(3): 253-290.

[200] Fernάndez-Blanco V, Rodríguez-Álvarez A. Measuring Allocative Efficiency in Cultural Economics: The Case of "Fundación Princesa De Asturias" (The Princess of Asturias Foundation) [J]. Journal of Cultural Economics, 2018, 42(1): 91-110.

[201] Farrell M J. The Measurement of Productive Efficienty[J].Journal of the Royal Statical Society,1957,120(3): 253-290.

[202] Gong Gang, Justin Yifu Lin. Deflationary Expansion: An Overshooting Perspective To the Recent Businessycle in China[J]. China Economic Review, 2008, 19(1): 99-112.

[203] Glaeser E L, Kolko J, Saiz A.Consumer City[J]. Journal of Economic Geography, 2001, 1(1): 27-50.

[204] Glaeser E L, Kallal H D, Scheinkman J A, et al. Growth in Cities[J]. Journal of Political Economy, 1992, 100(6): 1126-1152.

[205] Hsu W, Lee S. Allocative Efficiency, Mark-Ups, and the Welfare Gains From Trade[J]. Journal of International Economics, 2014, 94(2): 195.

[206] Huang T, Shen C, Chen K, et al. Measuring Technical and Allocative Efficiencies For Banks in the Transition Countries Using the Fourier Flexible Cost Function[J]. Journal of Productivity Analysis, 2011, 35(2): 143-157.

[207] Hsu W, Lee S. Allocative Efficiency, Mark-Ups, and the Welfare Gains From Trade [J]. Journal of International Economics, 2014, 94(2): 195.

[208] Haelermans C, Ruggiero J. Estimating Technical and Allocative Efficiency in the Public Sector: A Nonparametric Analysis of Dutch Schools[J]. European Journal of Operational Research, 2013, 227(1): 174.

[209] Hsieh C T, Z M Song. Misallocation and Manufacturing Tfp in China and India[J]. Quarterly Journal of Economics, 2009, 123(4): 1403-1448.

[210] Hsieh C T, P J. Klenow. Misallocation and Manufacturing Tfp in China and

India [J]. Quarterly Journal of Economics, 2009,124(4), 1404-1448.

[211] Jones S K, Stroup M D. Economic Freedom and the Mispricing of Single-State Municipal Bond Closed-End Funds [J]. Journal of Economics and Finance, 2013,37(2), 173-187.

[212] Jarmin R S, Klimek S D, Miranda J.Firm Entry and Exit in the Us Retail Sector, 1977-1997[R].Working Papers, 2004, 19 (4): 49-62.

[213] Jing H, Lu Z, Guilin Z, et al. Proactive Personality and Cross-Cultural Adjustment: A Moderated Mediation Model [J]. International Journal of Intercultural Relations, 2019: 72.

[214] Ian Wilson, Maria Mukhina. Market Segmentation in Russian Subsidiaries of Fmcg Mnes[J]. Marketing Intelligence Planning, 2012, 30(1): 89-102.

[215] Irene J K Park, Paul Youngbin Kim. the Role of Self onstruals in the Link Between Anger Regulation and Externalizing Problems in Korean American Adolescents: Testing A Moderated Mediation Model[J]. Journal of Clinical Psychology, 2012, 68(12): 65-72.

[216] Jarmin R S, Miranda J. Declining Dynamism, Allocative Efficiency, and the Productivity Slowdown[J].The American Economic Review, 2017, 107(5): 322-326.

[217] J Wurgler. Financial Markets and the Allocation of Capital[J]. Journal of Financial Economics, 2000, 58(1-2): 63-72.

[218] Johnson A L, Ruggiero J. Allocative Efficiency Measurement With Endogenous Prices[J]. Economics Letters, 2011, 111(1): 81.

[219] Jessica Wurwarg. Urbanization and Hunger: Food Policies and Programs, Responding To Urbanization, and Benefiting the Urban Poor in Three Cities[J]. Journal of International Affairs, 2014, 67(2): 75-92.

[220] J Y Lin, B. Chen. Urbanization and Urban-Rural Inequality in China: A New

Perspective From the Government's Development Strategy[J]. Frontiers of Economics in China, 2011(6): 1-21.

[221] Kremer M. Population Growth and Technology Change: One Million B.C to 1990[J]. The Quarterly Journal of Economics,1993, 108(3): 681-761.

[222] Key N, Mcbride W, Mosheim R. Decomposition of Total Factor Productivity Chang in the Us.Hog Industry [J]. Journal of Agicultureal and Applied Economics, 2008, 40(1): 137-149.

[223] Kumbhakar S C, Lovell C A K. Stochastic Frontier Analysis [M]. London, Cambridge University Press,2000.

[224] Kuusi T.The Dynamics of Ict Adaptation and the Productivity Gaps Across Advanced Nations[J]. Journal of Productivity Analysis, 2015, 44(2): 175-188.

[225] Krugman P, Venables A J. Integration, Specialization, and Adjustment[J]. European Economic Review, 1996, 40(3-5): 959-967.

[226] Kumar R, Hussiann. Marketing Efficiency and Price Spread in Marketing of Grain: A Study of Hamirpur District, U.P[J]. India Journal of Agricultural Economics, 2002, 40(1): 390.

[227] Lu D. Sectoral Factor Reallocation and Productivity Growth: Recent Trends in the Chinese Economy[J]. Journal of Economics Development, 2002, (27): 95- 111.

[228] Leleu H, Briec W. A Dea Estimation of A Lower Bound For Firms' Allocative Efficiency Without Information On Price Data[J]. International Journal of Production Economics, 2009, 121(1): 203.

[229] Liefert W M. The Allocative Efficiency of Material Input Use in Russian Agriculture[J]. Comparative Economic Studies, 2005, 47(1): 214-223.

[230] Lee J. Market Performance in An Open Developing Economy: Technical and

Allocative Efficiencies of Korean Industries[J]. The Journal of Industrial Economics,1986, 35(1): 81.

[231] Løvold Rødseth, K. Environmental Regulations and Allocative Efficiency: Application To Coal-To-Gas Substitution in the U.S. Electricity Sector[J]. Journal of Productivity Analysis, 2017, 47(2): 129-142.

[232] Liefert W M. the Allocative Efficiency of Material Input Use in Russian Agriculture[J]. Comparative Economic Studies, 2005, 47(1): 214-223.

[233] Lee J. Market Performance in An Open Developing Economy: Technical and Allocative Efficiencies of Korean Industries. The Journal of Industrial Economics, 1986, 35(1): 81.

[234] Lucas R E Jr. On the Mechanics of Economic Development[J]. Journal of Monetary Economics, 1988, 22: 3-42.

[235] Li Sung-Ko, Ng Yingchu. Measuring the Productive Efficiency Group Firms [J]. International Advances in Economic Research, 1995, 1(4): 377-390.

[236] Laitner J. Structural Change and Economic Growth[J]. Review of Economic Studies, 2000, 67(3): 545-561.

[237] Løvold Rødseth K. Environmental Regulations and Allocative Efficiency: Application To Coal-To-Gas Substitution in the U.S. Electricity Sector[J]. Journal of Productivity Analysis.

[238] O'Sullivan, Arthur. Urban Economics[M]. The Mcgraw-Hill Companies, Inc.2000.

[239] Yan Weilong. The Relationship Between Urbanization and Commodity Circulation: A Theoretical and Positive Research[J]. Front Econ. China, 2006 (2): 220-233.

[240] Romer P M. Increasing Returns and Long-Run Growth[J]. The Journal of Political Economy, 1986, 94(5): 1002-1037.

[241] Mohsen A, Heinz A. The Overall Malmquist Index: A New Approach For Measuring Productivity Changes Over Time[J]. Annals Of Operations Research, 2015, 226(1): 1-27.

[242] Melitz Marc J. The Impact of Trade On Intra-Industry Reallocations Aggregate Industry Productivity[J] .Econometrica, 2003, 71: 1695-1725.

[243] Leleu H, Briec W. A Dea Estimation of A Lower Bound For Firms' Allocative Efficiency Without Information On Price Data[J]. International Journal of Production Economics, 2009, 121(1): 203.

[244] Major I. Technical Efficiency, Allocative Efficiency and Profitability in Hungarian Small and Medium-Sized Enterprises: A Model With Frontier Functions [J]. Europe-Asia Studies, 2008, 60(8): 1371.

[245] M Daumal, S Ozyurt. Trade Openness and Regional Income Spillovers in Brazil: A Spatial Econometric Approach [J].Papers in Regional Science, 2012, 92(1):66-75.

[246] M Abreu, H De Groot, R Florax. Space and Growth: A Survey of Empirical Evidence and Methods[J]. Regionet Development, 2005(21): 113-128.

[247] Melitz M J, S Polanec. Dynamic Olley-Pakes Productivity Decomposition With Entry and Exit, Nber Working Paper, 2013: 181-182.

[248] Maddison A. Chinese Economic Performances in the Long Run[R]. Paris: 1998, 12.

[249] Nemoto J, Goto M. Measurement of Technical and Allocative Efficiencies Using A Ces Cost Frontier: A Benchmarking Study of Japanese Transmission-Distribution Electricity.S[J]. Empirical Economics, 2006, 31(1), 31-48.

[250] Prasad R, Sridhar V. Allocative Efficiency of the Mobile Industry in India and Its Implications for Spectrum Policy [J]. Telecommunications Policy, 2009, 33(9): 521.

[251] Park T A, Lohr L. Assessing the Technical and Allocative Efficiency of U.S. Organic Producers[J].Journal of Agricultural and Applied Economics, 2010, 42(2): 247-259.

[252] Plassmann F, Tideman N. Revelation Mechanisms and Allocative Efficiency [J]. Economic Inquiry, 2019,57(4): 2147-2162.

[253] Poirson H. Factor Reallocation and Growth in Developing Countries, Imf Working Paper, 2000(94): 129-142.

[254] Ozyurt S. Total Factor Productivity Growth in Chinese Industry: 1952—2000, University of Montpellier Working Papers, 2007, (13).

[255] Poncet, Sandra. A Fragmented China: Measure and Determinants of Chinese Domestic Market Disintegration [J]. Review of International Economics, 2005, 3: 409-430.

[256] Olley G S, A Pakes. The Dynamics of Productivity in the Telecommunications Equipment Industry [J]. Econometric, 1996, 64(6): 1263-1297.

[257] Ortega-Argilés R. The Transatlantic Productivity Gap: A Survey of the Main Causes[J]. Journal of Economic Surveys, 2012, 26(3): 395-419.

[258] Oliner S D, Sichel D E. Information Technology and Productivity: Where Are We Now and Where are We Going? [J]. Journal of Policy Modeling, 2003, 25(5): 477-503.

[259] Oksana Kim. The Joint Role of the Bonding Mechanisms and the Reduction in Market Segmentation in Valuation of Firms Cross-Listed As Global Depositary Receipts (Gdrs) [J]. Journal of Multinational Financial Management, 2017 (39): 213-225.

[260] Pan A Yotopoulos, Lawrence J Lau. A Test for Relative Efficiency and Application to Indian Agriculture [J]. The American Economic Review, 1971, 61(1): 94-109.

[261] Parsley D C, Shang J W. Convergence To the Law of One Price Without Trade Barriers Or Currency Fluctuations[J]. Quarterly Journal of Economics, 1996(11): 1211-1236.

[262] Powers T L. Sterling J U. Segmenting Business-To-Business Markets: A Micro-Macro Linking Methodology[J]. The Journal of Business Industrial Marketing, 2008, 23(3): 170-177.

[263] Piercy N, Campbell C, Heinrich D. Suboptimal Segmentation: Assessing the Use of Demographics in Financial Services Advertising[J]. Journal of Financial Services Marketing, 2011, 16(3-4): 173-182.

[264] Pestek A, Agic E, Cinjarevic M. Segmentation of Organic Food Buyers: An Emergent Market Perspective[J]. British Food Journal, 2018, 120(2): 269-289.

[265] Peneder M. Structural Change and Aggregate Growth[J]. Structural Change and Economic Dynamics, 2002(14): 427-448.

[266] Purba H R, Ray S, Kumar P. Business Analytics: A Perspective[J]. International Journal of Business Analytics and Intelligence, 2013, 1(1): 1-12.

[267] Ricetti A, Reis R P. The Soybean Production Frontier and Economic Efficiency in Mato Crosso Dosul, Brazil[J]. Revista de Economic e Sociologia Rural, 2003, 41(01): 1-11.

[268] Solow R M. Technical Change and the Aggregate Production Function[J]. The Review of Economics and Statistics, 1957, 39(3): 312-320.

[269] Rancière R, Tornell A. Financial Liberalization, Debt Mismatch, Allocative Efficiency, and Growth[J]. American Economic Journal. Macroeconomics, 2016, 8(2): 1-44.

[270] Tsionas E G, Assaf A G, Matousek R. Dynamic Technical and Allocative Ef-

ficiencies in European Banking [J]. Journal of Banking Finance, 2015 (52): 130.

[271] Zhang T. Decomposing Allocative Efficiency For Multi-Product Production Systems[J]. E+M Ekonomie A Management, 2010(2): 71-77.

[272] Segal L, Richardson J. Economic Framework for Allocative Efficiency in the Health Sector[J].The Australian Economic Review, 1994, 63(106): 89.

[273] Simkin L. Achieving Market Segmentation From B2B Sectorisation[J].The Journal of Business Industrial Marketing, 2008, 23(7): 464-474.

[274] Suh, Moss. Examining Crop Price Effects On Production Decision and Resource Allocation: An Ex-Ante Approach[J]. Applied Economics, 2018, 50(26): 312-325.

[275] Salah S. Hassan, Stephen Craft. Examining World Market Segmentation and Brand Positioning Strategies[J]. Journal of Consumer Marketing, 2012, 29 (5): 114-123.

[276] Syrquin M. Productivity Growth and Factor Reallocation in Industrialization and Growth[M]. Oxford: Oxford University, 1986.

[277] Timmer M P, Szirmai A. Productivity Growth in Asian Manufacturing: the Structural Bonus Hypothesis Examined[J]. Structural Change and Economic Dynamics, 2000, 49(11): 371-392.

[278] Thoeni A T, Marshall G W, Campbell S M. A Resource-Advantage the Ory Typology of Strategic Segmentation [J]. European Journal of Marketing, 2016, 50(12), 2192-2215.

[279] W A Lewis. Economic Development With Unlimited Supplies of Labor [J]. Manchester School, 1954,53(22): 139- 191.

[280] Wu Y. China's Economic Growth: A Miracle with Chinese Characteristics[M]. London and New York: Routledge Curzon, 2004.

[281] Yao Z. Factor Reallocation Effect in the Process of China's Economic Growth: 1985—2007[J].Chinese Economy, Forthcoming. 2009(8): 114-126.

[282] Young A. The Razor's Edge Distortions and International Reform in the People's Republic of China[J]. Quarterly Journal of Economis, 2000, 115(4): 1091-1135.

致 谢

时间如白驹过隙,历经 4 年半的静心思考,本书终于写作完毕。人生可以重来的机会其实并不多,而我这次选择学术研究之路却是实实在在的重新来过。在这样一段并不年轻的时光里,无论是知识体系,还是灵与身的交融,都深刻重塑了一个自我。我感谢这一路上给予我支持和帮助的老师、朋友和亲人们。

在这首先要感谢赵连阁老师。“经师易遇,人师难遇”。在所有硬性条件都不占优的条件下,赵老师给予我机会和无条件的信任,这让我倍加感动,更加珍惜这来之不易的机会。即便教学与行政工作十分繁重,赵老师仍坚持耐心指导本书的研究方向和框架设计,并不断鼓励我早日完成研究。一日为师,终生为师! 赵老师,谢谢您!

我还要特别感谢王学渊老师在本书写作中的倾心相助,感谢您不厌其烦地在内容细节与方法完善上的指教。我也要感谢对本书给予宝贵修改意见的张志坚博士、孙敬水教授、刘文革教授等。感谢重庆大学出版社的尚东亮编辑及其同事为本书设计、编校和出版的辛勤付出。谢谢!

最后,我也感谢家人的理解和支持。感谢爱人徐林林先生的默默支持,感谢乐观、幽默的儿子不时的宽慰,是你们让我在每一个困扰时刻,感觉到生活的美好,并心情愉悦地完成本书的写作。